本书获上海交通大学党史校史专著出版基金资助

张元济与交通大学

史料汇编

张人凤　何菲　主编

上海交通大学出版社
SHANGHAI JIAO TONG UNIVERSITY PRESS

内容简介

张元济（1867—1959），浙江海盐人，我国杰出的出版家、教育家、爱国实业家，曾主持南洋公学译书院，代理南洋公学总理（校长），离校后，长期关心、支持交通大学校务发展，是交通大学的重要校史人物。本书首次系统发掘、搜集、整理张元济与交通大学（南洋公学）及交大学人相关的原始档案文献，旨在全面呈现张元济在交通大学工作期间的日常业务和业绩，以及与交大学人之间的交往和友谊，有助于推进中国近代出版史、文化史、上海城市史等领域的深入研究。

图书在版编目（CIP）数据

张元济与交通大学史料汇编 / 张人凤，何菲主编
. —上海：上海交通大学出版社，2024.6
（上海交通大学校史人物研究系列）
ISBN 978-7-313-30019-5

Ⅰ.①张⋯　Ⅱ.①张⋯②何⋯　Ⅲ.①张元济（1867-1959）—生平事迹②上海交通大学—校史　Ⅳ.①K825.42②G649.285.1

中国国家版本馆CIP数据核字（2024）第013976号

策划编辑　冯　勤
责任编辑　韩敏悦
装帧设计　朱琳珺

张元济与交通大学史料汇编
ZHANGYUANJI YU JIAOTONG DAXUE SHILIAO HUIBIAN

主　　编：张人凤　何　菲
出版发行：上海交通大学出版社
邮政编码：200030
印　　制：上海盛通时代印刷有限公司
开　　本：710mm×1000mm　1/16
字　　数：315千字
版　　次：2024年6月第1版
书　　号：ISBN 978-7-313-30019-5
定　　价：98.00元

地　　址：上海市番禺路951号
电　　话：021-64071208
经　　销：全国新华书店
印　　张：23.75
插　　页：8
印　　次：2024年6月第1次印刷

张元济像

1901 年，张元济在南洋公学总办公厅前留影

20世纪初年，南洋公学译书院主事兼代总理张元济（左）与提调伍光建（中）、夏曾佑（右）合影

1914 年 10 月 10 日，张元济（前排左 6）与南洋公学同学会主要成员（前排左 4 沈心工、左 5 李维格、左 7 福开森，二排左 5 马衡）合影

1957 年 3 月 10 日，张元济与孙女婿李瑞骅（交大土木工程系 1946 届校友）留影

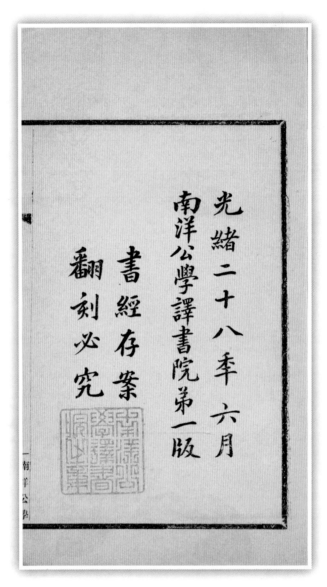

光緒二十八季六月

南洋公學譯書院第一版

書經存案

翻刻必究

南洋公学译书院译印图书版权页

严复译《原富》稿本（今藏西安交通大学档案馆）

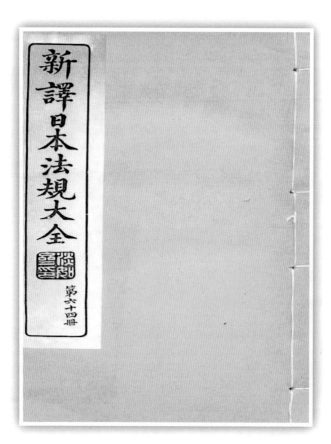

南洋公学译书院编《新译日本法规大全》，1907 年由
商务印书馆出版

张元济题写书名、南洋公学译书院译印的《格致读本》

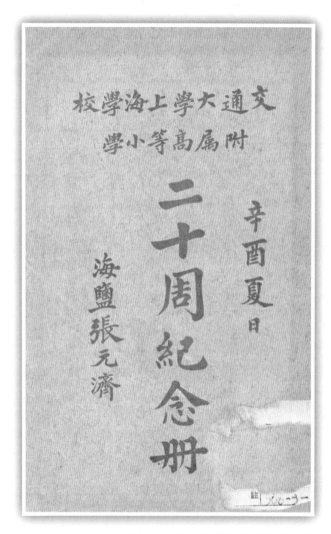

交通大學附屬高等上海學校

辛酉夏日

海鹽張元濟

二十周紀念冊

1921年刊行的《交通大学上海学校附属高等小学二十周纪念册》，张元济题签

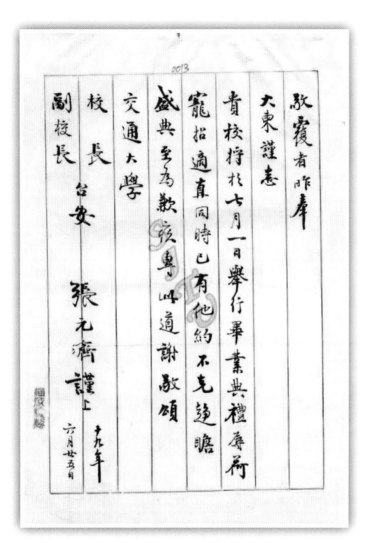

敬覆者昨奉

大柬謹悉

貴校將於七月一日舉行畢業典禮屬所

寵招適直同時已有他約不克趨瞻

盛典至為歉疚專此道謝敬頌

交通大學

　校　長

　副校長　台安

　　　　張元濟謹上　十九年

　　　　　　　　　六月廿五日

张元济致黎照寰函（1930年6月25日）

张元济参与发起募资建造的交大图书馆（1919 年建成）

张元济参与发起募资建造的交大工程馆（1932 年建成）

编辑说明

一、本书旨在发掘、采集、整理张元济一生与南洋公学、交通大学相关的档案和史料，不仅包含其 1899 年至 1903 年在南洋公学任职期间，也包含任职前后数十年间的档案史料。这本专题资料集，不仅反映了张元济在南洋公学及译书院的工作经历和业绩，同时也反映了他离职后多年间对学校办学的关心，以及与学校创办人、多位校长、教师、毕业校友之间的交往和友谊。为了更全面地反映张元济人生中这一段经历，以及交通大学校史上这些史实，本书还编入了与南洋公学译书院创设、日常业务及张元济任南洋公学代总理期间学校行政工作等相关的档案史料。本书所使用的资料，均采自档案原件（包括复印件）或正式出版的书刊，如《张元济全集》等。

二、本书采入档案史料分以下各编：

第一编　收录张元济撰写的南洋公学及译书院、交通大学有关文牍及回忆文章，包括与他人共同署名的文牍、启事等。

第二编　收录张元济致南洋公学、交通大学有关人士的信札。

第三编　收录他人撰写的张元济任职期间南洋公学及译书院有关文牍。

第四编　收录南洋公学、交通大学有关人士致张元济信札，及友人之间的通信。

第五编　收录张元济在南洋公学任职期间有直接交往人士的日

记、回忆文章、诗篇等。

第六编　不同历史时期报刊有关张元济与南洋公学、交通大学的新闻报道。

本书编列附录二件：

附录一　《张元济与交通大学大事记》，便于读者查找张元济与南洋公学、交通大学相关事件的主要内容。依据为《上海交通大学纪事1896—2005》（上海交通大学校史编纂委员会编，上海交通大学出版社2006年版）、《张元济年谱长编》（张人凤、柳和城编著，上海交通大学出版社2011年版）及本书内有关资料。

附录二　《张元济与交通大学相关研究举要》，列举近年来对张元济与南洋公学译书院相关研究的著作和论文目录。

三、本书编辑采取以下方法：

第一、三编按撰写时间先后编排；第二、四编按写信人所署时间排列，同一收发信人的信函归在一起，按撰发时间先后编排。第五编选取的内容多来自公开出版物，按所涉内容的时间先后编排；第六编分别按广告和新闻刊登时间先后编排。

为节省篇幅，有些档案、史料仅采录与本书主旨相关的内容，并在该件标题注明"（摘录）"字样。

为便于读者阅读及利用资料，对部分史料由编者加注，作简要说明。

每件档案、史料，均注明其藏所或出处。

部分文牍、信札不署书写年份，编者尽量予以考订，加括号注明，并将考订依据在文后说明。

原件若有错字，编者在正文中用"[ ]"注明，衍字用"〈 〉"注明，脱字则用"（ ）"注明。民国以前的档案文献皆为农历，现用括号注明公历日期，民国以后仅注明年份。

原件大多无标点，由编者添加。

前　言

欧七斤

张元济（1867—1959），浙江海盐人，清末进士，翰林院庶吉士，后在总理各国事务衙门任章京，参与戊戌变法。我国杰出的出版家、教育家、爱国实业家，也是交通大学早期历史上一位十分重要的校史人物。综观其一生行年事功，张元济从事近代出版和教育活动的开端当在南洋公学时期。1899 年初，他被盛宣怀聘为南洋公学附设之译书院的总校兼代办院事，后任主事，主持译书院，中间曾一度代理南洋公学总理（即校长）数月。至 1903 年 1 月译书院裁并前后，张元济离开南洋公学，其主持南洋公学译书院共 4 年，与译书院存续基本相始终。译书院在中国近代出版和教育史上的诸多重要贡献，大多离不开张元济的把舵和操持；张元济在译书院的编译实践和经验，实现了从翰林到近代出版家的人生转型，也成为他从事近代出版和教育事业的起点。

一、结缘译书院

张元济原籍浙江海盐，出生于广东，1892 年考中进士后，在京师选为翰林院庶吉士，不久被任命为刑部贵州司主事，后进入总理各国事务衙门担任章京。张元济前半生的科举和仕途虽然一帆风顺，但是晚清政局内外交困、国家屡遭列强凌辱的现实让他一直忧心忡忡，特别是甲午战争中国惨败后，睁眼看世界、学习西方的思想开始在他心中孕育，并付诸实践，成为维新变法运动的重要参与者。在这一过程中，他通过参加"健社"、筹办通艺学堂等活动自学了英文，阅读了不少西学新书。在总理衙门任章京时，他的一项职责是为光绪皇帝选取、推介新书。因此他通览各类西学尤其是译介的法政类图书，更加深他对西学的认知，力主引进传播西学，以便开民智，求变革，挽国运。

这些与西方新学密切相关的活动无疑为张元济以后主持南洋公学译书院打下了知识基础。对于戊戌前后上海译介西学渐成兴盛之势，他在北京已略有所闻，曾致函询问其进士同年、上海《时务报》经理汪康年："卓如来书云藏书楼可成，又设局译东文书，甚善甚善……贵报闻已译成数书，何尚未印成？盼切盼切。"①对译书事业的急切关注由此可见一斑。

1898年9月，维新运动失败。10月8日张元济遭朝廷革职，"永不叙用"。早有思想准备的张元济，决定携全家离京南下上海谋生立业。他何以选择上海？一是上海靠近老家浙江海盐，更重要的是上海是当时中国最开放的经济、文化大都会。之前，张元济通过与汪康年等人的交往，已认识到上海是中西文化交流的窗口，新式文化教育事业很发达。这对热衷此项事业的张元济很有吸引力。1898年10月下旬，张元济经天津到达上海，租住在虹口西华德路隆庆里（今东长治路近中虹桥一带）一栋石库门民宅里。离京临行前，同情维新派的李鸿章派其幕僚于式枚上门慰问，并询问今后打算，张元济告之将去上海。数日后，于式枚再来告诉张元济："李中堂已招呼盛宣怀，给你

---

① 张元济：《致汪康年信》，《上海图书馆藏张元济往来信札》第4册，国家图书馆出版社2017年版，第198页。信中"卓如"，即梁启超。

找事情。"^①后来张元济就任译书院主事后，写信向李鸿章致谢，李又复信勉励他"读书养志，藏器俟时，自有千秋，曷胜企属"。^②张元济一到上海，盛宣怀便登门来访，称"李中堂已来信介绍"，准备安排他负责南洋公学新设译书院的事务。

早在1896年盛宣怀在筹办南洋公学时，将翻译西籍视为学生课业所需，认为译本刊行于世更能推广西学，便规划设立译书院，"应择各国法律、交涉诸书，先行课令翻译，次及理财、商学、农学诸书，翻译成册，教习校核精审，随时交译书院印行。"^③次年公学正式开办后，即着手开办译书院。1898年6月，盛宣怀在呈奏《筹集商捐开办南洋公学情形折》中专附《南洋公学附设译书院片》。奉朱批准办，译书院即于同年8月正式开办，公学提调（相当于教务长）李维格兼管院务，院址设在公学校外的虹口谦吉里，近北四川路。次年春，李维格被盛宣怀调至武汉协办汉阳铁厂，译书院主事者亟待另寻高明。

此时，译书院译务已有进展，所聘日文翻译细田谦藏、稻村新六，校订郑孝柽（郑孝胥之弟）及孟森、杨志洵（两人为公学师范生）等人已经开始译介日文图书。但是对于既要"熟悉西文"，又要"精通印译事宜"的译书院主事人选，盛宣怀还在物色中。接到李鸿章的推荐信后，盛宣怀决意让张元济专管办理译书院事宜。1899年4月，盛宣怀授意南洋公学总理何嗣焜出面，聘张元济任译书院"总校兼代办院事"，月薪规元140两。何嗣焜对张元济评价甚高，在写给郑孝胥的信中说："张菊生勤敏，经此摧残，或者可成正果。"^④对其办

---

① 张元济：《戊戌政变的回忆》，《张元济诗文》，商务印书馆1986年版，第237页。
② 李鸿章：《复刑部张元济》（光绪二十五年三月十三日，1899年4月22日），《李鸿章全集》第36册"信函八"，安徽教育出版社2008年版，第221页。
③ 盛宣怀：《南洋公学纲领》（光绪二十二年七月初三日，1896年8月11日），上海图书馆藏盛宣怀档案，档号：044964-2。
④ 劳祖德整理：《郑孝胥日记》，中华书局1993年版，第727页。

好译书院充满期待。

　　时刻关注西学的张元济对译介西方新书的活动早怀志趣，他虽没能游学外洋，但通过自学英文，阅读译作，也获得了不少心得。早在戊戌变法之前，张元济等人在为开办通艺学堂呈文总理衙门时就说："自非深于华文，无以究洋文之精奥。又其推算之学，格物之理，制气尚象之法，体国经理之规，各有专门，足资借镜。而非博通中国古今之沿革，亦无由考求而得其会通。"①此番议论实际上指出的是，要知道外文的精髓，需要有深厚的中文功底，这对于翻译人才本身的素质也提出很高的要求。在这篇呈文中，张元济还提到："一俟筹款稍充，再行延洋教习，广购仪器，分建藏书、译书等馆，以期考核精深，温故知新。"可见，在通艺学堂发展远景计划中，就有建立译书馆的设想，可惜随着百日维新的迅速失败，这一设想很快化为泡影。

　　幸运的是，张元济被革职不久，就有南洋公学译书院虚位以待，为他继续施展宏图提供一块园地。然而，要主持这样一个正式的翻译出版机构，对他而言，毕竟还是第一次，需要在学习摸索中前行。为此，他在正式上任前，于3月24、29日两次给翻译家严复写信，一方面告诉严复，自己将到译书院工作，并准备印行严复翻译的英人宓克著《支那教案论》；另一方面特意咨询如何组织翻译出版方面的具体事项，主要问题被严复概括如下：

　　　　拟延上等英文译员一人，专译书，不理他事，每日六钟，能译几何？月修须若干两？
　　　　门类以政治、法律、理财、商务为断，选书最难，有何善策？
　　　　拟先译专门字典。

---

① 张元济等：《为设立通艺学堂呈总理各国事务衙门文》（光绪二十三年八月，1897年9月），《张元济诗文》，商务印书馆1986年版，第97页。

选定书籍，发人包译，以（严）复任总校。

包译如何办法，如何给费？命（严）复举所知译人。①

此番连续发问，实际上是张元济在为南洋公学译书院的译书方向
和管理作初步的谋划，内容包括译书门类选择、译员管理、工具书翻
译、包译办法等。在这封信中，张元济关于译者队伍的建设很明确，
包括两种方式，一是为译书院聘专门的英文翻译，二是选定书籍后，
发给院外人士包译。对于上述问题，严复均一一予以详细答复，并对
张元济任职译书院，"得安研期间，不觉为之狂喜。大者则谓译书为
当今第一急务，喜提倡之有人；小者则为吾兄庆一枝之借，取过目
前，且不至销耗精神于无用之地也"。②对于好友严复适时的鼓励和支
持，张元济心领神会。接着，他又与何嗣焜询商译书院开办宗旨及主
要情形，初步梳理出办理思路，于4月正式接受聘任，开始了他与南
洋公学、与中国近代出版事业的不解之缘。

二、译书与出版贡献

张元济上任后，经过一个多月的酝酿和筹备，首先为南洋公学译
书院制订了《南洋公学译书院试办章程》。1899年5月19日，张元
济致函盛宣怀，谈及译书院的《试办章程》已经印出，并送呈40册。
接着，张元济向盛宣怀呈报已译、拟译情况，分别开列书目表，请予
登报明示，并咨明也在开展译书的湖广总督张之洞，以免重复。身为
总校，张元济对每一部译印图书从文字到版式都要认真审核。1900年
初，他在上年度报告中说："本年印书十余种，除《日东军政要略》

---

① 王栻主编：《严复集》第3册"书信"，中华书局1980年版，第526—528页。
② 王栻主编：《严复集》第3册"书信"，中华书局1980年版，第525页。

外，均经元济再四校核，不敢草率从事。"①

在张元济的精心经营下，译书院管理规范，译书进展顺利，深得盛宣怀、何嗣焜的信任与赞赏。1900年底，稻村新六等日籍译员合同期满相继离去，译书院一度"译政既停，事务稀简"，张元济因此准备辞职他往，何嗣焜"谒属再四"，仍留张元济继续办理译务。②不料1901年春，何嗣焜遽然病逝，盛宣怀任命张元济担任公学代总理，主持公学全校事务。同年7月张元济坚辞代总理，以专任译书院主事。盛宣怀准允所请，但背地里却埋怨张"近日颇散漫"，又恰逢他准备适应清廷新政之需拓展译书业务，于是增聘常州籍翰林院编修费念慈为总校，主管经费，与负责译务的总校张元济共同主事译书院。然而，费念慈不能常川驻院，致财务混乱，支出多有靡费，引起盛宣怀的不满。1902年3月12日，盛宣怀照会南洋公学总理汪凤藻："自本月起，所有译书一切事宜，仍应责成张主事元济专心管理，并随时与公学总办汪编修会同考订。"③受命后，张元济即大刀阔斧推行院务改革，裁汰冗员，辞退生手，缩减经费，核定每月减支250两（原月支700两），其中40两为自己请减的薪水。裁员撙节办法得到盛宣怀的嘉许，称张自减薪水的做法"实属廉洁自持"。自此，院务发展再次步入正轨，《原富》全书于1902年11月出齐，翻译的大型法政类丛书《日本法规大全》也有序开展。

可惜，发展渐佳的译书院遭受经费危机。1903年初，在南洋公学两大供款部门轮船招商局、电报局被袁世凯所夺后，公学的拨款被大幅削减直至停止，公学仅靠历年余存维持。2月，公学遵照盛宣怀缩

---

① 张元济：《南洋公学译书院己亥年总报告册》（光绪二十五年十二月，1900年1月），上海图书馆藏盛宣怀档案，档号：044621。
② 张元济：《致盛宣怀函》（光绪二十六年十二月，1901年1月），上海图书馆藏盛宣怀档案，档号：044627-2。
③ 盛宣怀：《照会南洋公学总办汪凤藻译书院管理事》（光绪二十八年二月五日，1902年3月12日），上海交通大学档案馆藏历史档案，档号：LS3-459。

减规模的意见，仅留中院 6 个班学生 200 余人作为根本，将译书院、东文学堂及特班、师范班全部裁撤。在遣散译员、停拨经费后，译书院并未停办，1903 年 2 月底"译书院各类汇总移交公学归并办理"，3 月初，公学设立售书处，打折批发销售库存译书，此外还译印过《英国文明史》等 6 种图书。直到 1903 年底，译书院正式停止业务。译书院主事张元济在 1903 年 1 月底译书院归并公学办理时，移交所有译稿、账册等，正式离开工作 4 年之久的南洋公学，投身经营商务印书馆。

综观张元济在译书院的活动，其主要贡献集中体现在转变译书方向、出版严复译作《原富》、规划全国译书等三个方面。

1898 年译书院初办时，主要以翻译日文军事类"兵书"为主，刊印后寄送军政界，供编练新军采择，这是甲午战败后盛宣怀救国三策"练兵、理财、兴学"的实施路径之一。在张元济到来之前，译书院已经刊译出版《日本军政要略》《战术学》《军队内务》等数种，还有数十种兵书正在翻译或被列入待译书目，但是并没有产生多大的社会影响，军政界也无甚响应。张元济致函何嗣焜，直言"现有兵书均为学堂教授之本，译之无甚用处……日本有《法规提要》，详载彼国行政之法，多有可以则效者"。[①]他说服了盛宣怀、何嗣焜，将译印范围从兵书拓展至其他社科领域，从专译日文书籍到东西文并重。在向严复征求编译意见的信函中，他就明确开列政治、法律、理财、商务等四大选题领域，希望严复协助开列上述范围的佳本，推荐熟悉英文且精通西学者来翻译。主持院务后，张元济除了继续完成兵书的翻译任务外，大力选译政治、法律等方面的书籍，先后主持编译了英国保罗与伯德台合著的《中等格致读本》、法国包尔培与英国莫尔显合著的

---

① 张元济：《致何嗣焜函》(光绪二十五年三月十九日，1899 年 4 月 28 日)，《张元济全集》第 2 卷"书信"，商务印书馆 2007 年版，第 120 页。

《格致读本》、英国巴克尔的《英国文明史》、美国韦尔生的《政群源流考》、英国琐米尔士的《万国通商史》、日本持地六三郎的《经济学评论》和松井广吉的《美利坚独立战史》，以及《日本近政史》《欧洲全史》《欧洲商业史》《计学平议》《英国会典考》等，逐渐将以翻译兵书著称的译书院转向更为广阔的译书领域，并最终以翻译出版《原富》《日本法规大全》等经济、政法类西学图书而享誉全国。

毋庸置疑，在译书院所有译印图书之中，影响最大的非《原富》莫属。《原富》今译作《国富论》或《国民财富的性质和原因的研究》（*An Inquiry into Nature and Causes of the Wealth of Nations*），是英国经济学家亚当·斯密（Adam Smith, 1723—1790）所著的一本重要的资产阶级经济学经典作品，也是马克思主义政治经济学的主要思想来源之一。在我们赞叹严复精湛的译笔、独到的眼光铸就了翻译史上杰作的时候，切不可忘记张元济的策划与支撑之功。张元济和严复都是戊戌变法的参与者，先后受到光绪帝的接见问政，并在这场未遂的改革中建立了亲密的友谊。共同的求新变革思想，是张元济和严复建立亲密关系的纽带。1897 年，张元济等人创办通艺学堂，校名便请严复题写。

清同治、光绪年间已有翻译外国书籍近千种，但开始多为兵书、医书、数理化书籍，后来又有法制、史书译出，但始终无人翻译西方资本主义的政治经济学理论著作。西方资本主义理论著作的翻译是从严复开始的，而这些书的编辑出版多得到张元济的鼎力支持。张元济南下上海时，曾到天津与严复叙谈，到沪主持南洋公学译书院后，又接连去信询商翻译事宜，来往之中得知严复正在翻译《原富》，并拟高价出售译稿。张元济对此书颇为关心，几次去函询问。虽然张元济给严复的信函现已散佚，但从严复数封复信中可以得知双方商议购稿出版《原富》的一些细节。

1899 年 9 月 24 日，严复致函张元济："《原富》一书，估价三千金……但不知主议之支应局于此事如何措意置辞耳。"11 月 11 日，再函曰："承许以二千金购稿，感谢至不可言。"同时又称"刻下北洋亦有开设译局之事，制军责令各人包译，此部开列在前，估价乃三千二百两……拙稿在制军处翻阅，后来局议如何，制军批定何若，皆须十余日乃可揭晓，故于惠缄一时不能作定议作答也。"① 对于严复提出 3 000 两的购稿费，盛宣怀、张元济也以为价格过昂。但张元济仍以"译笔亦独精审，如此文字，此后恐不易多得"，说服盛宣怀许以2 000 两。严复似乎觉得有些低了，以北洋筹设译局拟高价待印为由，一时未作答复。11 月 30 日，严复再函张元济："《原富》一书译者太半，北洋译局一事，交主出纳者议，悠缓延宕，殆无成期，故前者曾托仲宣先为函达一切，想已登览。今拟分卷随钞随斠随寄。至于陆续上石刷印，抑俟书成之日全部影点，听凭尊裁。"② 可知，经过张元济两个月的交涉，欲高价售与北洋译局而未能如愿的严复已同意将译稿交与译书院出版，并陆续将抄稿寄往译书院。译书院先后两次共汇寄给严复规银 2 000 两。此后，张元济又同意严复抽取版税的要求。他还建议对《原富》译稿中音译之字"作一备检，方便来学"，并亲自动手，与译书院人员一起代为编订中西编年及名物表。在张元济倾力主持下，《原富》在 1901 年至 1902 年间由译书院全部出齐。其时正逢清政府在政治、经济、文化教育上推行新政，亟须参考西方经济学说和制度。该书正合时需，于是风行一时，不断加印，成为译书院图书销量的大宗，译书院也因《原富》而声名鹊起。译书院停办以后，商务印书馆又多次重印。这是张元济主持南洋公学译书院时办的一件大事，是他在转变译书方向过程中的成功之作，在中国出版史和启蒙思想史上留下了重彩的一笔。

---

① 罗耀九主编：《严复年谱新编》，鹭江出版社 2004 年版，第 128—129 页。
② 王栻主编：《严复集》第 3 册"书信"，中华书局 1980 年版，第 536 页。文中"上石"原作"上右"，疑排版之误，径改。

在政法类图书中，要数工程浩大、耗资巨大的法律丛书《日本法规大全》最有价值和影响力。倡议翻译这套丛书的是张元济、沈曾植。据张后来回忆，1901 年秋冬之际，他曾与公学代总理沈曾植纵谈朝廷变法之诏，认为"我国变法不能无所师，求师莫若日本。法律之学，探本穷原，非一朝一夕之事，欲亟得师，莫若多译东文书，先条件而后理论"。[①] 盛宣怀闻知后极力支持，并将译书计划上奏清政府备案。因译书院人少事杂，张元济求助驻日本使馆参赞兼留学生监督夏偕复，在日本组织留学生翻译此书，1902 年译成初稿 240 万字，文字多直译。盛宣怀深虑"翻译不精，转贻笑柄"[②]，即责令张元济会商东文学堂监督罗振玉，在东文学堂挑选数名学生精心翻译核对，同意拨付专款七至八千两。次年译书院归并时译事停顿。1904 年 12 月，盛宣怀建议来访的张元济将已"成书十八"的《日本法规大全》由商务印书馆续译出版，作为条件，南洋公学应酌分余利，并仍应署南洋公学译书院名。张元济毅然引为己任，说服商务印书馆总经理夏瑞芳，组织留日学生刘崇杰等人接续翻译，并于 1907 年初出版，题名初译者"南洋公学译书院"，补译校订者"商务印书馆编译所"，典型体现出张元济由译书院转至商务印书馆过程中重要译务的先后承继关系。这套大型法律丛书共 25 类 80 册，400 万字，内容包括民法、商法等在内的几乎日本近代所有的法律都被汇编在内，为清末最大的一套外国法律汇编译作，是我国近代移植外国法律体系的规范蓝本之一，为促进我国法制的近代化进程，普及西方法制理念，发挥了不可低估的作用。

译书院规划全国译书的建议也是张元济主持译书院期间的一大贡

---

① 张元济：《新译日本法规大全》"序"，商务印书馆，2007 年点校本，第 1 卷，第 22 页。

② 盛宣怀：《据张主事呈拟译书院撙节办法除行知外请查照》（光绪二十八年三月三十日，1902 年 5 月 7 日），上海交通大学档案馆藏历史档案，档号：LS3-005。

献。1901 年 7 月，盛宣怀将译书院刊印的翻译书籍呈给清政府，同时陈奏《呈进南洋公学新译各书并拟推广翻辑折》。奏折建议"各省官书局改为译书局"，令出使各国大臣，购备东西文政学新理有用之书，拟订目录，"分饬各省，克期翻译译印"。这一大规模译书规划颇能显示张元济的胆魄与眼光，这是我国出版史上第一个制订国家翻译出版规划的建议书。

在翻译《日本法规大全》这部 80 册的大型丛书的工作实践中，他取得了不少组织编译大型丛书的经验。也是在译书院期间，张元济形成了版权和版权保护意识并付诸实践。1730 年，英国下院即通过了第一部《版权法》，而我国在 170 年后，还远远没有这方面的意识。张元济不仅以巨额稿酬购买严复的译稿，出版后还付给版税。1902 年译书院出书更多，社会上学习新学的风气不断高涨，不少逐利之徒纷纷盗版翻印，使译书院蒙受很大损失。张元济及时上书盛宣怀，提出"凡属可以畅销之书，一律铸版，以便随时刷印……惟有严禁翻印，庶可稍增售价，借资挹注。应请查照旧案，咨行江海关道，并札饬上海县严速惩办，或可稍保利权，于扩充译务不无裨益"。[①]后来译书院又上书给江苏省江南分巡苏太兵备道袁树勋，要求"凡译书院译印官书均不许他人翻刻"，并诏令上海县、租界当局。袁应允并发布告示，晓谕"书贾人等一体知悉，毋得将书院立案各种书籍翻刻渔利"。国家没有相关法律，就请求政府采取行政手段予以保护。同时，张元济在译书院所译印图书扉页或封三等显著位置加印"版权页"，标明译印时间、版次，并特别注明"书经存案，翻刻必究"字样，加盖"南洋公学译书院之章"，以昭信守，宣示版权。这是张元济版权保护意识的一次重要实践。

---

① 盛宣怀：《据张主事呈拟译书院撙节办法除行知外请查照》（光绪二十八年三月三十日，1902 年 5 月 7 日），上海交通大学档案馆藏历史档案，档号：LS3-005。

张元济主张启迪民智，但戊戌维新时期在北京创办通艺学堂时，他的教育思想还仅停留在英才教育上。到南洋公学后，他接触社会和教育实践更多，有机会大量阅读包括《原富》在内的国外书籍，又与南洋公学特班总教习蔡元培在一起共事，蔡的教育思想对张有一定的影响。于是这几年间，张元济的教育思想实现了从英才教育到普及教育的重要转变。他在 1902 年就已认识到"今设学堂，当以使人明白为第一义……无良无贱，无智无愚，无长无少，无不在教育之列也。本次意以立学，则必重普通而不可言专门，则必先初级而不可亟高等"。[1] 这一教育观上的重大转变，使他从 1902 年起投身于当时规模很小、作坊式的商务印书馆，到那里去从事普及教育的最基础工作——编写初等小学教科书。由于他主持商务印书馆取得了连续 30 年的辉煌业绩，从而开辟出我国近现代出版业的一片崭新天地，张元济被誉为我国"现代出版业奠基人"。他在南洋公学译书院的这段经历，恰恰为他的成功奠定了坚实的基础。换言之，正是存在短短五年的南洋公学译书院，孕育了张元济这位推动中国近现代出版、教育事业的文化巨人。

三、代理南洋公学校务

除了主持译书院外，张元济还曾于 1901 年春夏间代理过南洋公学总理，主持校务数月，成为交通大学校史上第二任校长。代理校务是公学原总理何嗣焜遽逝后盛宣怀对掌校人选的过渡性安排。何嗣焜（1843—1901），字梅生，江苏武进人。近代教育家，南洋公学主要筹办人、首任总理，具体负责拟定公学章制、聘任教员、购地建屋、招生教学等办学事宜，于公学创办厥功甚伟，深得公学督办盛宣怀信任

---

[1] 张元济：《答友人问学堂事书》，载《教育世界》1902 年第 2 期。

与倚重。1901 年 3 月 1 日，何嗣焜不幸脑出血突发去世。何病逝后，盛宣怀有意聘请何之密友、时任张之洞幕僚的郑孝胥继任公学总理。郑孝胥应允，但当 3 月底临近开学时，却仍身在湖北，未能到任，盛宣怀便委任译书院主事张元济代行总理职务。张自 1899 年 4 月来校担任译书院主事兼总校已近 2 年，对公学校务、人事较为熟悉。上任当日，他发布告示："何先生总理公学有年，一朝遽逝，悲痛良深。经督办面嘱敝人暂摄其事。"①

张元济担任代总理后，主要负责做成了三件大事。一是主持附属高等小学堂的开学事宜。高小筹备于 1900 年夏，至年底完成招生、教习选聘。张元济到任后积极筹措开学事宜，选定课本，聘请公学师范生吴稚晖任附小代主任，并与吴稚晖、陈懋治共同拟定《试办附属小学章程》及经费预算，报请盛宣怀批示。3 月 20 日，附属高等小学堂正式建成，为中学、大学部培养合格生源。此后该高小发展为"东南数省小学堂之冠"，1927 年脱离交大自立为私立南洋模范中小学，今为上海南洋模范中学。二是筹设南洋公学经济特科班。1901年 3 月，他奉盛宣怀之意，准备在公学内设立经济特科班（简称特班），从速培养经时济世之才，并预备参加清政府预备实施的经济特科考试。4 月，张元济拟具了特班章程 10 条及预算经费清单。盛宣怀批示同意开办。5、6 月间，张元济主持两次招生考试，录取黄炎培、邵力子、李叔同等 43 名有志青年，保证特班于 9 月间顺利开办。在特班总教习蔡元培的精心培育下，造就出一批近代精英人才。三是派遣学生留洋。1901 年 6 月，在盛宣怀授意下，张元济与北洋大学堂总办王修植商定，将因北方战乱未及留洋、寄入南洋公学的学生王宠惠、王宠佑、张煜全、胡栋朝、严锦荣及英文教习陈锦涛等 8 人，派往美国留学。委托来华游历返美的加利福尼亚大学华文总教习傅兰雅

① 凌鸿勋：《南洋杂述》，《老交大的故事》，江苏文艺出版社 1998 年版，第 13 页。

（John Fryer, 1839—1928）为留学监督，留学经费由公学提供与管理。这批留学生学成归国后大多成为国家社会的俊彦之才，如著名法学家王宠惠、矿物学家王宠佑兄弟，财政专家陈锦涛、清华大学校长张煜全等。

任代总理期间，张元济住宿校内，"监视规则，勤干无比"。那时候他家仍在虹口译书院附近，离南洋公学较远，两地有水路相通，先乘船到漕河泾，再雇小轿到公学，单程就要大半天，费时劳神，很是不便。所以，他平常极少回家，吃住均在公学，一心扑在公学的行政事务和教学活动中。白天办公之余，他经常到厨房检查三餐伙食，与教职员、学生同桌而食；晚间时而找学生谈话，时而举灯在校内四处巡视。他鼓励学生读《盛世危言》《原富》等新书，将原课程《史记》《汉书》《资治通鉴》《御批通鉴辑览》等作了删减。在管理上，他"太息痛恨于监院之揽权，而时时图所以恢复之"。[①] 时逢吴稚晖鼓动学生驱逐监起居教习及美国籍监院福开森（John Calvin Ferguson, 1866—1945），张元济并不赞同师生采取激烈措施，吴稚晖与学生以退学相要挟。张元济仍然不允，借机补助旅费遣派吴稚晖留学日本，并开除数名学生，使事态暂时平息。此举引起一些学生的不满，有"不服张菊生之状"。[②] 6月间，张元济鉴于"与福开森有意见不甚相合"，[③] 先后两次向盛宣怀辞职，月底获准后辞去代总理，劳乃宣继任。辞职后，张元济专心办理译书院事务，直到1903年初译书院归并后离开公学。

离校后，张元济长期关心支持交通大学校务发展，曾任南洋公学同学会理事长，参与发起捐建图书馆、工程馆等校园建筑。解放战争

---

① 《新民丛报》（1902年汇编本）"余录"，第1006页。
② 劳祖德整理：《郑孝胥日记》，中华书局1993年版，第727页。
③ 张元济：《追溯四十九年前今日之交通大学》，《交大周刊》（第60期），1949年4月8日，第2版。

时期曾与交大老校长唐文治一起，声援支持交大护校运动、五二〇运动等爱国民主活动。

上海交通大学前身南洋公学，是中国人自办的最早一批新式大学堂之一，在创办之初起点就非常高，它以敢为人先的开创精神引领了清末教育的新风气，在许多方面作出了可贵的探索，开创中国高等教育史上的多项"第一"。如首办师范院，首创一校内三级学制，探索法政教育，向欧美遣派留学生，兴学与译书并举，等等，成为我国现代高等教育由无系统、零星分散办学的萌芽阶段，步入有系统、广泛兴学的发展时期的领头羊，为交通大学追逐世界一流大学办学目标的百年历程奠定了高端的开局，同时孕育了交大人开拓创新、追求卓越的文化基因。这个高端开局的起步，离不开创始人盛宣怀的高瞻远瞩和把舵定向，也离不开包括张元济在内的实际掌理校务者的精勤恪守和器识才情。同时，南洋公学这座具有独特历史地位的教育舞台，也为一批近代学人充分展现才华、磨炼才智和陶冶性情，提供了无数际遇与可能。通过梳理张元济与南洋公学的事略，便清晰印证了此点。

目　录

第一编　张元济著文

第二编　张元济致友朋信札

第三编　其他文牍

第四编 张元济友朋往来信札

第五编　友朋日记、杂忆摘录

第六编　报刊所载广告、新闻

第一编

张元济著文

南洋公学译书院试办章程

（1899 年 5 月）[1]

第一条　公学课程专重政治，本院译书同斯宗旨，凡兵事、法律、理
　　　　财等门，尤为先务。

第二条　译文取辞达理举、无乖真意而止。敷藻失繁、拘滞失晦皆所
　　　　弗取。

第三条　设总理一员，管辖本院一切事务，由公学总理兼任；总校一
　　　　员，总司校阅一切译稿、印本（如总理事繁，不及兼顾，可
　　　　将本院一切事务交与代办）；分校□员，专司修润译稿，校
　　　　勘印本；东西文翻译□员。

第四条　译本由总理、总校选择，与督办商定，授译员详阅；或由译
　　　　员自认，呈总理与总校审定。总宜互相商榷，确知其裨益时
　　　　用，方许开译。

第五条　译员每日将译稿送交总校，总校分授诸分校，分校修润毕，
　　　　再授总校覆阅。日清日件，毋得积压，并由总校每日将各员
　　　　功课登册，月终呈总理考核。

---

[1]　本章程未署刊出时间。张元济于 1899 年 3 月 29 日曾致函严复询问与《试办章程》
有关的译员聘用、选书、包译等事宜。4 月 5 日，严复复函逐一答复相关问题。4
月 28 日，张元济致何嗣焜的信函中言及："试办章程如蒙核定，亦乞掷下，俾便
付印。"据此推定，《试办章程》应初拟于 1899 年 4 月。同年 5 月 19 日，张元济
致信盛宣怀："译书院章程顷已印就，谨呈上四十册，乞察收。"因此，此章程应
于 1899 年 5 月正式付梓。

第六条　校核译稿务与原书比对精确，毋任意删改致失本真。遇有疑难，可向译员详细析问。

第七条　每成一书，总校与原分校将全书体例、词句详加修整，并撮举大意撰为提要，由总理呈督办阅过再付刊印。

第八条　本院各员除休息日外，应逐日到院办事至休息期，悉遵公学成例。

第九条　如有人愿将本院选定书籍领归自译者，照以下开列章程办理：

一、应将平日所译文字送院察核。

二、领书后应于若干日内（准原书篇幅酌定），将译出样稿（少不逾二千字，多不逾四千字）并撮叙本书大意，撰成提要一篇，偕原书送院覆核。如不合式可作罢论，所有此项稿件即不给价，亦不发还。

三、应立成书期限，临时由彼此酌定。如逾限过原订期有半（如原订十个月，至第十五个月仍未成书是也），可令停译。其所译出书籍仍按字数计费，惟并未成书只可按八折减付。

四、每届一月应将译稿誊真，并附洋文原书送院校阅。如所译不甚明确完备，及与样稿不符，可令修改，译者毋得偏执己见。如所改仍未妥协，可停译所有此项译稿，并应核减译费。

五、承译人遇有事故必须中止者，可将原书缴还，所有译费应将所译字数与原限时日匀配核计，如无差越可以照给。如本人事毕，仍愿接译，应先告知本院核办。

六、东文每千字译费洋银三圆，西文四圆，均按华文计算。如故为铺张取盈篇幅者，应以本院删定之数为准。

七、书未译完需领译费，只能按已出之稿核给一半。

第十条　如有人愿将私译书籍售入本院者，照以下开列章程办理：

一、所译书必须有合本院宗旨者。

二、应将译稿誊真，偕洋文原书送交本院考核。

三、本院酌给购价，如本人意有未足，不愿将书售去，可任领还。

四、书经购定，本人不得赎回及重加改窜、易名翻印。

五、本人如不愿领价，本院应于此书印成后赠送若干部以为酬谢，并将拟赠部数先行通知，惟亦不得索回及翻印。

六、刊印此项书籍，仍标明原译人姓氏，以示勿忘（第九条同）。

（录自北京师范大学图书馆藏《南洋公学译书院试办章程》）

南洋公学译书院己亥年总报告册

（1900 年 1 月）

今年[1]三月，元济受命入院，任总校兼代办院事，力小任重，愧未尽职。今届岁终，例有年报，爰综所历，揭叙如左，并附清帐，以备考核。

翻　译

细田[2]于三月初译《战术学》毕，接译《日本宪法》及《会计章程》（未毕），又译《租税章程》，甫成二十八页，即以合同限满返国。卢子翁[3]于五月中旬到院，窃喜其精通中日文字，且有月五万言之约，以为成书必速。不意至八月始成《陆军教育摘要》一书，接译《野外要务令》，自八月至今，共交稿一百七页，亦仅得全书十分之四耳。孟莼翁所译，除改补零件不计外，共成《日本陆军学校章程汇编》四册，《日本宪兵制》一册，《步兵操典》三册，综计功课自为最多。至搜辑订正，则惟稻村[4]是赖。其于《日本陆军学校章程汇编》一书，尤为致力。惟闻卢子翁明年有他就之意，稻村合同又经参谋部改为一年（明年九月即当届满），则翻译一事均宜预先筹度，庶免延误。

---

① 今年：本文写于一八九九年十二月（1900 年 1 月）。
② 细田：细田谦藏。
③ 卢子翁：卢永铭。
④ 稻村：稻村新六。

包译较易见功，然香港胡君礼垣经郑陶斋观察复信后迄无回音。叶君浩吾承译《日本租税章程》，译笔欠佳，脱稿之后似难接办。现稻村荐住沪日人山根可以胜任，拟明正即与定议。

本年购买译稿唯《原富》价昂，而译笔亦独精审。如此文字，此后恐不易多得。至《万国通商史》《日本近政史》，则芜冗殊甚，尚宜大加削润也。

校 阅

本年印书十余种，除《日东军政要略》外，均经元济再四校核，不敢草率从事。郑、孟二君襄助一切，尤为可感。惟院中积稿尚多，郑稚翁现在专校印稿，孟莼翁译笔渐进，可以改任翻译。故明年只可添聘分校一人，以免延搁。

印 书

沪上印书，自以商务印书馆为最，惟办理不免迟滞。自八月改由郑稚翁专校印稿，并随时督催后，稍见迅速。美华书馆工作亦佳，惟墨守教规，不肯承印兵书，且言明出书甚迟，故虽有他书，未与商办。

售 书

本年印书共约用银一千零二十九两，售价仅收回五十七两九钱五分。虽《战术学》以下九种均于十一月始行发售，然总由于滞销之故。将来或广登告白（现在只在《中外日报》间日一登），或添寄售处所（现在只有三家），庶可期销路渐旺，然总不如官销各省学堂及各营之较为整速也。

经 费

自三月至十二月，由本院支出实银五千八百六十九两五钱六分，

第一编 张元济著文

由公学支出约银一千二百伍十八两，再加正、二两月院用约八百两，共约七千九百两有奇。每年定额一万两，除支用外，实余存二千两之数。

支 款 总 数

东文翻译薪水　　　　　　　　约贰千贰百拾捌两

法文 / 英文帮翻译薪水　　　　二百玖拾两

总 / 分校薪水　　　　　　　　约壹仟伍百零捌两

司事 / 书办薪水并听差工食　　约壹佰玖拾玖两

包译费　　　　　　　　　　　约壹佰叁拾两

绘图抄书　　　　　　　　　　约肆拾捌两

印书　　　　　　　　　　　　约壹仟零贰拾玖两

买书　　　　　　　　　　　　约陆拾捌两

房租并巡捕捐　　　　　　　　约壹佰捌拾贰两

伙食　　　　　　　　　　　　约玖拾贰两

添置器具并灯油茶等　　　　　约陆拾捌两

纸张笔墨等　　　　　　　　　约拾肆两

售书告白费　　　　　　　　　约拾柒两

以上由本院付出，共约银伍千捌佰陆拾叁两（查本年实支银伍千捌百陆拾玖两伍钱陆分。以上各项均除零取整，故未能密合）

栗林薪水（壹佰柒拾伍圆）　　约壹百叁拾壹两

购《原富》译稿　　　　　　　壹千两

购《日本近代政史》《万国通商史》

　　译稿（壹佰伍拾捌元）　　约壹佰拾柒两

纸张并抄书费（拾叁元贰角玖分）　约拾两

以上由公学付出，共约壹仟贰佰伍拾捌两。

两共约银柒千壹佰贰拾壹两。

收 款 总 数

公学拨付　　　　　　　　陆千零肆拾两

售书价（七十七元六角六分）　　伍拾柒两玖钱伍分

共收银陆千玖拾七两玖钱伍分

除实支银伍千捌百陆拾玖两伍钱陆分，应存银贰百贰拾捌两叁钱玖分。

译 书 总 数

仅举已校未印、已译未校及译而未成者：

《步兵操典》二册　　孟莼翁译，已校完，明年正月即可排印。

《野外要务令》　　卢子翁现译未成。

《步兵各个教练书》　　孟莼翁带归自译稿，未寄来。

《日本宪法》一册　　细田译，已校完，因无甚关系，未付印。

《日本会计章程》　　细田译成二十六页，已校完，因未全，亦未付印。

《日本租税章程》　　细田译成二十八页，已校完。

又，福开森译《纽约民兵章程》一册，亦已校完，因有疑义，送还复校，未据交回。

包 译 总 数

《美国陆军制》一册，因需用甚急，特定葛君胜芳到院包译，已印成。

《日本租税章程》，由速成学堂叶君浩吾承包续译，已成三册，亦校完，尚有数种补译未成。

购 译 总 数

《日本近政史》　日本古田贞吉译　约四册　　未校

《万国通商史》　　日本古田贞吉译　　一册　　　　未校毕

《原富》　　　　　严又陵观察译　　约二十四册　已译成十五册，收到清稿一册，又十四册因无副稿，现在天津发抄。

又，《泰西各国水陆商政比例通议》四册，系去年所购，已校完，因有疑义，须倩人将原稿复校。未付印。

又，张少堂大令译送《英律释义》二册，未校。

印 书 总 数

《日东军政要略》	细田译	一千部	每部二册
《战术学》	细田译	一千部	每部四册
《作战粮食给养法》	杨景翁译	五百部	每部一册
《军队内务书》	杨景翁译	五百部	每部一册
《美国陆军制》	葛胜芳译	五百部	每部一册
《日本军队给与法》	杨景翁、孟莼翁同译	五百部	每部一册
《支那教案论》	严又陵译送	二千部	每部一册
《陆军教育摘要》	卢子翁译	五百部	每部二册
《日本陆军学校章程汇编》	孟莼翁译	五百部	每部四册
《日本宪兵制》	孟莼翁译	五百部	每部一册

送 书 总 数

《日本［东］军政要略》　尊处一部，又取一百部；梅翁一部，又取一部；公学二部；稻村一部；细田一部，因乞赠，又续送四部；张、卢、孟取三部，每人以一部为限，不取者听。共一百十四部。

《战术学》　尊处一部，又取一百部；梅翁一部，又取一部；公学二部；稻村一部；细田四部，去时面乞；张、卢、孟取三部。共计一百十三部。

《作战粮食给养法》　寄尊处二十部；梅翁一部，又取一部；公学二部；稻村一部；张、孟取二部。共二十七部。

《军队内务书》 寄尊处二十部；梅翁一部；公学二部；稻村一部；张、孟取二部。共二十六部。

《美国陆军制》 寄尊处二十部；梅翁一部；公学二部；稻村一部；张、孟取二部。共二十六部。

《日本军队给与法》 寄尊处二十部；梅翁一部；公学二部；稻村一部；张、孟取二部。共二十六部。

《支那教案论》 寄尊处二十部；梅翁一部；公学二部；稻村一部；张、卢、孟取三部。共二十七部。

《陆军教育摘要》 寄尊处二十部；梅翁一部；公学二部；稻村一部；张、卢、孟取三部。共二十七部。

《陆军学校章程》 寄尊处四部；梅翁一部；公学二部；稻村一部。共八部。

《日本宪兵制》 寄尊处四部；梅翁一部；公学二部；稻村一部。共八部。

售 书 总 数

《日东军政要略》　　　　　　　共四十九部

《战术学》　　　　　　　　　　共九十部

《作战粮食给养法》　　　　　　共三十六部

《军队内务书》　　　　　　　　共三十一部

《美国陆军制》　　　　　　　　共二十六部

《日本军队给与法》　　　　　　共二十九部

《支那教案论》　　　　　　　　共五十七部

《陆军教育摘要》　　　　　　　共十五部

《日本陆军学校章程汇编》　　　无

《日本宪兵制》　　　　　　　　无

存 书 总 数

《日东军政要略》	八百三十七部
《战术学》	七百九十七部
《作战粮食给养法》	四百三十七部
《军队内务书》	四百四十三部
《美国陆军制》	四百四十八部
《日本军队给与法》	四百四十五部
《支那教案论》	一千九百十六部
《陆军教育摘要》	四百五十八部
《日本陆军学校章程汇编》	四百九十二部
《日本宪兵制》	四百九十二部

（录自上海图书馆藏盛宣怀档案）

代盛宣怀拟致各省督抚函稿^①

（1900 年 6 月 14 日）^②

敬启者，近来迭奉明谕，整饬军政，裁汰冗弱，选习洋操。良由自强之方必先折冲御侮，经武之道端贵因时制宜。朝廷慎固封疆，力图振作，谆谆诰诫，期在必行。侧闻△△△△恫念时艰，修明武备，廑舍旧谋新之志，励同仇敌忾之忱。迭听风声，莫名钦佩。△△厕身交涉，蒿目艰难，仰维君父之忧，弥切涓埃之报。往岁筹捐商款，创设南洋公学，并立译院选译东西各国有用书籍，籍资讲求。业经奏明，钦奉俞允。现在该院成书十有余种，而以兵学为最多。虽译述需时，门类未备，而已成诸本尚可取裁。谨将全分寄奉台端，伏祈俯赐披阅。倘蒙颁饬在营将士，各学生徒相与参考，而研习之当，于军事必有裨益。该院各书存储尚多，只以经费支绌，不能不略收印价，以资周转。谨附呈书目表□纸，并乞察核。如需购用，请即开单示知上

---

① 标题为编者所加。

② 1900 年 6 月 14 日（光绪二十六年五月十八日）张元济致盛宣怀信有"属拟致各省督抚函稿兹已拟就，另纸录呈"语，可知此篇为信之附件。查《清史稿·疆臣年表四》（《二十五史·清史稿》，浙江古籍出版社 1998 年版，第 10 册第 853 页），李鸿章任两广总督时间为光绪二十五年十一月十七日至次年六月十三日；刘坤一任两江总督时间在光绪二十五年十一月十二日前及光绪二十六年四月初五日后。两人任职的时间交集为光绪二十六年四月初五日至六月十三日。张致盛原信仅署"十八日"，只可能是四月或五月。又据此时义和团起事，北方形势已十分紧张，五月二十一日八国联军攻陷大沽口，信中"今日都中有要闻否"语，正是此种形势下之急切语气。故此信书于五月十八日之可能性更大。

海南洋公学译书院，自当如数寄呈也。肃此布达，敬颂勋祺。△△△
顿首。

清单：[①]

直督裕　寿山

江督刘　岘庄

粤督李　少荃

鄂督张　孝达

川督奎　乐峰

闽督许　芸庵　去年曾派员去日本阅操，其属弁曾来询问所译书籍。

苏抚鹿　滋轩

浙抚刘　景韩

皖抚王　苟棠

齐抚袁　慰亭

尚有甘督陶方之，滇督崧锡侯近见奏报设武备学堂，亦可致函。惟现在均入京陛见，尚未回任，似可少缓。豫、湘、黔、桂四省局面既小，亦无修饬军政之举，故未开列。陇中、江右两抚似均系旗人，亦未闻其有何措置，故亦不载。

（录自上海图书馆藏盛宣怀档案）

---

① 清单中开列的督抚为：裕禄（寿山），刘坤一（岘庄），李鸿章（少荃），张之洞（孝达），奎俊（乐峰），许应骙（芸庵），鹿传霖（滋轩），刘树堂（景韩），王之春（苟棠），袁世凯（慰亭）。下文陶方之，为陶模；崧锡侯，为崧蕃。

在严复译《原富》手稿本上的批注①

（1900 年）②

部甲原稿（共六册）共三百十一页，折算应得一百二十余页，应分订两册。欲厚薄适均，应在第三册（篇十，第二十三页以下"论政约之异"之处）分订。如前两册印成后，已有五十余页，第三册便可列为部甲下，否则须将第十篇分为上、下（印至第十篇时，"上"字幸勿忘记，至要至要！）。至部甲下各页，亦应照部甲上例，仍列著译人姓名于前，字数、地位不可参差。

点句须用圆点，勿令参用尖点。

边框黑线有接痕，宜撤去更易。

提行处应留意，勿令两节并合。

"穆勒父子" 注名移首见处，以下均删。若但有穆勒者，即应添入某名于下，请问又老可也。

"仟佰"有改"千百"者 仍作"仟佰"。

"货"字注 见第二册第十二页，移最先见处。若未能决，请问又老。

"行约" 统改"业联"。

"籽种" 改"子种"。

---

① 标题为编者所加。原件采用南洋公学译书院笺。
② 原件未见撰写年月日。《原富》甲部 1900 年 12 月由南洋公学译书院出版。

"计家" 称"计学家"。

"璯财" 改"滞财"。

"刔" 改"刣"。在某卷中记忆不清矣。

"縠法" 注见第十一册第九页，移首见处。

"波拓实" 有作"波陀实"者，应作"拓"。未改正，祈留意。

（录自西安交通大学档案馆藏档案）

为南洋公学添设特班呈盛宣怀文 [①]

（1901 年 4 月 13 日）

　　为呈请事，窃前奉宪台面谕，去岁变法诏下，人心奋起，海内明达之士必多有志西学，亟宜于南洋公学设立特班，以待成材之彦，他日学成，可备朝廷器使等因。伏查公学中院每年招考学生虽悉凭汉文取录，而根柢既薄，成就自必较迟。惟师范一班，现在专攻西学，积之有得，或不难中西贯通。然学额不过十人，造就终嫌未广。窃维数年以内，风气顿开，硕彦名流大都喜通彼学，徒以学堂有限，肄习无门，浅尝辄止，良堪悯惜。兹奉钧谕，增设特班，广招秀出之材，俾□跻大成之域，满满多士，钦感同深。惟是来者既多，浅深异致，不严考校，难得良材。又人当婚宦之年，心志必难专一，所定功课不宜过求高深。师范班向有膏火，休假亦无限制，二者皆有窒碍，拟请稍与变通。现在上院未开，房屋大半扃锁，器具亦有闲余，将来均可借用。中院尚有已聘未到教习，尽可兼令教授，毋庸别订专师。至学生伙食、月奖，仆役工资，一切杂用器，三十人为额，约计每岁所费不过二千银圆之谱。就现有经费核算筹拨，似不为难。谨拟具章程十条，预算经费一单，另缮清折，恭呈鉴阅。是否有当，伏乞批示遵行，须至呈者。

---

① 标题为编者所加。

计附清折一扣。一呈督办大臣盛。

光绪二十七年（二月）^①二十五日

总理张

（录自西安交通大学档案馆藏档案）

---

① 原件未署月份，现据该文所在卷宗封面所署月份，由编者补入。

拟设南洋公学特班章程 [①]

（1901 年 4 月 13 日）

第一条　于上院、中院之外，特设一班，以待成材之彦之有志西学
　　　　者，名曰南洋公学特班。

第二条　凡学识淹通、年力健强者均可入学。有无出身勿论，曾习西
　　　　文否勿论。

第三条　愿入学者限于四月内觅保，向南洋公学报名（有嗜好者、喜
　　　　便逸者、有家事须治理者勿来报名）。俟有成数，即由督办
　　　　招商、电报局大臣示期考试，录其尤者入学肄业。

第四条　功课分为前后两期。前期为初级功课，后期为高等功课，各
　　　　限三年卒业。已习西文有年者届期分别教授。

　　　　初级功课

　　　　英文（写、诵、文法、章句），算学（数学、代数、几何、
　　　　平三角），格致化学（手演）。

　　　　高等功课

　　　　格致化学（阐理），地志，史学，政治学，理财学，名学。

第五条　师范生应倡守之规约及应独得之优礼，特班从同，惟不给膏
　　　　火。至购买书、笔、纸、墨及一切零用，悉当自备。

第六条　月终、岁终本教习试之。夏季大考督办招商、电报局大臣亲

---

① 原件无署名，现据笔迹判定为张元济亲拟。

试之，以定黜陟。

第七条　西课余暇当博览中西政事诸书，以为学优则仕之地。督办招商、电报局大臣以时试之。

第八条　功课不及格，抑不守规约者，随时辞退。

第九条　非有紧要事故并由保人证明者，不得告假，以免旷课，违者辞退。

第十条　自请出学，非由本公学核准者，应加倍偿还修膳等费。如有延欠，由保追缴。

常年经费

学生三十人，火食（每人三元，每月九十元），十个月计洋玖百元。

月奖（以师范生比例）计洋伍百元。

听差四人，工食（每人四千五百，每月十八千），十二个月二百十六千，计洋贰百肆拾元。

茶水、灯火、月课、卷纸、杂费（每月三十元），计洋叁百元。

共洋壹千玖百肆拾元正。

（录自西安交通大学档案馆藏档案）

为办附属小学呈盛宣怀文

（1901 年 5 月 14 日）

南洋公学为呈请事，窃维教育之方，莫先蒙养，古人为学十年，出就外傅，即习书计幼仪。今东西各国学校制度，亦莫不以幼稚园、小学校为重，本末先后，理本至明。昔年创办公学，曾经宪台奏明，先设师范院，并选聪颖幼童作为外班，由师范生教授，备升中院，并蒙札饬遵行在案。今公学生之翘秀杰出者，大半多属此辈。厥后考录，渐进其极而造就亦遂稍稍不如，良以家塾课程不能画一，始基未立，进境较难。

前总理何守洞烛情形，思复旧制，爰于去夏议设附属小学，并经招考幼童，只因北乱未平，延至冬月始取定。学生七十四名，登报传知各该家属，于今年二月开学。当聘定教习六人。讵未及举行，而何守已先溘逝。元济踵膺重任，惧隳前功，谨遵面谕，接续举办，业经如期开学。所取学生有不到者，录补如额。惟是规约未具，无所率循；一切需用课本，编译亦未完备。临渴掘井，窒碍尤多。当与同人拟定略例，先行试办，并将课本从速编译，以便施教。然事方草创，数月之内恐未必悉臻妥善也。

谨将拟具试办章程及经费预算表，另缮清折，恭呈钧鉴。是否有当，伏乞核示遵行，须至呈者。

附呈清折二扣

为副呈事：窃本公学添设附属小学，考取生徒，现经开课，拟具试办章程及经费预算表，呈请核定缘由，除全录正呈外，为此备具副呈。伏乞批示遵行，须至副呈者。

一呈盛大臣。

光绪二十七年三月二十六日

总理张

试办附属小学章程

一、旧法课蒙偏于文词，向取中院学生皆不能全知溥通学门径，其素学于中院，中等学课程碍难直接施教，时不免多所迁就。故查照旧时师范院附属外院之例，于公学内设附属小学一区，习最浅之溥通学，为中、上院内各溥通学立之基础。

二、设管理一人，以师范班领班兼充，专司稽查学生功课及小学一切事宜。教习现聘六人，各占学科，不归班次，每班匀计须延教习三人，始敷教督。本年试办考取学生两班，故定此数，以后学生添招，教习或可兼任或当增多，临时再定。

三、公学班额未足，尚有间舍，所设附属小学暂借公学间舍，试办经费亦由公学额款内支给。此后别筑校舍，拨筹额费，统俟试办有效再议。

四、学生拟挑取八岁至十三岁幼童充之，本年试办，先取两班。分已读书、晓字义者为甲班，仿习各国高等小学课程；略读书而知识未开者为乙班，补习各国寻常小学课程。

五、各班课本概用汉文教授，即按照应习课程自行编译。

六、甲班三年卒业，乙班四年卒业。卒业后，将前列者挑升中院。遇有资质尤异者，准在中院招选学生时一律报考，考取者免其在小学卒业。

七、名本年所取甲班曰高等科三班，乙班曰补习班，此后每年或止添补习班，或并招高等科三班，或暂行停招，皆在隔年年终议定。

八、每班额定三十人，考选时宽取六名以备剔除。倘所取三十六名均堪造就者，亦即概予留学。

九、每届月终，教习汇集全月功课分数，由管理覆核，送呈总理考验，优者给奖，劣者降黜。

十、学生每年纳脩银二十四圆，膳饮、膏火、书籍学堂置给，惟纸笔零费自备，预缴银圆由帐房代购。年终告退者，听。若半涂废学，向父兄追罚膳银，由学堂开除，将所缴脩银按学期匀计，扣除在学应销之数，余即给还。

经费预算表

收款

一、蒙学生七十四人，每人每年出学费洋二十四元，共计洋一千七百七十六元，七四合银一千三百十四两二钱四分。

支款

一、教习一人，薪水每月廿两，计银二百四十两。

教习五人，薪水每人每年二百元，共计洋一千元，七四合银七百四十两。

下人二名，每月工食洋三十元，每年共计洋三百六十元，七四合银二百六十六两四钱。

一、火食，教习六人，每月十八元；学生七十四人，每月二百二十二元。十个月算，共洋二千四百元，七四合银一千七百七十六两。

一、庖人二名，每月工食九元，每年一百○八元，七四合银柒拾九两九钱贰分。

一、灯油、煤火杂费，每月约十二两，合银一百廿两。

一、月奖，每月十两，合银壹百两整。

一、课本费，每人约贴四元，共计二百九十六元，七四合银二百十九两○四分。

共约银三千五百四十一两二钱六分，编译费无定，不计，除收每年约贴银二千二百廿七两壹钱弍分。

（录自西安交通大学档案馆藏档案）

将已译政治书籍送政务处
甄采呈盛宣怀文 ^①

（1901 年 7 月 25 日）

南洋公学为呈覆事，窃本月初八日接奉宪台札饬准南洋大臣刘咨开，南洋公学所译东西洋各书，请每种各捡二部咨送政务处等因，合行札饬该主事，迅将南洋公学所译政治书籍各呈二部，以便分送南洋大臣、政务处甄采等因。奉此，伏查本公学译书院历年译书共成十有四种，内关兵政者十二种，教案、商务者各一种，尚有兵政八种、理财一种、商务二种、国政二种、学校三种、税法一种，均经译成，现已陆续付印。兹奉前因，除将现正译各书赶紧校印，随时补呈外，谨将已成十四种各取二部，装潢呈送，伏祈宪台俯赐察收，转送南洋大臣、政务处甄采，实为公便。为此备函具呈，伏乞照验施行。须至呈者。计呈送书籍四套。

一呈督办大臣盛。

光绪二十七年六月初十日

总理张

（录自西安交通大学档案馆藏档案）

---

① 标题为编者所加。

严复译《原富》中西年表 [①]

（1901 年）

中西年表

西历前二十四世纪　　　　　起甲辰讫庚子

　　唐尧元载至五十七载

西历前二十三世纪　　　　　起辛丑讫庚辰

　　唐尧五十八载至百有二载　　虞舜五十载　　夏禹元岁至五岁

西历前二十二世纪　　　　　起辛巳讫庚申

　　夏禹六岁至八岁　　帝启九岁　　太康二十九岁　　仲康十三岁

　　帝相二十八岁　　少康元岁至十八岁

西历前二十一世纪　　　　　起辛酉讫庚子

　　夏少康十九岁至六十一岁　　帝杼十七岁　　帝槐二十六岁

　　帝芒元岁至十四岁

西历前二十世纪　　　　　起辛丑讫庚辰

　　夏帝芒十五岁至十八岁　　帝泄十六岁　　帝不降五十九岁

　　帝扃二十一岁

西历前十九世纪　　　　　起辛巳讫庚申

　　夏帝廑二十一岁　　孔甲三十一岁　　帝皋十一岁　　帝发十九岁

---

① 标题为编者所加。原件无署名。严复于《译事例言》中称："又此译中西编年及地名、人名、物义诸表，则张菊生、郑稚辛孝廉于编订之余，列为数种，以便学者考订者也。"据此确定年表编者。

桀癸元岁至十八岁

西历前十八世纪　　　　　起辛酉讫庚子

　　夏桀十九岁至五十二岁　　商汤十八祀至三十祀　　太甲三十三祀
沃丁元祀至二十祀

西历前十七世纪　　　　　起辛丑讫庚辰

　　商沃丁二十一祀至二十九祀　　太庚二十五祀　　小甲十七祀
雍己十二祀　　太戊元祀至三十七祀

西历前十六世纪　　　　　起辛巳讫庚申

　　商太戊三十八祀至七十五祀　　仲丁十三祀　　外壬十五祀
河亶甲九祀　　祖乙十九祀　　祖辛元祀至六祀

西历前十五世纪　　　　　起辛酉讫庚子

　　商祖辛七祀至十六祀　　沃甲二十五祀　　祖丁三十二祀　　南庚
二十五祀　　阳甲七祀　　盘庚元祀

西历前十四世纪　　　　　起辛丑讫庚辰

　　商盘庚二祀至二十八祀　　小辛二十一祀　　小乙二十八祀
武丁元祀至二十四祀

西历前十三世纪　　　　　起辛巳讫庚申

　　商武丁二十五祀至五十九祀　　祖庚七祀　　祖甲三十三祀
廪丁六祀　　庚丁元祀至十九祀

西历前十二世纪　　　　　起辛酉讫庚子

　　商庚丁二十祀至二十一祀　　武乙四祀　　太丁三祀　　帝乙
三十七祀　　纣辛三十二祀　　周武王十三年至十九年　　成王
元年至十五年

西历前十一世纪　　　　　起辛丑讫庚辰

　　周成王十六年至三十七年　　康王二十六年　　昭王五十一年
穆王元年

西历前十世纪　　　　　起辛巳讫庚申

周穆王二年至五十五年　　共王十二年　　懿王二十五年　　孝王元年至九年

西历前九世纪　　　　　起辛酉讫庚子

周孝王十年至十五年　　夷王十六年　　厉王五十一年　　宣王元年至二十七年

西历前八世纪　　　　　起辛丑讫庚辰

周宣王二十八年至四十六年　　幽王十一年　　平王五十一年桓王元年至十九年

西历前七世纪　　　　　起辛巳讫庚申

周桓王二十年至二十三年　　庄王十五年　　釐王五年　　惠王二十五年　　襄王三十三年　　顷王六年　　匡王六年　　定王元年至六年

西历前六世纪　　　　　起辛酉讫庚子

周定王七年至二十一年　　简王十四年　　灵王二十七年　　景王二十五年　　敬王元年至十九年

西历前五世纪　　　　　起辛丑讫庚辰

周敬王二十年至四十四年　　元王七年　　贞定王二十八年　考王十五年　　威烈王二十四年　　安王元年

西历前四世纪　　　　　起辛巳讫庚申

周安王二年至二十六年　　烈王七年　　显王四十八年　　慎靓王六年　　赧王元年至十四年

西历前三世纪　　　　　起辛酉讫庚子

周赧王十五年至五十九年　　东周君七年　　秦庄襄王二年始皇帝三十七年　　二世三年　　汉高帝元年至六年

西历前二世纪　　　　　起辛丑讫庚辰

汉高帝七年至十二年　　惠帝七年　　吕后八年　　文帝前十六年后七年　　景帝前七年中六年后三年　　武帝建元六年

元光六年　　元朔六年　　元狩六年　　元鼎六年　　元封六年
太初四年

西历前一世纪　　　　　　起辛巳讫庚申

汉武帝天汉元年至四年　　太始四年　　征和四年　　后元二年
昭帝始元六年　　元凤六年　　元平一年　　宣帝本始四年
地节四年　　元康四年　　神爵四年　　五凤四年　　甘露四年
黄龙一年　　元帝初元五年　　永光五年　　建昭五年　　竟宁
一年　　成帝建始四年　　河平四年　　阳朔四年　　鸿嘉四年
永始四年　　元延四年　　绥和二年　　哀帝建平四年　　元寿
二年

西历第一世纪　　　　　　起辛酉讫庚子

汉平帝元始元年至五年　　孺子婴二年　　新莽初始一年　　始建
国五年　　天凤六年　　地皇三年　　淮阳王更始二年　　东汉
世祖建武三十二年　　中元二年　　明帝永平十八年　　章帝建初
八年　　元和三年　　章和二年　　和帝永元元年至十二年

西历第二世纪　　　　　　起辛丑讫庚辰

汉和帝永元十三年至十六年　　元兴一年　　殇帝延平一年
安帝永初七年　　元初六年　　永宁一年　　建光一年　　延光
四年　　顺帝永建六年　　阳嘉四年　　永和六年　　汉安二年
建康一年　　冲帝永嘉一年　　质帝本初一年　　桓帝建和三年
和平一年　　元嘉二年　　永兴二年　　永寿三年　　延熹九年
永康一年　　建宁四年　　熹平六年　　光和六年　　中平六年
献帝初平四年　　兴平二年　　建安元年至五年

西历第三世纪　　　　　　起辛巳讫庚申

汉献帝建安六年至二十五年　　后汉昭烈帝章武二年　　后主建
兴十五年　　延熙二十年　　景耀五年　　炎兴一年　　魏咸熙
元年　　晋武帝泰始十年　　咸宁五年　　太康十年　　惠帝永

熙一年　　元康九年　　永康一年

西历第四世纪　　　　　起辛酉讫庚子

晋惠帝永宁元年　　太安二年　　永兴二年　　光熙一年　　怀帝
永嘉六年　　愍帝建兴四年　　东晋元帝建武一年　　太兴四年
永昌一年　　明帝太宁三年　　成帝咸和九年　　咸康八年
康帝建元二年　　穆帝永和十二年　　升平五年　　哀帝隆和一年
兴宁三年　　帝奕太和五年　　简文帝咸安二年　　孝武帝宁康
三年　　太元二十一年　　安帝隆安元年至四年

西历第五世纪　　　　　起辛丑讫庚辰

晋安帝隆安五年　　元兴三年　　义熙十四年　　恭帝元熙二年
宋高祖永初二年至三年　　少帝景平一年　　文帝元嘉三十年
武帝孝建三年　　大明八年　　废帝景和一年　　明帝泰始二
年至七年　　泰豫一年　　苍梧王元徽四年　　顺帝昇明二年
齐高帝建元四年　　武帝永明十一年　　明帝建武四年　　永泰
一年　　东昏侯永元二年

西历第六世纪　　　　　起辛巳讫庚申

齐和帝中兴一年　　梁武帝天监十八年　　普通七年　　大通二年
中大通六年　　大同十一年　　中大同一年　　太清三年　　简文
大宝二年　　元帝承圣三年　　敬帝绍泰一年　　太平一年　　陈高
祖永定三年　　文帝天嘉六年　　天康一年　　废帝光大二年
宣帝大建十四年　　后主至德四年　　祯明二年　　隋高祖开皇
九年至二十年

西历第七世纪　　　　　起辛酉讫庚子

隋高祖仁寿元年至四年　　炀帝大业十二年　　恭帝侑义宁一年
恭帝侗皇泰二年　　唐高祖武德三年至九年　　太宗贞观二十
三年　　高宗永徽六年　　显庆五年　　龙朔三年　　麟德二年
乾封二年　　总章二年　　咸亨四年　　上元二年

仪凤三年　　调露一年　　永隆一年　　开耀一年　　永淳一年
弘道一年　　中宗嗣圣元年至十七年

西历第八世纪　　　　　　起辛丑讫庚辰
　　唐中宗嗣圣十八年至二十一年　　神龙二年　　景龙三年　　睿宗
景云二年　　太极一年　　元宗开元二十九年　　天宝十四年
肃宗至德二年　　乾元二年　上元二年　　宝应一年　　代宗广
德二年　　永泰一年　　大历十四年　　德宗建中四年　　兴元
一年　　贞元元年至十六年

西历第九世纪　　　　　　起辛巳讫庚申
　　唐德宗贞元十七年至二十年　　顺宗永贞一年　　宪宗元和
十五年　　穆宗长庆四年　　敬宗宝历二年　　文宗太和九年
开成五年　　武宗会昌六年　　宣宗大中十三年　　懿宗咸通十四
年　　僖宗乾符六年　　广明一年　　中和四年　　光启三年
文德一年　　昭宗龙德一年　　大顺二年　　景福二年　　乾宁
四年　　光化三年

西历第十世纪　　　　　　起辛酉讫庚子
　　唐昭宗天复元年至三年　　昭宣帝天佑三年　　后梁太祖开中
四年　　乾化二年　　梁主瑱乾化三年至四年　　贞明六年
龙德二年　　后唐庄宗同光三年　　明宗天成四年　　长兴四年
闵帝应顺一年　　废帝清泰二年至三年　　后晋高祖天福二年
至八年　　出帝开运三年　　后汉高祖元年（称天福十二年）
次年（称乾祐元年）　　隐帝乾祐二年至三年　　后周太祖广顺
三年　　世宗显德六年　　宋太祖建隆三年　　乾德五年　　开宝
八年　　太宗太平兴国八年　　雍熙四年　　端拱二年　　淳化
五年　　至道三年　　真宗咸平元年至三年

西历第十一世纪　　　　　　起辛丑讫庚辰
　　宋真宗咸平四年至六年　　景德四年　　大中祥符九年　　天禧

四年　　　乾兴二年　　　仁宗天圣九年　　　明道二年　　　景祐四年

宝元二年　　　康定一年　　　庆历八年　　　皇祐五年　　　至和二年

嘉祐八年　　　英宗治平四年　　　神宗熙宁十年　　　元丰八年

哲宗元祐八年　　　绍圣四年　　　元符三年

西历第十二世纪　　　　　起辛巳讫庚申

宋徽宗建中靖国一年　　　崇宁五年　　　大观四年　　　政和七年

重和一年　　　宣和七年　　　钦宗靖康一年　　　高宗建炎四年

绍兴三十二年　　　孝宗隆兴二年　　　乾道九年　　　淳熙十六年

光宗绍熙五年　　　宁宗庆元六年

西历第十三世纪　　　　　起辛酉讫庚子

宋宁宗嘉泰元年至四年　　　开禧三年　　　嘉定十七年　　　理宗

宝庆三年　　　绍定六年　　　端平三年　　　嘉熙四年　　　淳祐十二年

宝祐六年　　　开庆一年　　　景定五年　　　度宗咸淳十年　　　恭宗

德祐一年　　　端宗景炎二年　　　帝昺祥兴二年　　　元世祖至元

十七年至三十一年　　　成宗元贞二年　　　大德元年至四年

西历第十四世纪　　　　　起辛丑讫庚辰

元成宗大德五年至十一年　　　武宗至大四年　　　仁宗皇庆二年

延祐七年　　　英宗至治三年　　　泰定帝泰定四年　　　文宗天历

二年　　　至顺三年　　　顺帝元统二年至元六年　　　至正二十七年

明太祖洪武三十一年　　　惠帝建文元年至二年

西历第十五世纪　　　　　起辛巳讫庚申

明惠帝建文三年至四年　　　成祖永乐二十二年　　　仁宗洪熙一年

宣宗宣德十年　　　英宗正统十四年　　　景帝景泰七年　　　英宗天

顺八年　　　宪宗成化二十三年　　　孝宗弘治元年至十三年

西历第十六世纪　　　　　起辛酉讫庚子

明孝宗弘治十四年至十八年　　　武宗至德十六年　　　世宗嘉靖

四十五年　　　穆宗隆庆六年　　　神宗万历元年至二十八年

西历第十七世纪　　　　　　起辛丑讫庚辰

　　明神宗万历二十九年至四十八年　　熹宗天启七年　　怀宗崇祯

　　十六年　　大清顺治十八年　　康熙元年至三十九年

西历第十八世纪　　　　　　起辛巳讫庚申

　　康熙四十年至六十一年　　雍正十三年　　乾隆六十年　　嘉庆

　　元年至五年

西历第十九世纪　　　　　　起辛酉讫庚子

　　嘉庆六年至二十五年　　道光三十年　咸丰十一年　　同治

　　十三年　　光绪元年至二十六年

　　（张元济、郑孝柽编，原载《原富》，[英]亚丹·斯密①著，严复

译，南洋公学译书院1902年第1版）

---

① 《原富》(《国富论》) 的作者今译为亚当·斯密，此处"亚丹·斯密"以及后文
　"亚丹斯密""斯密亚丹"均为原文，均不作改动。

答友人问学堂事书

（1902 年 3 月）

承示到省以后，恐须有办理学堂之事，属陈所见，以备采择。鄙人于教育之事夙未研究，然历年试验，略有所得。既承明问，焉敢自秘。谨规举如左：

一、勿存培植人才之见。非谓学堂不足以育才，然念念在育才，则所操者狭而所及者浅。泰西人罕不学，非必皆人才也，然于人当知之事无不知之，而民智大开。在上者有所施行，亦不至于妄为阻抗。此善政之所以能行也。吾国民多愚蠢，饮食男女之外几无所知，国之危亡非所问，种之衰灭非所计，屯蒙浑噩，蠕蠕于群动之中。临如是之人民，虽有善政，行且见恶。故诏兴铁路，则谓有碍本地风水矣；诏废书院，则谓将绝寒士生路矣。吾皇圣明，而海内谤之，亦此故也。今设学堂，当以使人明白为第一义。德被法败，日本维新，均汲汲于教育之普及者。无良无贱、无智无愚、无长无少、无城无乡，无不在教育之列也。本此意以立学，则必重普通而不可言专门，则必先初级而不可亟高等。

一、勿标讲求西学之名。吾国同文馆、广方言馆、船政学堂、水陆师学堂之设，皆以通商订约为因，故皆隶于总理衙门，故所习者人亦目为洋学，而学堂遂与旧有之学校判然为二，此可哂者也。泰西教育之法，莫不就其本国之民质、俗尚、教宗、政体以为之基础，各有其独立之道而不可以强同。一切教授规则皆受成于学部。凡所损益，一以国民精神为主，故学成之辈，无不知爱其国、卫其种。中国开化甚早，立国已数千年，亦自有其不可不学之事，何必舍己芸人？窃谓今日设学亦宜抱定此意，必学为中国人，不学为外国人，然又非"中学为体、西学为用"之谓也。吾儒言"修、齐、治、平"宁非用，西儒言 Physics and Philosophy 宁非体，是之肤论，吾未敢信。吾之意在欲取泰西种种学术，以与吾国之民质、俗尚、教宗、政体相为调剂，扫腐儒之陈说，而振新吾国民之精神耳。

一、勿以洋文为常课。语言文字者，生民之大用，立国之精神也。未有语言文字亡而其国尚能存者（近人译日本高田早苗所著《国家原理》，论之最详）。俄亡波兰而强习俄语，美据非律宾而议用英文，灭国手段，此为最酷。各国教会入华为传教计，故竞设西文学堂，昔之人不暇审察，贸贸然踵而行之。至于今日，或英、或法、或德、或俄、或日本，樊然并举。彼国之人亦遂欣焉以助其成，盖欲储为异日之用也。夫我国立学而他日可收为己用，此中利害盖可见矣。今设学堂，惟省会及通商各埠可别立洋文一科，余悉用华文教授，庶于教育之道不至背驰，可以保持国民自立之性，亦可以杜塞旧党、汉奸之诟。

一、勿以外人主持学事。尝闻美人之言曰："支那财赋之权在英，军事之权在德，教育之权吾美人其勿失之。"斯言之可畏也。国家之气，恃教育以维系之。此为何事，岂可授之外人者？自学堂有讲求西学之名而根本既歧，施行遂误。彼见吾国人之中无所主也，乃阴肆其攘窃之计。不肖者肥其囊橐，行黠者植其羽翼，而学堂人才遂不复为中国有矣。吾友伍昭扆为余言："洋人之为吾国教习者尝曰：Anything is good enough for Chinese。"呜呼，吾国人曷三复之。

一、勿滥读四书五经。往圣大义微言，髫龀之子讵能解悟？强令诵习，徒耗丧脑力而已。天下事唯求其是，断非可以意气争。四书五经虽先圣遗训，而不宜于蒙养，至于今日要已大明，则又何必故为祖护乎？愚意《论》《孟》二子只宜中学，其他诸经必列专门，非普通毕业者不令讲授，似于尊经重道之意，亦未尝刺缪也。

一、勿沿用洋人课本。童子于入学之始，脑质空灵，先入一误，始终难拔。无论洋文读本宜自编纂，即华文教科书，各教会学堂所刊者，大都以阐扬彼教为宗，否亦取径迥别，与中学绝无关合。愚意均不可用。最上速自译编，其次则集通儒，取旧有各本详加改订，虽未必佳，而流弊要较少矣。

一、勿留学生驻堂。房膳滋费，弊一。高明之士，易逾闲检，留之生事，去之丧才，欲筹两全，实无良策，弊二。办事各员终日营营，均重食宿，而干预教育之事愈离愈远，弊三。窃谓前此学堂寥寥，有异方就学者，自不得不尽宿堂中，以免羁旅之苦。今奉明诏，各省遍设学堂，入学者必系土著，朝集暮散，毫无窒碍，即论经费，所省亦不少也。

一、勿给学生膏火。此事京师大学堂、北洋头二等学堂、南洋公学已行之。恐边省借风气未开，欲得是以为鼓舞，则国家糜费必多，学生成就必少，而他日亦无推广之望矣。

一、勿轻用外省人为教习。八股既废，号读书者方哓哓然虑无以为生。学堂教习若悉招自外省，则本省士子群起疵议，而种种阻碍因之以生。昔胡文忠办理厘金，系用本地绅儒，最为有见，可师其意。本省士夫有通达者固宜礼聘，否亦只可聘一外省人为导，余乃以土著充之。

一、勿滥派游学。近年以来，无人不称游学日本之善。余谓为一人计则是，为大局计则非也。民质、俗尚、教宗、政体不能尽同，一岁三百元，用之中国可教数人，若派游学只一人耳。且普通学未习，远适异国仍入预科，又何取乎？今设学堂既重普及，则教育之事只宜推广于国中，而不恢张于域外也。

右首一则为兴学宗旨，次二则为最要办法，次三则为学堂通病，宜谋改良。余则为阁下特别言之，然亦不限于一隅也。管蠡之见，无裨高深，聊自贡其所知耳。

（原载《教育世界》1902 年第 2 期）

译书院撙节办法

（1902 年 5 月 7 日）

查译书院额拨经费每年以规元一万两为限，现在每月开支七百余两，而翻译、印刷等价尚不在内。查去年九月以前，元济兼管经费，每月除译费、印价外，约支二百五十两。虽现在译书较多，难于比照，然实事求是，亦尚有可撙节之处。本月初三日接奉钧札，责成元济专管，务绝虚糜。本嫌僭越，未敢受命。继思屺怀前辈未能常川驻院，未便过为推诿，致误公事。遵即会商芝房前辈，核定各款，分别应减应裁，开折呈览。除总校及拟留分校薪水应否核减伏候批示，及房屋俟觅定迁移再行减租外，余均以下月为始，照新定数目支发。至翻译、购稿、印书、绘图无定之款，均无不核实动用，以期仰副宫保慎重出纳，垂谋久远之至意。

再元济窃有请者：译书院自开办以来，共成书三十四种，印行者二十一种，共约印价二千三百三十余两。历年收回售价约一千四百八十余两，现存者估值一千一百七十余两。方今风气渐开，新书销路渐广，本院之设，原非牟利，然未始不可略增价值，以助经费之不足。但取值稍昂，各书坊即肆行翻印，而销路又以复滞。此版权之所以不可不兴也。去秋有人私翻《原富》及师范院《蒙学课本》，经元济查出，送请沈培翁查照成案移县惩办。无如培翁意见不同，未允切实追究，仅致一公文于上海县，而官场更不知此为何事，遂竟化为乌有。此端既开，译院各书非贱价发售，恐纸价且难收回。现在纸张、印装一律长价，经费有限，初印不能过多，售罄重印又费排校。鄙见拟凡属可以畅销之书，一律铸版，以便随时刷印，但初次成本又需加重，惟有严禁翻印，庶可稍增售价，借资挹注。应请查照旧案，咨行江海关道并札饬上海县严速惩办，或可稍保利权，于扩充译务不无裨益。惟《法规大全》一书，将来恐难广销。沈、费二公议译此书时，本专为奏请译辑政书而发，拟请另拨专款，究未知已否上陈？查译书院自二十五年三月起至本年二月止，应领经费银三万两，除用过二万二千余两，实余银七千余两。《法规》一书除已付包译费约二千三百两，将来续付译费及全书印价，约尚需银六七千两。现在分校多系生手，欲此书速成，尚应添聘略知东文，兼通新学者二三名，专司修润，方能克日蒇事。此项薪水事毕即停，约需银数百两，核计历年余款略可相抵，似可毋庸另拨专款。至本年应领经费，仍以备译他书，以符推广办理之实。是否有当，并候卓裁。

附南洋公学译书院支款比较数目

	现支	原支	
总校费薪水	一百四十两	无	
总校张薪水	一百四十两	一百两	
分校郑薪水	四十两	三十两	
分校徐薪水	二十四两	二十两	
分校褚薪水	二十四两	无	
分校徐薪水	二十两	无	辞退
分校陈薪水	十六两	无	
分校朱薪水	十六两	无	
分校马薪水	十六两	无	辞退
分校王薪水	十二两	无	辞退
东文译唐薪水	二十二两	二十二两	

（上年十二月分截止）

司帐薪水	十四两	七两	
书记薪水五人	三十两	十二两二人	裁三人
听差工食四名	十八两	九两二名	裁二人
厨丁工食二名	六两	无	裁一人
车夫费用	五两	无	
点自来火费	四两	无	停止
火食	六十二两	十五两约裁三十二两	
巡捕捐	每季十六两	每季三两拟裁三两	
火油	七两	三两	
房租	五十五两	十三两拟裁三十两	
笔墨纸张等	六两	二两	
零用	十四两	五两	节减无定
	共七百零七两	共二百四十一两	

每月约减银二百五十两

（录自上海交通大学档案馆藏档案）

议管理留学欧美学生办法致学部堂官书 [①]

（1906 年 4 月）

第一编　张元济著文

昨奉钧谕，属将所知留学欧美诸生开呈名单，以备录用。仰见堂宪求才若渴，钦感无既。元济闻见有限，所知者不过数人，所未知者为数尚众。方今需才孔亟，任其废弃，殊为可惜。拟请电达英、美、德各国驻使，查明毕业诸生姓名、籍贯、学科、年期，分别已、未回国，即日电复本部，并传谕告诸生之未回国者，即日内渡（其愿留外国精求深造者，许自陈请），由本部奏请奖励录用（届时择其尤者数人破格录用，其他或派办学堂，或荐充教习，或令兴实业，总有用处，决不至于为难，俗所谓"乐得做现成人情"者是也）。如是则士心归附，必乐为朝廷效用。而凡留学外国及本国学堂肄业诸生，皆知所感奋矣。

然既任用留学生，则凡留学生之未毕业者，本部不可无管理考核之法（留学日本人数太多当别论，此专论在欧美者）。按日本国派遣留学外国学生，除海陆军省、农商务省、递信省所派专归各该省管辖外，其他皆由文部省直接管理。本部既设，应仿照定一章程。然欲定章程，欲加管理，有亟应办理者若干事，条举如左：

[①] 张元济于 1906 年 3 月底奉调入上年所设清政府学部任职，不久调入外务部，6 月告假离职返沪，历时两个半月。期间，为学部起草一批行政性文件，此件为其中之一。文内"学部堂官"即学部尚书荣庆。文末张元济向学部推荐留学欧美学生共 9 人，大多有北洋大学堂、南洋公学任教或求学的经历。

一、查明各省咨送西洋学生公文，造具清册。有不全备者，速咨各省补报，以便查考。

二、另刊表式分咨各国驻使，转交学生自行填注，汇齐送部。

三、各省官派学生，学费参差，有同在一堂而学费丰啬不同者，有程度较浅而学费反优者，此极不妥。宜俟前两事办到后，再取而整齐划一之。

四、各省官派学生，闻有程度极浅者，应电饬留学毕业诸生就近详细考查，汇报本部。如距卒业时尚远，宁给归装，令其归国，以其学费匀给他省学费短缺之官费生，或另派本省程度较高之学生，或转给愿改官费本省或他省之私费生，临时由本部酌夺办理。

五、官费生有半途停给者，私费生有接济中断者，本部应量其学业之程度资给之（其函电交驰，属元济代为设法者已有五六人）。

前此各省选派学生，凌乱驳杂，及今为之，犹可补救，右陈各款皆补救之法也。前车已覆，来者可追。谨再将以后选派留学欧美办法条举如左：

一、拟定留学章程。凡嗣后留学诸生均宜遵照办理。

二、拟定考验程式，发报布告。凡自问能及格并愿遵守章程者，无论何项学堂出身，可径向本部报名。俟有成数，即调部考验，合格者记名候派。每距若干时，举行考验一次。

三、由本部通行各省，嗣后选派欧美留学限就记名该生选派。

四、记名人数已完，各省尚有余力，愿就本省学堂加派者，应将该生平日功课送部考核。必与部定程式相符，方准选派。

虽然如右所言，则本省之费不能派本省之人，且必有数省但出财不能派一本籍人者。然所用者皆中国之财，所培植者皆中国之人，何必自分畛域乎？勖以大公，化除省界，是则本部之责矣。

谨将所知留学欧美诸生开单呈览：

陈锦涛　广东人，年三十余，香港皇后书院毕业生。精于算学、物理、哲学。历充北洋大学堂、南洋公学、铁路学堂教习。后派赴美国游学。先肄业于卜忌利（按，伯克利）大学，后改入耶尔（按，耶鲁）大学。已得博士学位。兼通德文，曾游历欧洲，现在美国。

吴治俭　江苏人，年三十余，上海约翰书院毕业生。前充南洋公学教习，后派赴英国学习工程。闻将卒业。

颜惠庆　江苏人，年二十余，上海约翰书院毕业生。自费赴美国游学四年，学科未详。已归国。现充约翰书院充特班教习。

王建祖　广东人，年二十余，北洋大学堂毕业生。前充南洋公学教习。自费赴美国游学四年，肄业卜忌利大学，学科未详。汉文颇佳。

严锦荣　广东人，年二十余，北洋大学堂毕业生。赴美国游学五年，肄业哥仑比亚大学，专习政法，已得博士学位。兼通德文，现在柏林研究政法。

王宠惠　广东人，年二十余，北洋大学堂毕业生。赴美游学五年，肄业耶尔大学，专习法律，已得博士学位。闻现在德国。

王宠佑　宠惠之兄，北洋大学堂毕业生。赴美游学五年，肄业哥仑比亚大学，专习矿学，已得学士学位。现在英国使署。

张煜全　广东驻防，年约二十，北洋大学堂毕业生。赴美游学五年，肄业于耶尔大学，专习法律，已得学士学位。兼通德文。闻将归国。

曾宗鉴　福建人，年二十余，北洋水师学堂学生，南洋公学毕业生。赴英游学五年，肄业于坎丕立治（按，剑桥）大学，所习学科未详。闻将卒业。

（录自《张元济全集》第 5 卷，第 47—49 页）

保荐李维格、陈贻范等七人调部^①

（1906 年 4 月）

　　谨将所知堪备调用人员开呈钧鉴：

　　计开

　　李维格　江苏人，游学英国，曾随使日本，现充汉阳铁政局总办，兼通法文。

　　陈贻范　江苏人，游学英国，现充出使英国大臣参赞。

　　王建祖　广东人，前北洋大学堂学生，游学美国毕业，现在德国。

　　薛颂瀛　广东人，前北洋大学堂学生，游学美国肄习商务毕业，现在德国。

　　胡振平　江苏人，前南洋公学学生，游学英国肄习政法毕业，现在上海通商银行。

　　刘崇杰　福建人，游学日本约六七年，在早稻田大学肄习政法毕业，现在日本。

　　陆世芬　浙江人，游学日本约六年，肄习商务毕业，现在京师。

　　尚有伍光建、温宗尧、高而谦、严璩、夏偕福、^②陈锦涛、严锦荣、王宠惠、张煜全诸人，前已开陈，兹不复列。

（录自手迹原件）

---

① 标题为呈折封面文字，系他人缮写。据内容，当与《议管理留学欧美学生办法致学部堂官书》紧接。文内保荐人员有南洋公学任职、任教、求学经历者多人。

② 夏偕福，疑为夏偕复。

《新译日本法规大全》序^①

（1907 年 3 月）

　　今上御极之二十四年，诏行新政。盛杏荪侍郎既立南洋公学于上海，乃复设译书院，翌年以元济董院事，始稍稍译东文书。越三年而两宫复下变法之诏。京外臣工仰体宵旰忧勤，汲汲求治，百废具举。嘉兴沈子培提学适以是时摄南洋公学总理，余语子培："我国变法不能无所师，求师莫若日本。法律之学，探本穷原，非一朝夕之事。欲亟得师，莫若多译东文书，先条件而后理论。"子培韪其言，于是有翻译《日本法规大全》之议。顾其时游学日本者少，国内学校多未设日本语学科，求一解东文者已不易得，遑论法律之学，议而中辍者屡矣。同学夏地山水部方赞使日本，兼留学生监督，驰书赞成，引为己任。未及一载，译稿至者十之七八。顾文字多直译，循用术语，未加笺释，且稿出数人之手，译例歧杂，未可行世。整理数月，稍积卷帙，而南洋公学经费不继，乃撤译书院，而是书遂中辍矣。甲辰冬，侍郎为元济言，欲赓续成书。商务印书馆主人夏粹方观察慨然愿任刊印之役。元济既受侍郎之命，惧不胜任。长乐高梦旦茂才为之商定体

①《新译日本法规大全》译编工作始自 1901 年张元济于南洋公学译书院任职期间，后因经费、机构及人事变动中辍。1904 年，盛宣怀责成张元济继续从事，并交由商务印书馆出版。1907 年全书出版，书前有载泽、戴鸿慈、吕海寰、沈家本、袁世凯、端方、岑春煊、大隈重信、织田万、高田早苗、盛宣怀、张元济诸序。本书除编入张元济序外，再择文字涉及南洋公学之吕海寰、盛宣怀两序列入第三编。

例，介刘君子楷来馆综司厥事。刘君肄业日本早稻田大学校者六年，以法律学闻于时。然襄校者寡，且距始译时已四五年，彼国法令更易太半，搜补剔抉，程功匪易。而朝廷是时乃有遣派大臣出洋考察政治之举，四方学者争以书询出版时日。于是刘君携稿东渡，抵东京，丐昔年同学分任校订，冀克期蒇事。归安钱念劬观察、仁和董恂士孝廉方有事日本，道出上海，元济请为刘君助，皆欣然许诺。未久，考察政治大臣设编译局于东京，以念劬充局长。京外大吏亦先后檄调刘君归国，佐理新政。元济谓二君去，是书必又中辍矣。刘君毅然辞谢，谓必始终其事，念劬亦力践前约，时时兼顾。迨去年七月，预备立宪诏下，而全书亦同时告成。夫以四百万言之巨册，值此法学句萌、译才寥寂之际，而又有无数人事为之障碍，宜若必不能成而卒能有成，且成于诏行立宪之日，足以备邦人研究宪政之助，此亦元济建议之日所念不到此者也。校雠既竟，以付手民，阅时六月，印刷始竣。因有感于成事之难，故述其颠末于此。

光绪三十三年丁未二月，海盐张元济序

（原载《新译日本法规大全》，商务印书馆1907年初版）

南洋公学二十周纪念图书馆募捐启

（1917 年 4 月 17 日）

　　谨启者：泰西各国自都会以逮乡镇，莫不有图书馆之设，网罗群籍以便览观。其有裨于人民之智识，诚非浅鲜。而大学校之藏书楼，蓄积尤富，就学者得以随时参究，补教授之所不及，故学问益新，国家之文化因之而日进，其关系岂不巨哉？我国宋时令州县各置稽古阁，其后谓之尊经阁，相沿至今，然皆虚应故事，无裨学者。清之盛世，于杭州、扬州、镇江立文澜、文汇、文宗三阁，以贮四库书供人纵览，然亦无效可睹。惟各省著名书院，若广州之广雅、江阴之南菁，藏书颇多，诸生朝夕披阅，类成高材，古学赖以不坠。我校创于民国前十五年，颇有声于当世。开创之初，前总理何梅生先生，遍征各省官书局书籍，迄于今日，续有增加，然较之广雅、南菁，尚远不逮。以比欧美大学之储置，更有天渊之隔矣。同人以本校之立，瞬届二十年，而校中尚无图书馆，议就校地余隙，集款建筑，校长唐蔚芝先生欣然赞同。惟是建筑之费约需银六万元之多，断非一手一足所能为力。敬乞海内达人、同学、巨子，共襄盛举，竞挹廉泉，庶几早日观成，永留纪念，是则诸君子有大惠于我国之文化，将与斯馆共垂无疆之庥，岂第同人之感幸无极而已耶？是为启。

　　发起人：王清穆、杨士琦、许世英、陈锦涛、范源廉、张元济、蔡元培、尤桐、黄炎培、章宗元、钮永建、李维格、杨廷栋、胡诒谷、陆梦熊、刘成志、林祖涵、徐恩元、傅运生、穆湘瑶、唐文治、沈庆鸿谨启

附南洋公学二十周纪念图书馆募捐简章

一、本校为二十周之纪念建筑图书馆，所有募捐事宜由二十周纪念筹备会主持。

一、本馆设在校内余地，约占七千方尺。

一、本馆储藏中外图书，并陈列标本模型。

一、本馆建筑费由本校职员、学生认捐外，并请各界热心公益者协力资助。

一、捐款由经募人募收后，先给临时收据，俟交付本校筹备会，另给正式收据。

一、所有捐款，概存上海中国银行。

一、所有详细捐数及各项开支，当汇印征信录，分赠捐款人。

一、本馆建筑及管理事宜，由本校主持。

一、本校藏书楼旧有中西书籍，概行归入本馆。

一、有以家藏善本、中外名著见赠者，极所欢迎。

一、捐款及募捐者奖励规则如左：

捐款之奖励

甲、捐款满万元者，图书馆中置大铜像。

乙、捐款满五千元者，馆中置铜像。

丙、捐款自百元至千元者，铜板分别题名。

丁、捐款满五十元者，赠以纪念品。

戊、凡捐图书、标本、模型者，按照估价，与捐现款者受同等之奖励。

募捐者之奖励

甲、凡募捐满五百元以上者，铜板分别题名。

乙、募捐满百元以上者，赠以纪念品。

（录自《申报》1917 年 4 月 17 日第 11 版）

温宗尧、张元济致严君锦荣同学之公启

（1922 年 10 月）

　　敬启者：同学严君锦荣，坚苦向学，历游欧美诸邦，学力深到，咸以远大相期。宗尧曩居北洋大学讲席，忝有一日之长，元济以充理南洋公学筹办派遣留学生之际，借得订交，知契有年，弥相爱重。严君学成归国，旋入仕途，睹国事之日非，悲焉忧伤，遂成心疾，萍踪飘泊，孑然一身，药石无灵，日形剧烈。今春元济游粤，得晤陆君耀廷，询知其留居广州芳村医院，因资斧不继，降居下等病房，恻然伤之。只因归期匆促，未能往访，当托陆君为致寸忱。旋得复函，谓病态依然，全失知觉，觌面若不相识，语言茫无所闻。患等失心，莫能将意。宗尧等闻而愀然，均不胜斯人斯疾之慨。窃念贫病已甚，况于孤苦无依，责在友朋，宁忍漠视。曩时严君肄业，中外同砚甚多，气类相推，交谊不乏，亦感情敦桑梓，契合金兰。言念及兹，当无不同声太息者。为此代呼将伯，伏乞随意解囊，酌予扶助，俾得尽其天年。昔张嶷、何祗，素分疏阔，嶷以病诣，祗尚倾财愈之。诸君高义，属以同学，古风未泯，定知当仁不让也。陆君复信并以附呈，伏祈垂察。如蒙佽助，盼请署名如左。

温宗尧　张元济启

（录自《张元济全集》第 5 卷，第 453 页）

东方图书馆概况·缘起（摘录）

（1926 年春）

光绪戊戌政变，余被谪南旋，侨寓沪渎，主南洋公学译书院，得识夏君粹芳于商务印书馆。继以院费短绌无可展布，即舍去。夏君招余入馆任编译，余与约："吾辈当以扶助教育为己任。"夏君诺之。

（录自《张元济全集》第 4 卷，第 392 页）

交通部南洋大学三十周纪念工业馆募捐启（附募捐简章）

（1926 年 5 月）

第一编　张元济著文

　　敬启者：窃维物质文明，工业奠其基础；学术发展研究导其先河。是以工业教育为社会事业之根源，研究发明尤工业学府之天职。富国利民，胥赖乎是。东西各国重视研究、试验机关所在多有。除国家专设者外，著名大学亦多有专门研究院之设立，经常费用岁数十万，用能新理层出，利用日宏。环顾吾国，瞠乎其后，急起直追，宁容再缓！南洋大学办理工业教育，夙以成绩优异著称。校长凌君曾有创设工业研究所之计划，旨在利用学校原有人才及一部分之设备，从事研究各项工程问题，为工业教育辟新途径，期于国内工程事业及工业学术上为实际之贡献，且备国家社会与工程界之咨询。前者提意见于中华教育文化基金董事会，蒙允拨款十一万元，分三年清付，专供工业研究所一切仪器设备及经常之用，今年秋间即将实行。同人等或曾主持校务有年，或与斯校关系至切，欣闻此举，认为当务之急。惟念工业研究首重实验，尤赖有专馆之建筑资以应用。曩者学校举行廿周庆典，募建图书馆，嘉惠士林，兹届三十周年，更不可无所纪念。爰发起募款五万元，就校中新购地基，建筑工业馆一座，应需要而昭来兹，庶几工业研究计划得以顺序进行。先树吾国工程学独立之基，进而为东方新工业发明之地，风声所播，国人当必乐于观成。尚祈海内贤达、同门师友鼎力赞襄，庶众擎之易举，慨输巨款，成广厦于一朝。他日人才辈出，作育益宏，我国工业前途实利赖之。感佩高谊，岂惟同人等已哉！敬叙缘起，诸维公鉴。

发起人：唐文治、王清穆、叶恭绰、张元济、福开森、王宠惠、蔡元培、陆梦熊、黄炎培、虞和德、章宗元谨启

募捐简章

一、捐款总额定为五万元。

二、此款专为建筑工业馆，不得移作别用。

三、捐款由经手人填发临时收据，俟款汇到南洋大学，再由学校签发正式收据。

四、依捐款之多寡，由学校备纪念物品赠送捐款或募捐人，以留纪念。

五、募捐自十五年六月一日起至九月底止，于十月初举行卅周纪念时行立基礼。

（录自上海交通大学馆藏档案）

征集福开森夫人奖学纪念金启事

（1939 年 1 月 31 日）

敬启者：美国福开森博士（Dr. John C. Ferguson），壮岁来华，致力教育，春风广被，盖数十年。其德配韦美瑞夫人，赞襄协助，亦著勤劳，且秉性慈祥，素好施与，尤为吾国人称道不衰。不幸去年十月六日夫人寿终北平寄寓，哀悼同深。兹为纪念夫人计，爰发起募集奖学基金，以彰懿德，而惠士林。凡博士之旧友与其及门，有愿赞助者，即请将捐款送交下列银行代收，俟有成数，再定章则，并希察照为荷。

收款处：一、上海浙江兴业银行；二、香港中国银行；三、重庆浙江兴业银行；四、北平浙江兴业银行；五、天津浙江兴业银行。

张元济　唐文治　黎照寰

（原载《时事新报》1939 年 1 月 31 日）

挽伍光建联[①]

（1943 年 6 月 10 日）

天既生才胡不用，

士惟有品始能贫。

（录自郑振铎《悼伍光建先生》，载《中学生》1943 年第 67 期）

[①] 伍光建（1867—1943），字昭扆，广东新会人，先后毕业于天津北洋水师学堂、英国格林威治海军大学、伦敦大学。1899 年 10 月起，任南洋公学提调兼师范院英文教习。民国后，长期定居上海，专事翻译工作，为我国近现代著名翻译家。其译作《侠隐记》《十九世纪欧洲思想史》等均为商务印书馆有代表性的出版成果。张元济挚友。

追溯四十九年前今日之交通大学

（1949 年 3 月）

交通大学校长王君之卓、教务长曹君鹤荪一日过访，言今年四月八日为本校校庆日，原有《交大周刊》将楫印特刊，以为纪念。本校创立已五十三年，以余曾在初期之南洋公学任职，属为撰述文字。固辞不获，因杂述旧事，聊应二君之命。

前清戊戌改［政］变，余罹党祸，罢言［官］南下。到沪未久，盛杏荪先生得李文忠公书，为余说项，邀余办理译书院事。院故隶南洋公学也。盛公为南洋公学督办，何梅生先生则为总理。时无校长之称，多称总办，而此独称总理，未知何因。光绪二十七年春，何公以中风逝世，盛公遂命余兼摄其职。

总理下其［有］监院，有提调。时监院为美国人福开森君，提调为广东伍君光建。伍君初在北洋水师学堂肄业，为福建严又凌先生高足弟子，嗣派往英国格林尼次海军学校实习，其后又入伦敦大学，专功物理学，清末考试留学生，曾得翰林院编修之职，四年前病殁于上海矣。[1] 文牍员为汪君汉溪，庶务员为汪君趋丹，司会记者是黄君，其字则余忘之矣。

任中文教习者为张君天爵字东山，白君作霖字振民，赵君玉霖字

---

[1] 伍光建逝于 1943 年 6 月 12 日。此处作者回忆有误。

端侯，①冯君善徵字子久，胡君字雨人，尚有郭氏昆仲二人，其名字不复记忆。

西文教习为胡君治款字文甫，吴君治俭字慎之，关君应麟字伯振。授数学者为冯君琦字玉蕃，授化学者为黄君斌字国英，尚有西文教习薛来西君、勒芬迡君，均美国人，先余到校才数月耳。

有师范班十人，为杨君振铭、徐君典范、许君士熊、沈君庆鸿、郝君鼎元、杜君嗣程、潘君灏芬、吴君馨、张君景良、章君乃炜，同时乃兼任教师。

南洋公学原分上、中二院，其时上院未开，仅设中院，约当中学程度。分为四班：第一班九人，第二班二十二人，第三班三十人，第四班三十一人。另设预科，分甲、乙二班：甲班三十一人，乙班三十八人。其后来崭然露〈路〉角者，有曾君宗鉴、胡君炳生（更名敦复）、林君行规、夏君元瑮、夏君鹏、徐君恩元、秦君汾、朱君庭祺、张君星烺诸人。

上院落成未久，房舍多虚，因于其中设附属小学，学生人数不详。主其事者为吴君敬恒字稚晖，教习有汪君荣宝字衮父、林君祖潜字康侯、陈君懋治字颂平。

与南洋公学对峙者有天津北洋学堂，亦盛公以轮、电两局拨款兴办。庚子义和团之观［乱］，学生星散，仅有铁路四班及预科班二十余人来公学附读，所有经费亦拨存公学。余因与该堂总办王菀生先生商定，选该堂毕业高才生若干人，延教习陈君锦涛率往美国留学，所需经费即由拨存之款支给。其后学成归国，王君宠佑、宠惠昆仲最有

① 作者对文内有关人物姓名回忆或刊物排版有误。据南洋公学师生名录，"赵君玉霖字端侯"应为赵玉森字瑞侯。下文"胡君字雨人"应为胡尔霖字雨人；"胡君治款字文甫"应为胡诒谷字文甫；"郝君鼎元"应为郗鼎元；"夏君鹏"应为夏孙鹏；"林君祖潜字康侯"应为"林祖潜字康侯"。《交大记忆》第1辑（上海交通大学出版社2022年版）收入是文并已予以校正。

声于时。

盛公志切储才，与余商暑假后添设特班生，招青年有志者研究法律、政治之学，同时聘定蔡君元培、赵君从蕃为教习。登报招考，报名应试者有数十人。黄君炎培与焉。

拳乱既平，浙江三忠灵榇南下，道出沪上。吴君稚晖景仰忠公，建议于出殡时全体师生随行执绋，余以有荒学业劝勿为。吴君谓学生志有必往，且言若不许者，师生当全堂罢课。余不欲过违其意，遂允之，且率全体师生在道旁公祭。其后，余请吴君赴日本留学，学费全由公学供给，吴君欣然就道。不数年，竟以是造成一革命伟人，余亦甚为欣幸也。

每逢朔望，全堂师生至大礼堂谒圣，行拜跪礼。至今思之，可云繁缛，然当时以为大典，不可阙也。

晨夕三餐，教职员与学生同入膳堂会食。时学生有以肴馔粗恶为言者，余常常入厨省视，且与教职员约，食时随意入席，无一定之坐位，以是庖人不敢有所减率，自后学生亦无异言。

余与福开森君意见不甚相合，故于暑假前办理招考特班生及新生事毕，即辞去兼摄之职，仍专办译书院事。继余任者为汪芝房先生，未几亦去为驻日本国公使。

今忽忽将五十年矣。回首思之，真如一梦。

民国卅八年三月

（原载《交大周刊》1949 年第 60 期，第 2 版）

在交通大学五十三周年校庆
庆典上的讲话^①

（1949 年 4 月 8 日）

　　自蒋总统发表元旦文告及引退文告后，和平希望顿见浓厚，但国共双方均欠诚意，自可断言。现估计双方养兵足有千万，而此沉重负担，悉加诸吾痛苦之老百姓肩头，民不聊生，痛苦之极。故余不顾环境如何，仍将为百姓呼吁和平，希望国共双方能为全国百姓留一条生路。

（摘录自《交大周刊》1949 年第 61 期，第 1 版）

---

① 标题为编者所加。

戊戌政变的回忆（摘录）

（1949 年 9 月）

　　我革职之后，李鸿章派于式枚来慰问我，问我以后如何打算。我说想到上海谋生。过了几天，于再来说："你可先去上海，李中堂已招呼盛宣怀，替你找事情。"我平素和李鸿章没有什么渊源，只是长官或下属的关系而已，但他对我似乎是另眼相看。

　　我到了上海，盛宣怀来找我，说："李中堂已来信介绍，现在请你在南洋公学办理译书的事。"我当时就把严复译的亚丹·斯密的《原富》印刷出来。过了半年后，公学的总理何梅生暴病逝世，由我接任。当时南洋公学的监督［院］是美国人福开森，我和他意见不合，只干了几个月就辞职了。以后进了商务印书馆。

　　（原载《新建设》第 1 卷第 3 期，转录自《张元济全集》第 5 卷，第 235 页）

第二编

张元济致友朋信札

夏曾佑（1863—1924），字穗卿，浙江杭州人。进士。清末，与严复在津创办《国闻报》，宣传维新思想。曾任安徽祁门知县、广德知州。民国时期任北京图书馆馆长。所撰《中国古代史》学术价值甚高。张元济挚友。

致夏曾佑（五通）

一

穗卿老前辈：夏坚仲归，询知起居安善，甚欣慰。育才馆一席，慰情聊胜于无，若欲以公教泽施之，则正未有合也。坚仲又言，公欲与又陵①先生译《辩学》，此极好事，闻书亦无多，公与又陵不过竭数日之力，而使天下人都享口舌之福，亦何乐而不为？计是月内公当入京投供，既投供，不能不居此候选。错此机会，此学不知何日方兴。公固欲运广长舌，普救众生者，故敢以此为公劝，刍荛之言，务望垂采。专此。即请撰安。

馆侍张元济顿首

（丁西年）②三月四日（1897 年 4 月 5 日）

菀生前辈并乞致意。

又老所译书，已有印成者否？亟欲一观之也。乞代询又老。

（录自北京大学图书馆藏档案）

---

① 又陵，与下文"又老"，即严复。
② 《夏曾佑日记》光绪二十三年正月十六日条："夜与又陵谈耶芳《辩学》。"可据以确定是信书于 1897 年。这封信反映了张元济早在 1897 年 4 月任职总理各国事务衙门时，即关心严复翻译的欧洲学术名著。1899 年，他入南洋公学译书院不久，即启动出版严译《支那教案论》和《原富》，是有着很深的思想基础。

二

穗卿前辈：三月四日上一书，计荷察览。荣选者即台从，当赴部投供，果何日首途，甚盼早来，一倾积忆。津门有无新寄书籍，能为我访购否？严又老著作甚富，如已印行，并恳各购一分。《辩学》已译成否？至为翘企。相见伊迩，不多述。手此。即问起居。

馆侍张元济顿首

（丁酉年）^①三月望（1897 年 4 月 16 日）

（录自北京大学图书馆藏档案）

三

穗卿先生：里门返棹，获诵手书，尺素传心，如晤我故人也。闻近仍寓菀生家，起居何如，至念。见前月选单，未刊大名，不知现尚报供否？来书具到出处两难情形，代为恼闷，鄙意无论如何都无上策，姑行其心之所安可耳。江宁设省学堂，需延教习，当事者商之穰卿，弟恳其为公推毂，穰亦谓然，但不知前途之意何如，尊意又何如，便乞示我数行，以便告穰转达。菀生近状何似，其病体较去冬有胜否？报事已否定议？至为驰念。仲宣、坚仲明春思作远游，略有机会，济则身被羁靮，无可摆脱，徒相羡叹而已。

馆事尚无成议，姑俟盛君回沪，再作道理。现在日习西文，尚不荒辍，知念并闻。

又老译《计学》，近已得若干，能劝其先付剞劂否？肃此布复，敬承起居。

---

① 是信内容与上信衔接，据以确定书写年份。

仲宣附笔致意。

张元济拜上

（戊戌年）^①十二月初九日（1899年1月20日）

吉田事一时难以为力，但亦为同志者言之，不知效否，并告。

（录自北京大学图书馆藏档案）

四

穗卿先生：去腊初十肃寄一函，计荷青览。春和伏惟起居多福。公近来常作何事，选期当在何时？前江南学堂事，比询诸穰而无消息，穰云蒯亦难与共事，则公不愿就，与穰信不效，均甚妙也。舟山、侯官二公近状何如，尚遭时忌？菀公有去春南返之说，能不变计与？又老译《计学》者，又增得几何？观其所命大学堂试题，知此事不至中辍，至为欣幸。晤时均乞为我致意。济蜷伏沪滨，无异乡处，在家专习英文，洋师尚未能定。馆事仍无定议，闻前言有民之然，然境遇不能辱我志也。棣三来函，张憩伯寄通艺学堂矿质多种，已经到津。济已托棣三函取，发至尊处，务祈于开河后觅便寄下。近阅地质学书，颇欲得此，以为印证也。专此。敬请著安。

仲宣、坚仲均未返沪，并告。

元济拜上

（己亥年）^②正月十二日（1899年2月21日）

（录自北京大学图书馆藏档案）

五

穗卿先生：周六坚仲北还，托面达一切，计荷垂察。前日阅报，

---

① "馆事尚无成议，姑俟盛君回沪，再作道理"语，表明张已到上海，入南洋公学任职事尚待盛宣怀回沪后方能决定。时在戊戌年末。

② "济蜷伏沪滨"语，显见张元济尚未入南洋公学任职，故考定是信书于己亥年正月。

欣悉荣选祁门。祁居万山之中，民气淳朴，当尚易治，但不知其肥瘠何如耳。济不敢望循吏良吏，但愿公为庸吏俗吏，国计民生都可不问，首可以肥吾囊橐者，尽心竭力而为之。徼幸数年，足资温饱，敝屣一弃，萧然天地之间，然后著书立说，一意启发民智，为支那新学之祖。千秋事业，远胜于循良一传也。刍荛之言，不知足供采择否？济现掌南洋公学译书局事，将来拟将又老所译之书，代为印行，局中并可贴还译费。前已函商又老，回信未置可否。台从过津时，乞将此意代为探询。局系附属南洋公学，译书并非牟利意，亦欲将振兴新学。前尝劝又老将所译出《计学》数卷，先行付印，以惠来学。渠言无力办，济故于局中拟定一章，专购通人私译之稿，由局出价，并为印行。此专为又老而设，济思渠之译书，本无所图，而书成之后，并有人归还译费（购价多寡，济无其权，然以又老之名，当不至过薄也。亦乞转达），且为付印，则此后并可源源续译矣。我公以为然否？再济欠《国闻报》馆报费一元　角，执事过津，拟乞代还，到沪再行奉缴。缘数目过微，汇寄不便，故以奉渎，乞恕宥。专此。敬请台安。

张元济顿首

（己亥年）[①]五月初六日（1899 年 6 月 13 日）

仲宣附笔道念。

（录自北京大学图书馆藏档案）

[①] 据信内"济现掌南洋公学译书局事"语，可推定书于甫入译书院不久。

汪康年（1860—1911），字穰卿，浙江杭州人，清光绪十八年（1892）张元济同年进士。1896年创办《时务报》，继又创办《农会报》《中外日报》等多种报纸，是维新时期著名报刊、新闻界人士，为我国报业初创时期作出不小贡献。张元济挚友。

致汪康年

穰卿仁兄同年：月之九日，托朱志侯带呈一函并《时务报》赀四十八元，计已达左右。昨接初七日手书，诵悉一切。谨条复于左：

一、抄《洋务实录》，殳夫谓同志无人，供事又少，一切诸形不便，只可缓图。渠复字一纸附上。

一、公与卓如，弟固谓必能融洽，惟娄有所闻，故以贡于左右，欲得君一言以释群疑耳。尚祈坚以持之，天下事有待于两公者，固甚众也。

一、卓如果何时赴杭？将来报事当能遥领。明年尚应礼部试否？其弟来京，竟欲一访而不得，以不知其住址也。

一、藏书楼何以不成？卓如前信云将开一局，专译东文书，其事何如？

一、兼通中西文者公云已见数人，其人品何若？其西文之功夫何若（虽重英文，而中学亦须略知门径）？曾得个中人一测其浅深否？其专门之学何如？曾否出洋？其人隶何处？一一均请开示。最要者，精通西文（专指英言），而能以汉文达其意。马枚叔将回南最妙，请其一为考验。敝处愿以每月百元为聘（来往盘费暨伙食均在内，并无别项），不知能得人否？乞指示为幸。

一、洋书二十四册收到。前账如已核定，请寄下。已托乡人汇寄八十元，秋闱后当可送上也。《农学报》此间均已付直，兄处代付之赀请取还。

一、《湘学报》请惠寄一分，从弟一册起。

一、地图定二十日散发。常卷石、严瀹聪（来函有住址而觅之不得）、吴聚垣，无从访询。仍请函询湘局查取名号、官衔、住址寄示为幸。

一、此次寄来《日本国志》等十一种，并有毛君一函。毛君未知何人？亦请将名号、住址示悉。前曾代送一函，系毛笋陔，其人系官工部，而此公则系刑部，或云毛实君，然亦户部而非刑部也。

一、此间有人愿办西山铁路，以便运煤，闻仍系洋本也。

一、杨虞裳奏请仿铸金磅，如目前金尚不足，先铸先令。闻已交部议。常熟尚以为然云。

一、俄人云东三省铁岸码头税司不得归赫德派用。此公近颇不悦，云不久亦将回国矣，然恐未必行符所言也。

一、李佳白在沪，公曾见之否？其尚贤堂之举果能测其用意否？其教士之慈悲乎？抑好名之心乎？

一、盛杏荪所开之公学堂究竟何若？能觅示其章程否？

一、前云巴西招工事，现在情形若何？乞示。

弟元济顿首

八月十七日（1897 年 9 月 13 日）①

（录自《上海图书馆藏张元济往来信札》第 4 册，第 211—212 页）

---

① 原信未署年份。信中有《湘学报》请惠寄一分，从弟一册起"语。《湘学报》创刊于光绪二十三年三月二十一日，此信当写于是年。是信问及"公学堂"一事，即为张元济与南洋公学、交通大学密切关系之起点。其时张尚在北京任总理各国事务衙门章京，他请汪康年"觅示其章程"，说明其对南洋公学之关注并非泛泛。

盛宣怀（1844—1916），字杏荪，江苏武进人。清末重臣，实业家、教育家。1896年创办南洋公学，1896—1905年任南洋公学督办。张元济致盛宣怀信原件分别由上海图书馆和香港中文大学收藏。

致盛宣怀（三十一通）

一

杏翁先生大人惠鉴：今日蒙宠召，极应趋陪，惟元济以被罪逐臣侨居海上，似不嫌过于隐晦。故来此半年，遇有游宴，皆未一与。昨见知单，同席多未经晤面者，华筵谨当心领，附缴大柬，务乞鉴原为幸。日前何梅翁传述尊谕，欲令元济襄办公学译书事，雅意至为感佩，惟职任至重，深恐不克负荷。现正就梅翁询商一切，稍得头绪，再当趋前面求训示。肃此布谢，敬请台安。

张元济顿首

二月廿三日（1899年4月3日）①

（《香港中文大学藏盛宣怀档案全编》第39册，上海人民出版社2021年版，第23879—23880页）

二

杏翁先生大人赐鉴：敬启者，译书院章程顷已印就，谨呈上四十

---

① 原信未署年份。张元济于1898年戊戌变法失败后南下，定居沪上，次年应聘入南洋公学译书院。可据以考定书信年份。这封信也是张元济与盛宣怀通信的起始点。

册，乞察收。肃颂勋祺。

张元济拜上

四月初十日（1899 年 5 月 19 日）^①

（录自《盛宣怀实业朋僚函稿》上，王尔敏、吴伦霓霞合编，"中央研究院"近代史研究所史料丛刊（35），1997 年版，第 44 页）

三

杏翁先生大人阁下：晨奉昨日手示并东电章程，遵交细田译汉。顷据抄稿送来，兹将东文原稿一并奉上，敬祈察入。即请晚安。

张元济拜上

廿七日八钟（1899 年 6 月 5 日）

（录自《盛宣怀实业朋僚函稿》上，第 44 页）

四

杏翁先生大人赐鉴：敬启者，《日东军政要略》已印成，顷由该馆送到二百部，谨以一部呈览。需用若干，候示检奉。明日午后二钟拟趋谒求教。肃此。敬颂台祺。

张元济拜上

五月初一日（1899 年 6 月 8 日）

（录自《盛宣怀实业朋僚函稿》上，第 45 页）

五

趋谒，直台从公出未晤为怅。稻村合同再过两月即届期满，现在需译兵书尚多，似当另立合同展限。商诸梅翁云，细田于两月前知

---

① 第二、三、四通信书写年份据《盛宣怀年谱长编》（夏东元编著，上海交通大学出版社 2004 年版）考订。

照，此亦当援前例办理。惟公即日北上，赶订合同，未免过于匆促，只可迟日补订。谨拟就致日本领事函稿一通，敬祈察核交发为幸。再，稻村展限年数，亦求核定批注并示知。肃此。敬请杏翁先生大人行安。

张元济谨上

（光绪二十五年七月）廿七日（1899 年 9 月 1 日）[①]

（录自《盛宣怀实业朋僚函稿》上，第 45 页）

六

杏翁先生大人赐鉴：前月二十三日接奉瑶函，敬悉一切。承示分咨各省，通饬各营学堂购阅译院各书，俾广流传，以资周转。仰见我公嘉惠军人，维持译政，钦佩何极。院译各书前曾刊刻一表，惟近译本有未列入者，现已重印，往返校勘，致稽时日。兹寄呈五百纸，即乞察收。粤督索书，是否由济处径寄？祗候示遵。属译英国商律，诚为今日急务，自当遵谕，即行举办。惟念译才难得，专家更稀。若事不求真，甚辜厚意。商诸梅翁，亦谓此事目下无从措手，必不得已，只可仍以东文书籍为之权舆。现议增聘一日人之通商学者来院，如兵学例，商订门类，以次移译。惟得人不易，尚须详细诹访耳。所拟办法是否有当，尚求指示。严又翁所译《原富》发挥新理，深切著明三百年来泰西各国商务之盛，无不导源于此。果能融会贯通，岂特睥睨桑孔。月前又翁适以事来沪，已将尊意转达。据称现译弟二十册，

---

① 是信未署书写年月。《盛宣怀年谱长编》系于 1899 年 5 月（四月），并未说明考订依据。据《译书院聘稻村新六为翻译兵书顾问》（载《交通大学校史资料选编》第 58 页，西安交通大学出版社 1986 年版），译书院与稻村签订合同时间为光绪二十四年九月，合同期一年。据信中"稻村合同再过两月即届期满"语，是信应书于光绪二十五年七月。又《盛宣怀年谱长编》第 652 页，盛于同年八月初十日"抚病北行"，与信中"公即日北上"语相合。故是信应书于光绪二十五年七月二十七日（即 1899 年 9 月 1 日）。

尚余四册及序例、本传，三四月内如无人事相扰，夏秋之际当可观成。鄙意拟赶于年内出书，尚不知能如愿否也。香港胡君自去秋七月经郑陶翁覆询后本无回音，仁和叶君入春后即经停办。兹承谆属，合并附陈。新印《步兵操典》《万国通商史》即日可以成书，容再寄奉。肃泐布复。敬颂勋祺。

张元济拜上

四月一日（1900年4月29日）[1]

（录自《上海图书馆藏张元济往来信札》第 3 册，第 384—386 页）

七

杏荪先生大人赐鉴：闻台从返沪，昨晨趋谒，未获聆教，至为怅惘。今年续成新书两种，前次未及寄京，兹特奉呈台览。需用遵示续呈。暌隔半载，亟欲面聆雅诲，可否示期接见？临颖无任瞻企。敬颂勋祺。

张元济谨启

二十日（1900年5月18日）[2]

（录自《上海图书馆藏张元济往来信札》第 3 册，第 388 页）

八

杏荪先生大人惠鉴：昨日畅聆教言，欣佩无似。属拟致各省督抚函稿，兹已拟就，另纸录呈，敬祈削正，并附呈清单一纸，应否增减，亦祈察核。傅相处似应另寄全分。各书俟分别封固，再行送呈。新印《步兵射击教范》约一星期可以成书。可否少候，一并寄送？乞示遵

---

[1] 原信未署年份，信内有"月前又翁适以事来沪"语，据《严复年谱》（孙应祥著，福建人民出版社 2003 年版）第 145 页，严复于光绪二十六年二月底由天津赴上海，三月下旬返津，与是信所述相合。

[2] 信封上有收件木戳，隐约可见"光绪二十六年四月　日"字样，无日期。信中"今年续成新书两种"语，知与上一封信相衔接。

行。今日都中有要闻否？如蒙惠示，感甚感甚。肃此。敬颂台安。

张元济拜上

十八日（约 1900 年 6 月 14 日）①

（录自《上海图书馆藏张元济往来信札》第 3 册，第 389—390 页）

九

杏荪先生大人赐鉴：前上两函，谅邀伟照。大沽战后，北事毫无确信。各国调兵未集，想亦不妄动。一昨得友人信，言中朝士夫以此益信义和团为可恃。井蛙堂燕，可哀熟甚。昨各报言，合肥相国并不北上，其说信否？译院新成《步兵射击教范》一书（每部售价二角五分，前表未列，发寄时请饬补入），兹以一部呈览。分赠各督抚书十二分（前已开清单，兹不赘），又粤督署王君得胜一分，一并奉呈，统祈察入为幸。专此。敬颂台祺。

张元济拜上

廿七日（1900 年 6 月 23 日）②

（录自《上海图书馆藏张元济往来信札》第 3 册，第 392 页）

十

杏荪先生大人赐鉴：昨日昭扆交还命译英商律两册，云不胜任。兹代缴上，乞查收。敬请台安。

制张元济谨上

九月二十日（1900 年 11 月 11 日）③

（录自《上海图书馆藏张元济往来信札》第 3 册，第 394 页）

---

① 是书年月考订，由张元济《代盛宣怀拟致各省督抚函稿》确定。

② 是信内容与上一封致盛宣怀信紧接，据以推定年月。

③ 是信未署年份。署名前冠以"制"字，显见书于 1900 年服母丧期间。信内"昭扆"为伍光建。

十一

杏荪先生大人惠鉴：日前趋谒，未获聆教为怅。稻村合同届满，已于前月杪离院。计译成兵学书十四册，均经校竣，送请梅翁复核，计当转呈台览。译院房屋业已退去，所有书籍、器具均经移庋敝寓。梅翁传谕，留济办理院事，仰维厚谊，感何能忘。惟是译政既停，事务稀简，素餐自懔，恋栈弥惭。梅翁谆属再四，姑将已译之理财……（下缺）

（光绪二十六年十一月，即 1900 年 12 月）[1]

（录自《上海图书馆藏张元济往来信札》第 3 册，第 395 页）

十二

杏荪宫保大人惠鉴：前委查日本矿律，当选定日本后藤本马君所著《矿山法典注释》，托罗叔蕴兄派人译出。顷已校竣，录成清本二册，谨呈台览。专此。敬请勋安。

制张元济顿首

四月十九日（1901 年 6 月 5 日）[2]

再，现在矿律极关紧要。元济拟即将此稿付印发售，以备当事采择。合并陈明。

（录自《上海图书馆藏张元济往来信札》第 3 册，第 397 页）

十三

杏荪先生大人赐鉴：前夕获奉手教，敬诵悉。林生仍无复信，可诧之至。尊意盼切，可否发电往询，其住址业已探得，谨拟电文呈览。长冈信收到，遵代答覆，容属稿候政。译院书目十纸附呈，乞察

---

[1] 稻村于 1900 年 11 月离开南洋公学译书院（《上海交通大学史》第 1 卷，王宗光主编，上海交通大学出版社 2011 年版，第 234 页），可确定是信书写年月。

[2] 同第十通信注。

入。肃此。敬请台安。

制张元济谨上

八月廿二日（1901 年 10 月 4 日）[①]

（录自《香港中文大学藏盛宣怀档案全编》第 39 册，第 23925 页）

十四

杏荪先生大人赐鉴：前日承命代复长冈来信，兹拟就一稿别纸录呈，敬求核定。译书院现正译《日本教育法规》，大约一月后可以藏事。尊意欲索普通学堂章程，似可毋须，故未叙及。又，长冈雅意殷殷，答书似不宜过于落寞，元济擅将鄙见数条加入，聊示亲切。各条于今日教育关系颇巨，是否有当，并乞卓裁。抑元济更有陈者，国家之政治全随国民之意想而成。今中国民智过卑，无论如何措施，终难骤臻上理。国民教育之旨即是尽人皆学，所学亦无取高深，但求能知处今世界所不可不知之事，便可立于地球之上。否则未有不为人奴，不就消灭者也。今日世运已由力争而进于智争。力争之世不必开民智也，取用其力而已足也；智争之世则不得不集全国之人之智以为智，而后其智始充。中国号称四万万人，其受教育者度不过四十万人，是才得千分之一耳。且此四十万人者，亦不过能背诵四书五经，能写几句八股八韵而已，于今世界所应知之事茫然无所知也。舆台皂隶正以所知所能不及其所事之人，故不得不俯居其下。今中国之人与外国之人相比，何以异此，可不惧欤。元济前亦尝习洋文，且推重专门，以为设学堂必当办此。历数年余，渐悟其非，以洋文不能尽人皆晓，专门更非尽人能习也。今设学堂者，动曰造就人才，元济则以为此尚非要，要者在使人能稍稍明白耳。人果明白，令充兵役，则知为求独立也；令纳租税，则知为谋公益也，则无不欣然乐从矣。盖如是而后善

① 同第十通信注。

政乃可行也。今试执常人而问之，其能知此意者有几人乎？嗟乎，大厦将倾，群梦未醒，病者垂毙，方药杂投，彼言练兵，此言理财。试问前途岂能有济，行之数年亦不过如梦幻泡影已耳。我公明识远虑，一闻长冈之言，辄毅然信之而不疑（长冈来信奉缴）。元济知公为非常人也，故敢贡其愚妄，幸勿以其狂吠而罪之。趋候不晤，留此。敬请台安。

制张元济顿首

八月二十三日（1901 年 10 月 5 日）[①]

（录自《香港中文大学藏盛宣怀档案全编》第 39 册，第 23926—23930 页）

十五

杏荪先生大人赐鉴：菀生前辈前日已返甬上，临行属转告左右，添派工程学生，陆耀廷可以胜任。顷闻使节返自武林，趋谒未蒙接见，谨将原函呈览。如蒙允准，请即知照公学，并祈示复，当邀该生来见也。肃此。敬请台安。

制张元济谨上

九月十四日（1901 年 10 月 25 日）[②]

（录自《香港中文大学藏盛宣怀档案全编》第 39 册，第 23931 页）

十六

杏荪先生大人惠鉴：昨承属购新出各书并检本院自译各种，每种十部，备呈醇邸。兹已办齐，计共六十五封，先饬人送去，乞察收。

[①] 同第十通信注。长冈系日本明治时期知名政治家、教育家、东亚同文会副会长长冈护美。1901 年曾来上海并考察长江沿岸城市教育情形，一度活跃于日本对华教育。

[②] 原信未署年份。据《交通大学校史资料选编》第 1 卷，陆耀廷于 1901 年赴美留学，据以确定是信书写年份。

目录现正缮写，少顷元济当自赍呈。肃此。敬请台安。

制张元济顿首

九月廿八日（1901 年 11 月 8 日）①

（录自《香港中文大学藏盛宣怀档案全编》第 39 册，第 23933 页）

十七

杏荪先生大人赐鉴：前日接奉手札，敬诵悉。遵将印成各书各呈一分，另附清单，敬祈察收。册籍无多，似可不必装箱。江宁路近，但由尊处包封递寄，当不致有所损失也。新译《法规大全》，鄙意亦极盼速成，但同事均非熟手，元济不能不一一过目。译院近移宜城桥，离家七八里，每日往返，靡费晷刻不少。校雠之事，转不免因此稽迟矣。承询敢告。肃复。敬请台安。

制张元济谨上

十月廿三日（1901 年 12 月 3 日）②

（附页）

计开

日东军政要略	二本
战术学	四本
作战粮食给养法	一本
军队内务书	一本
美国陆军制	一本
日本军队给与法	一本
陆军教育摘要	二本
日本陆军学校章程汇编	四本

---

① 是信未署年份。《蔡元培全集·日记》光绪二十七年九月廿七日载："醇邸临公学……晚与菊生同车到广学会购书，公学备呈醇邸者也。"据此确定书信年份。

② 严复译亚当·斯密著《原富》分甲至戊五部，光绪二十七年起由上海南洋公学译书院陆续出版，至次年十月出齐（《原富》原书及孙应祥《严复年谱》第 192 页）。是信附页《原富》书名后注明仅出甲乙丙三部，当为光绪二十七年之情形。

日本宪兵制	一本
步兵操典	二本
步兵射击教范	二本
野外要务令	四本
支那教案论	一本
万国通商史	一本
步兵各个教练书	二本
步兵部队教练书	一本
亚丹斯密原富　部甲乙丙	三本
步兵战斗射击教练书	二本
步兵工作教范	一本
骑兵斥候答问	一本

（录自《上海图书馆藏张元济往来信札》第 3 册，第 399—403 页）

十八

宫保赐鉴：日前晋谒，未蒙接见，留呈说帖，计荷垂察。昨得美国学生严君锦荣来信，言科仑比亚（按，哥伦比亚）大学校每岁招集各国专门教习学生会考一次，各科例取一人，而严君以政治获选。查此项考试西文称曰 Fellowship，向以科仑比亚学校声价为最高，严生与考获隽，可为我国学界生色。其来信又称，功课甚繁，不克上书钧座，属为转陈，并祈鉴察为幸。肃此。敬叩台安。

张元济顿首

四月廿四日（1903 年 5 月 20 日）[1]

（录自《香港中文大学藏盛宣怀档案全编》第 39 册，第 23934—23935 页）

---

[1] 据《上海交通大学纪事（1896—2005）》上卷所载，严锦荣于 1901 年入读美国贝克莱（按，伯克利）大学研习政治，于 1903 年转入哥伦比亚大学就学，1904 年毕业。信中"各科例取一人，而严君以政治获选"，即指转入哥伦比亚大学就读一事，故推定书信年份为 1903 年。

十九

宫保赐鉴：敬肃者，前日接奉手谕，借谂维摩示疾，尚未大痊，极为驰念。《原富》事甚镠镤，初本不欲相渎，惟迭与让三兄函商面谈，终以已经具禀请示为词。筱圃同年又系初到，且前任已经禀请批示之件，亦断不能擅自办理。迫不得已只可上闻，不谓公以琐屑见责，不胜惶悚。然元济窃欲更进一言，旧日游钓之地，往往不能忘情，元济于公学亦同此意。固知公学经费万窘，前日函请接见，亦正欲以《原富》一事面陈一切，借备引伸。平心而论，今年是书除某书肆租印三千外，由公学自行发售者仅及二千余部，其谁信之。元济不为又陵失此应得之利惜，实为公学失此已得之利惜也。让三吾辈中人，宁不相知，特一人耳目有限，讵能遍察。千金之堤溃于蚁穴，公学去岁之事，可为明证。反是为言，则整饬细微，正未必无裨全局。我公经营公学，独具苦心，乃世人不谅，竟蒙诟而引谤，元济实深痛之。故尝欲效其一得之愚，以备采择，亦知我公综揽庶政，不能问及细故，然明察所及，自见秋毫。窃愿我公于公学诸事，毋以为琐屑而忽之，且亦不独一公学然也。经云"大夫有争臣"，元济不肖，窃思勉附斯义，幸垂察焉。慕韩星使昨由巴黎寄来奏折一件，属呈台览，兹附去，乞检收。肃此。敬请礼安，伏维亮鉴。

张元济谨上

十一月廿九日（1904 年 1 月 16 日）[①]

（录自《香港中文大学藏盛宣怀档案全编》第 39 册，第 23918—23921 页）

---

① 原信未署年份。信中"筱圃同年又系初到"，指张鹤龄于清光绪二十九年冬接任南洋公学总办，为时半年，据此推定为 1904 年。

二十

宫保钧鉴：久未晋谒，伏维兴居安善。顷得留学美国严君锦荣来信，有事属济代陈左右，拟于本月十九日午后四钟诣辕求见，伏祈勿却为幸。肃此预订，敬请台安。

期张元济谨上

十一月十七日（1904 年 12 月 23 日）①

（录自《香港中文大学藏盛宣怀档案全编》第 39 册，第 23910 页）

二十一

宫保钧鉴：敬肃者，日前晋谒，获聆教诲，欣慰无量。承命将南洋公学旧译《日本法规大全》续行办理，俾不废弃，仰见眷怀大局，先事绸缪，曷胜钦佩。归后当与商务印书馆主商量，据称辱荷委任，极愿承办。惟据所聘日本顾问员言，全书校改增补约须十有八月方能竣事。此书尊处既经陈奏，将来尚须分送各省大吏，元济以为尤不宜因陋就简。再四商议，均已允从，惟称书成之后，尚求宫保俯赐提倡。元济允为转陈，属勿于禀内阑入。顷据送到禀牍一件，察阅无误，谨为代递节辕，伏祈察核批示是幸。肃此。敬请台安。

期张元济谨上

十一月廿一日（1904 年 12 月 27 日）②

（录自《香港中文大学藏盛宣怀档案全编》第 39 册，第 23911—23913 页）

---

① 原信无年份。内容与 1904 年 12 月 30 日致盛宣怀信相衔接。

② 原信未署年份。张元济《日本法规大全序》有"甲辰冬，侍郎为元济言，欲赓续成书。商务印书馆主人夏粹方观察慨然愿任刊印之役"语，与是信内容正相吻合。据以断定是信写于 1904 年。

二十二

宫保钧鉴：敬肃者，本月廿一日肃上一函，并附呈夏巡检禀牍，计登签掌。严生锦荣展限留学禀词暨咨札两稿，遵命拟就，敬呈台阅。再，昨接张让翁来信云，《法规大全》既由商务印书馆领办，欲令酌分余利。当即转商该馆主，据称实有为难，除函覆让翁外，谨将函稿录呈，伏祈察核。肃此。敬叩台安。

期张元济谨上

十一月廿四日（1904 年 12 月 30 日）①

（录自《香港中文大学藏盛宣怀档案全编》第 39 册，第 23914—23915 页）

二十三

杏荪宫保钧鉴：前夕奉手谕，展读敬悉。西洋历史坊间殊少善本，敝处译有美国亚丹姆西史（名曰《中学教科书西洋历史》）二册，又《万国史纲》壹册，均未能惬心贵当。现另从事编辑，尚须半年后方能成书也。山西大学堂译书院译印《迈尔通史》，原本尚好，惟译笔殊欠修饰。以上皆教科书。其他足供参考之用者，则有广学会出版之《万国通史》前编、续编、三编，搜辑甚富，而文字太劣。举此以告，亦慰情聊胜无耳。零星小本甚多，皆书肆射（利）之作，无足观者，故不渎陈。肃覆。祗请台安，伏维亮察。

张元济谨上

七月初五日（1905 年 8 月 5 日）②

（录自《香港中文大学藏盛宣怀档案全编》第 39 册，第 23947—23948 页）

---

① 同第二十一通信注。

② 是信未署年份，信中言及《迈尔通史》出版于 1905 年，《中学教科书西洋历史》出版于 1906 年，写信时前书已出版，后书则"尚须半年后方能成书"，因此推定书信年份为 1905 年。

二十四

宫保钧鉴：谨肃者，昨趋谒，未获望见颜色，渴仰殷拳。敬以苾箸延鸿，枉勖序爵为祷。元济蒙学部相公派赴东瀛，考察学务，又奉外部邸堂一再电饬入都面商，今日拟即部署北上矣。承允撰《法规大全》序，鹄候赐教，快睹争先。伏祈饬下商务印书馆编译所，俾得迅即付印，早日出版，中国前途幸甚。倚装匆率，不及叩辞，至为歉悚。专此。敬颂钧绥，诸维垂察。

张元济谨肃

十月十五日（1906 年 11 月 30 日）①

（《上海图书馆藏张元济往来信札》第 3 册，第 432—433 页）

二十五

宫保钧鉴：元济归自京师，前日趋谒，门者辞以政躬违和，未敢请见。吉人天相，日来想已康复。元济拟于廿九日午后进谒，倘蒙接见，不胜感幸之至。敬叩摄安，伏祈垂察。

张元济谨上

十二月廿七日（1907 年 2 月 9 日）②

再《日本法规大全》将次告竣，前承允赐弁言，如已脱稿，并祈掷下，以便付印。又启。

（录自《香港中文大学藏盛宣怀档案全编》第 39 册，第 23938—23939 页）

---

① 张元济于光绪三十二年十月十五日离沪北上入都（《张元济年谱长编》，张人凤、柳和城编著，上海交通大学出版社 2011 年版，第 212 页），据此确定书信年份。
② 原信未署年份。《日本法规大全》于光绪三十三年正月由商务印书馆出版，是信当写于上年末。

二十六

杏荪宫保钧鉴：昨夕奉手谕，并《法规大全》叙言，均敬诵悉。元济辱荷委任，移译是编，更历数载，始克报命，方滋惭愧，乃承逾格奖饰，愈益汗颜。一俟书成，即当呈览，借纾垂注。比来政躬想当安健如恒，敬念敬念。肃覆。祇请摄安。

张元济谨上

十六日（1907 年 2 月 28 日）①

（《上海图书馆藏张元济往来信札》第 3 册，第 435—436 页）

二十七

宫保钧鉴：敬肃者，久未趋谒，伏维兴居万福。《日本法规大全》业已出版。查照钧座前批夏君禀牍，应呈送南洋公学五十部，另备十部，恭呈钧览。外附夏君禀牍一件，统祈察核。前年领稿承印之时，夏君曾属元济转求宫保于书成之日，特为提倡。故于禀中有咨片各省暨札饬沪道通饬采购，禁止翻印之请，务求俯允。所有咨札各稿，容即拟呈。肃此。敬请钧安。

张元济谨上

二月廿七日（1907 年 4 月 9 日）②

（《上海图书馆藏张元济往来信札》第 3 册，第 438—439 页）

二十八

宫保钧鉴：敬肃者，奉二月廿八日手谕，敬悉《法规大全》六十

---

① 《日本法规大全》出版时间为光绪三十三年正月（原书版权页），所载盛宣怀序言撰文时间为光绪三十二年十二月，故是信时间当为光绪三十三年正月十六日，即1907 年 2 月 28 日。

② 书写年份据信封上紫红色收信戳记。从《日本法规大全》出版时间亦可得出同样结论。

部幸蒙签记，并承示凡各部衙门及各省将军督抚均可咨请通行采用，并札饬沪道照会各国领事禁止翻印等因，俯准所请，感仰莫名。遵谕谨拟咨稿、札稿两份，录呈钧鉴，伏祈核定施行。其应送各衙门样书一部，即于所送南洋公学五十部内分送，仰荷钧垂。逾格体恤商艰，尤为纫感。专肃。虔叩召绥，伏乞赐察。

张元济敬肃

三月初四日（1907年4月16日）①

（《上海图书馆藏张元济往来信札》第3册，第441—442页）

二十九

宫保钧鉴：昨奉谕函，并承颁下咨行各省将军督抚公文二十二件，暨《法规大全》二十二箱，谨领祗悉。种荷关垂，曷胜感谢。再，前恳札行沪道，给示禁止翻印，保护版权，想已蒙径行矣。专肃复谢。祗请崇安。

张元济谨肃

三月十八日（1907年4月30日）②

（《上海图书馆藏张元济往来信札》第3册，第444页）

三十

杏荪宫保钧鉴：前次晋谒台阶，敬聆清诲，欣幸无似。闻近来收购古本日益宏富，载取三十乘悉为茂先所藏，不读五千卷莫入崔儦之室矣。方之寒俭，且羡且愧。前知椽笔欲编《财政丛书》，想已稿成甲乙，待付手民。元济曩者承办南洋公学之译书院各书及汉冶萍矿公司股票，皆由商务印书馆承印，尚无遗误。今此宏制昭垂，愿先快

---

① 是信内容与上一封信相贯，可据以确定书写年份。
② 原信未署书写年份，据内容，当书于《日本法规大全》出版后不久。

睹，可否亦赐交印刷，必期谨慎从事，仰副命令。恃爱渎请，伏维鉴之。抑闻尊处刊有《常州先正遗书》，并不发售，元济拟缴奉纸印工价，承领一部，不识能邀俯允否？干渎悚惶，祗请颐安，诸祈亮察。

张元济谨启

十一月廿七日（约1910年1月8日）

（《上海图书馆藏张元济往来信札》第3册，第450—452页）

三十一

杏荪宫保赐鉴：到京后曾趋谒，未蒙接见，企望无已。现在中央教育会事甚忙，俟散会后尚拟趋前求见也。卫生国垣，方元济摄理南洋公学时尚在中院肄业，卒业后派往英国游学，在格拉司哥（按，格拉斯哥）学习造船，先后五年，顷已毕业回国。蔚芝同年邀往公学教授，兹因暑假来京，恳元济介绍晋见。再，卫生在公学教授每日不过一二小时，极为闲暇，且无以练其所学，恐日久转致荒疏，甚为可惜。渠意极愿仰求驱策，如招商局或其他处所，有关系船舰之事者，可否量予录用之处，伏候尊裁。肃此布达。敬颂台安，伏维亮察。

张元济顿首

闰月初十日（1911年8月4日）①

（录自《香港中文大学藏盛宣怀档案全编》第39册，第23942—23944页）

---

① 原信未署年份。清政府学部于1911年8月召开中央教育会议，据以推定为1911年。

何嗣焜（1843—1901），字眉孙（梅生），江苏武进人，清末大员张树声、盛宣怀幕宾。1896年底至1901年春，任南洋公学首任总理（校长）。

致何嗣焜

梅生先生赐察：到院知台从已赴公学，不获诣谈。细田译《战术》已毕，来询续译何书。济思现有兵书均为学堂教授之本，译之无甚用处，已托稻村别购数种，约半月后可以寄到。此项书籍拟专留与稻村及孟、杨二君办理，盖二君均略通东文，可径与稻村接洽，不必再假手细田也。细田合同满期尚有五十余日，尽可令别译一书。日本有《法规提要》，详载彼国行政之法，多有可以则效者。询之细田，据云尚易措手。济拟取租税、商事两门先令试译，妙在门类各殊，一类告成即可付印，将来细田期满而去，他人亦可续译，不致有先后异辙之憾，未审尊见以为何如？谨将原书呈阅，并乞转商杏公，示遵为幸。《试办章程》如蒙核定，亦乞掷下，俾便付印。专此。敬请台安。

张元济顿首

三月十九日巳刻（1899年4月28日）①

（录自《盛宣怀实业朋僚函稿》上，第477页）

① 原信未署年份。现据张元济1899年5月19日致盛宣怀信确定。

吴稚晖（1865—1953），名敬恒，字稚晖，以字行，江苏武进人。1898 年入南洋公学师范班，1898—1901 年在公学任职，国民党元老。

致吴稚晖（六通）

一

瑞侯先生之世兄复来，愿仍附小学，请即派入原班，暂作额外，俟缺出补入可也。稚晖吾兄大人鉴。

弟制元济顿首

廿一日（1901 年 3 月 11 日或 4 月 9 日）^①

（录自台北国民党党史馆藏档案）

二

稚晖吾兄：顷接葆翁来函，送阅。祈查照。

弟制张元济顿首

廿二日（1901 年 3 月 12 日或 4 月 10 日）

（录自台北国民党党史馆藏档案）

三

稚晖吾兄大人阁下：弟因内子陡患风疹，今日不能到院。小学课堂得闲，即请迁移铁路学生，并乞随时约束，俾免弛纵。费神感感。

---

① 1901 年 3 月，张元济任南洋公学代总理（代理校长），3 月 20 日（农历二月初一）南洋公学附属高等小学堂正式开学，吴稚晖任代理堂长，4 月离职赴日。此信应写于张、吴二人在南洋公学共事的一、二月间。原信末另行写有"吴师老爷"四字，系给校内工役看的送信提示。

即请台安。

弟制张元济顿首

初五早（1901 年 3 月 24 日或 4 月 23 日）

（录自台北国民党党史馆藏档案）

四

项见陈永清徘徊阶下，情殊可悯。请即传知该家属，早日来院领归，免失管束。此上稚晖吾兄吴师爷。

严兆鼎已否归去，乞示。

弟制张元济顿首

初八日（1901 年 3 月 27 日或 4 月 26 日）

（录自台北国民党党史馆藏档案）

五

稚辉仁兄大人阁下：久未聆教，至为想望。比维箸祺安吉为颂。兹有族叔拟赴贵学堂肄业，附呈籍贯、三代一纸，务祈即赐收考，无任祷企。又有友人拟令其弟入附属小学堂，惟闻信较迟，顷始寄到名条，而此间业经截止，不知能否补报？如专为一人破例，则亦不敢请也。肃此。敬请台安。

弟张元济顿首

（辛丑年二月）廿五日（1901 年 4 月 13 日）[①]

陈颂翁[②] 均乞致意。

（录自台北国民党党史馆藏档案）

---

① 原信采用南洋公学译书院信笺，当书于 1899 年 4 月张元济任该院总校兼代办院事后。信中"贵学堂"指南洋公学师范院。"附属小学堂"成立于 1901 年，3 月 20 日（农历二月初一）正式开学，吴稚晖任代理堂长，4 月离职赴日。信中友人之弟错过开学时间，据此推测，此信应写于辛丑年二月二十五日，即 1901 年 4 月 13 日。

② 陈颂翁：即陈懋治，其时与吴稚晖同为附属小学堂教习。

六

稚晖仁兄大人阁下：两奉手教，展诵敬悉。执事此行未能如愿，鄙人负疚滋重，愧无可言。梀堂、雨人相继东渡，想已晤面，未知近状何如？祈代致意。我兄行止何似？亦甚念念。承示数义，实为根本至计，然当事者不为主持，如弟庸劣，岂能撑拄？今苏龛又膺特荐，当不复来。弟惟有决意引退，以期无负公学，且耿耿此心亦聊可与诸君子相见耳。《科学教育学》译赀顷已全寄鲁翁，兹事业已完竣，知念并告。复此。敬请台安。

弟制张元济顿首

四月廿七日（1901 年 6 月 13 日）①

（录自台北国民党党史馆藏档案）

---

① 是信据内容，当书于吴稚晖赴日不久，据以确定书写年份。

梁鼎芬（1859—1919），字星海，广东番禺人。进士、翰林院编修。曾主持广雅、钟山等多所书院。历任武昌知府等职。晚年为清崇陵植树守陵三年之久。

致梁鼎芬

星海老前辈大人阁下：敬肃者，昨奉皓电，敬译诵悉。公与午帅雅意殷拳，元济何敢再三坚执。惟自客岁辞退南洋公学译书院后，复为友人招办编译之事。近已启馆，未便擅离。异日遇有机缘，定当抠衣晋谒。方命之罪，幸乞鉴原。顷由赵竹翁处交到午帅赐电一纸，除径复外，并祈婉达下悃，为荷。肃此奉复，敬叩道安，伏乞亮察。

馆侍生张元济拜上

正月二十一日（1903 年 2 月 18 日）^①

（录自《张元济全集》第 3 卷，第 230 页）

---

① 是信未署年份，但对确定张元济辞南洋公学、入商务印书馆具体时间颇为重要。从书信文字可知其辞职时间当在某年（阴历）年末，而入商务任职在次年新年之后不久。1902 年（壬寅）4 月张元济尚在南洋公学，有《译书院撙节办法》撰写时间为证，故不可能是辛丑、壬寅交替之时。而 1904 年初，癸卯、甲辰交替之时前，张元济早已加入商务，有《商务印书馆编译所会议录》第 1 册（稿本，商务印书馆藏）为证。故写信时间只可能是壬寅、癸卯交替之时，为癸卯年正月二十一日，即 1903 年 2 月 18 日。亦即张元济于壬寅岁末辞南洋公学职，癸卯岁初入商务印书馆。

张美翊（1856—1924），字让三，浙江宁波人。1902 年冬任南洋公学提调，1903 年春任代总办。

致张美翊（二通）

一

让三先生：前日聆教，极快。顷冯玉翁来，出示手书，藉悉一切。查原约，中途停译译费按十分之八致送。当时解释的系专指承译人一面而言，此为合同通例。贵公学今以经费支绌停译，自系迫不得已，无可勉强，惟已译各稿似应照约支付。本月续交一册，当时并未先行知照，似难退回，应请一并照付。又，去年八月十三日昭宸面告地志应编中西名表，已与玉翁约定千字二元。现在停译，似亦应将已编字数照付。弟非不知贵公学经费为难，然事系在前约办，现在亦只可照约了结。弟系原经手人，故敢越陈。伏祈垂察为幸。专此。敬请台安。

弟张元济顿首

二月初十日

再，译院现有补付各款，应由贵公学照付。又移交时检验一切，执事云应酌送酬金，属为代拟。兹特一并开列于左，祈酌行。

帐房　　拟请送半月薪水　十元

抄写　　去年总报、移交清册等　拟请赠二元

仆人　　搬移物件闻已给过一元五角　拟请补给一元五角

又，夏地山末次由日本寄来译稿，邮费八角五分，法令全书去年十、十一、十二,三个月份书价四角一分五厘。以上两款夏地翁于本

年正月十六日开报，均系日银，应请补发。再颂台安。

弟张元济顿首

二月初十日（1903 年 3 月 8 日）①

（录自《张元济全集》第 10 卷，第 405 页）

二

《法规大全》事，弟承毗陵宫保委任，已告该馆校润、印装均须格外认真，不得草率从事。据谓如是办理，工本加昂，将来能否畅销殊无把握。故日前缴书一节，弟本令认百部，再四筹商，始允一半。顷奉谆谕，遵即转达。据称印本仍列"南洋公学译书院"字样，惟酌分余利一节，已认缴书，碍难并行，务祈原谅等语，谨据实奉复，即乞垂察为幸。

（1904 年 12 月 29 日）②

（录自《张元济全集》第 2 卷，第 352 页）

---

① 原件未署年份。据内容，当书于作者甫辞南洋公学译书院，与张美翊办毕移交手续不久，即 1903 年春。此时袁世凯停拨南洋公学常年经费，致使公学经费困难，与信中所言吻合。

② 此信原系张元济亲笔摘录"复张让翁函"，未见书写日期。现据 1904 年 12 月 27 日、30 日张元济致盛宣怀信确定。

杨士琦（1862—1918），字杏城，安徽泗州（今江苏盱眙）人。
举人，李鸿章、袁世凯重要部属。1905 年南洋公学更名商部上海高等
实业学堂，杨任监督。

致杨士琦

　　杏城仁兄年大人阁下：俗尘碌碌，末由趋谒。伏维动定绥愉，敬
颂敬颂。前四年弟在南洋公学选派赴美游学生严锦荣，去冬曾上书杏
荪侍郎，谓今夏可［哥］伦比亚学校卒业，可得政治学博士名号，拟
再赴德国游学一年，以扩闻见，业经核准有案。昨得渠信，云将以西
历五月杪起程，为时甚促，又未知南洋公学改隶大部之后如何情形，
故未具禀，属弟代领川资及学费半年，以便成行。该生学谊兼至，素
所敬爱，且为弟旧时选派之生，忝有一日之长，自应据情代达，务恳
饬将所请各款即日汇寄 C.Y. Yen, Columbia University, New York，并
祈示知兑得金数及汇出时日，俾便作复，不胜感祷之至。肃此。敬颂
台安。

年小弟期张元济顿首

四月初四日（1905 年 5 月 7 日）[①]

（录自西安交通大学档案馆藏档案）

---

① 原信未署年份。署名前"期"字表示作者此时正值兄张元煦病故服丧期间，即
　1905 年。

唐文治（1865—1954），号蔚芝，江苏太仓人。进士。曾与张元济同为总理各国事务衙门章京，后任商部左侍郎、农工商部署理尚书。1907年，出任南洋公学更名后的邮传部上海高等实业学堂监督，前后任校长历14年。1920年后，创办无锡国学专修学校。张元济挚友。

致唐文治

上海朱友芝孝廉树人，自丁酉春南洋公学开办师范院时，即已充当学长。其后续开外院，添招学生，维时风气初开，学堂教科书程式知者尚少，赖朱君以外国课本译出，更参以中国事实，随编随授，然后教者所取资，受者获其裨益。德森等于学问粗有所窥见，自问实得力于是时。嗣中院复开，师范诸同学有任教习者，每以不及兼学为憾，而朱君复于同学课余之暇，任授法文，作霖等亦尝从之游。旋遭目疾，西医戒以节劳静养，而编译如故，卒而失明。然犹兼任译事，以一人口诵使闻，经其语述而笔记之，其勤瘁之状，盖元济承乏公学时所亲见者。朱君家本寒素，人复淡泊寡营。壬癸之交，公学既改归商部，乃遂辞职，专为书肆译书，积六七年，得资数千，将恃以为休老之计。不幸存庄被倒，遂至一无所遗，仰屋无方，日以嗟叹。同人等情难膜视，曾□张让三直刺商之毗陵宫保，将于学校公款中设法为谋一常年补助。嗣以权在邮部，毗陵不欲干涉，议乃中止。今幸毗陵适长邮部，此议当可复行。查教员退隐料，所以酬已往而励将来，各国皆有其例。我国新订优待小学教员章程亦复参取其制。贵校经费宽裕，虽岁分若干不见其绌，而于素尽力于斯校，失明无告之人，受惠实多。

（1911 年 8 月）①

（上海图书馆藏盛宣怀档案）

第二编　张元济致友朋信札

---

① 是信前有唐文治语"杏公宫保老伯大人阁下：敬启者，昨接张元济、白作霖、杨德霖等廿人公函，内开"，后即张信文字。信后又接唐文治语"等因，查学部奏定优待小学教员章程第七条……愚侄唐文治顿首"。信封上有"宣统叁年七月到"字样。

刘承幹（1882—1963），号翰怡，浙江湖州人。刘锦藻子，南浔嘉业堂藏书楼主人。

致刘承幹

翰怡仁兄姻世大人阁下：前夕辱荷枉临，获闻教益，欣快无暨。兹有上尊大人书并附呈各件，敬祈察阅。代寄南洋大学募捐公启，并乞赐览。沪上大学林立，多为不良分子所窟宅，而青年子弟误被引诱，真堪痛惜。弟尝持论谓正当之学校能多收一学生，即少误一良家子弟。南洋大学弟之愚见认为，可在维持之列，今兹募捐，故愿列名发起。倘得贤乔梓登高一呼，必能众山响应。异日馆舍宏开，研习工业材智之士群相景附，不致堕入歧途，则功业之广，岂徒扶助教育而已哉。冒昧陈请，无任悚惶。专此。顺颂潭第纳福。

世小弟张元济顿首

六月廿五日（1926年）①

（录自《上海图书馆藏张元济往来信札》第3册，第115—116页）

---

① 原信未署年份，据"异日馆舍宏开，研习工业材智之士群相景附"，可知此信为南洋大学工业馆劝捐，当写于1926年。

刘锦藻（1862—1934），字澂如，进士，浙江湖州人。藏书家，实业家。

致刘锦藻

澂如仁兄姻大人阁下：昨奉六月初六日还教，谨拜诵悉。蒙惠南洋大学工业馆捐金壹百圆亦已奉到，谨先代谢，容即交去，俟取到正式收条再行奉上。掷还纸版两叶，谨收。大著一时尚未脱稿，将来排印，拟仍用方式宋体二号字，另以四号为注，自可遵行。已知照敝印刷所，静候续示。汲侯夫人早已北旋。先得京电，其三女染恙颇重，近得信，知已托庇痊愈。其衣裙尺寸单昨甫寄到，谨附呈，敬祈察入。承示诹吉本年十一月十三日纳币，遵即转达，请释崖注。专肃布覆。顺颂暑安。伏维亮察。

弟张元济顿首

六月初八日（1926 年 7 月 17 日）①

（录自《上海图书馆藏张元济往来信札》第 3 册，第 278—279 页）

---

① 原信未署年份，内容为南洋大学工业馆捐款的致谢信，当写于 1926 年。

王培孙（1871—1952），上海人，早年就读于南洋公学师范院，1900 年从叔父王维泰手中接办育材书塾，次年改名育材学堂，后更名南洋中学，王培孙任堂长、校长。这是国人自办的一所新式学堂。自1900 至 1953 年，王培孙主持南洋中学长达 52 年之久。

致王培孙（二通）

一

①培孙先生大鉴：奉一月二十四日来示，敬悉。前呈敝馆志书目录，已承察入。该目录出版以后，又陆续购进二三百种，续印时尚当附入也。承示拟派人在敝馆抄书，未知所拟抄者为何种？可否请先将书名及卷数、页数示知，俟与该馆商定办法，再行奉复。闻贵校图书馆搜藏方志亦极美备，如有书目，拟祈惠赐一份。倘有为敝馆所未有者，亦拟别商互借之法。尊意谓何？并希示复为荷。专此。敬颂台安。

十六年（1927 年）一月二十八日

附呈天字号书目三册，乞察及。

（录自《张元济全集》第 1 卷，第 271 页）

二

②培孙仁兄大人阁下：二月十八日手教于前日始奉到，展诵敬悉。附还志书目亦收到。贵校图书馆拟购四十余种，自可奉让。昨与

---

① 信稿边有他人批注："复南洋中学王，留底。"
② 信稿边有他人批注："请转致张菊生先生留存。南洋中学王。"

敝同人商议，以近来志书价值亦甚增涨，有各店书目可以考证。查原目上有□者，均已售出，前函未曾声明，故尊处仍行选入，未克应命。又延绥镇，昭文、汤溪两县志书，均甚难得，原目下业经注明，价应另定，其余无论新陈远近，只可按本计算。未知尊意拟出价几何？乞按照通志、府志、厅志、县志分别开示为荷。专此布复，祗颂台安。

弟张元济顿

十六年（1927 年）二月二十七日

顷又读二十六日手教，承关爱指示，感不可言。此非俟政局大定，恐无办法矣。附复并谢。

（录自《张元济全集》第 1 卷，第 271 页）

蔡元培（1868—1940），字鹤庼（一作鹤庼），号孑民，浙江绍兴人，我国著名教育家、民主革命家。1901 年由张元济聘任为南洋公学特班总教习。1928 年任第一交通大学校长。张元济挚友。

致蔡元培（二通）

一

鹤庼吾兄惠鉴：久不见台从莅沪之信，起居何如？念甚。我公兼任交通大学校长，莘莘学子，得所依归，闻之起舞。王蒪畇同年次子[1]于国学颇有根柢，近充光华大学教员，欲多得一席以资事畜，不知交校需增用教员否？谨介其进谒，伏乞延接。履历附呈。敬颂台安。

弟张元济顿首

（1928 年）[2] 二月十七日

（录自《张元济全集》第 3 卷，第 466 页）

二

鹤庼吾兄惠鉴：前奉手教，展诵敬悉。国军进克燕、津，大局底定，建设万端，惟幄贤劳，未审起居何似，至为企念。尊著《石头记索隐》版税凭折遗失，属弟证明，业经遵办。兹取到新折壹扣，并版税壹百五十四圆四角支票一纸（该馆来信附上），谨送上，即祈察收为幸。嘉兴王蒪畇同年之子瑷仲名蘧常，在光华大学任国文教习，欲

---

① 王蒪畇名王甲荣，其次子即王蘧常。

② 原信未署年份，蔡元培于 1928 年 2 月任交通大学校长，可推得写于 1928 年。

谋一交通大学兼课之席，借资事畜。前属弟转求提挈，蒙允交代办某君设法。兹暑假届期，下半年或有更动，属再陈请。原信附呈，敬祈鉴察。琐渎主臣。祗颂台安。

弟张元济顿首

（1928 年）[①] 六月十四日

（录自《张元济全集》第 3 卷，第 469 页）

---

① 此信书写年份可据前信推得为 1928 年。

孙科（1891—1973），字连生，号哲生，广东中山人，孙中山长子。曾任国民政府考试院、行政院、立法院院长，1928—1930 年任交通大学校长。

黎照寰（1888—1968），字曜生，广东南海人。美国哥伦比亚大学经济学硕士，宾夕法尼亚大学政治学硕士。1929 年为铁道部常务次长兼任交通大学副校长，1930—1942 年任交通大学校长。新中国成立后，任全国政协委员、上海市政协副主席等。

致孙科、黎照寰

敬覆者：昨奉大柬，谨悉贵校将于七月一日举行毕业典礼，辱荷宠招，适直同时已有他约，不克趋瞻盛典，至为歉疚。专此道谢。敬颂交通大学校长、副校长台安。

张元济谨上

十九年（1930 年）六月廿五日

（录自原件照片）

胡敦复（1886—1978），江苏无锡人。早年入南洋公学外院、中院，美国康奈尔大学博士。曾任清华学校教务长，创办上海私立大同大学。1930年秋至1945年任交通大学数学系主任。

致胡敦复

前月在庐山获诵通启，知为交通大学添造书库募集经费，拟印捐启，将以贱名列入发起人。当以商务印书馆附设之东方图书馆亟待兴复，已由元济具名分函各省有所请乞，未便为无厌之求。曾于前月二十日肃复寸函，略陈下悃，不知何以尚未达览。昨奉续示，合再陈明，尚祈鉴谅。

胡、杜二君均此不另。

二十三年（1934年）八月二十日

（录自《张元济全集》第2卷，第569页）

致募建交通大学图书馆书库委员会信

敬覆者，诸君子募建交通大学书库事极应为。去岁奉到公函时即经陈明，鄙人为恢复东方图书馆，已四方行丐，不便再向人启齿，致被责其无厌。初函由庐山转上，似未达到，又续上一函，计荷察及。今奉垂询，合再陈明，无任悚歉。覆上募建交通大学图书馆[①]书库委员会。

张元济拜启

廿四年（1935 年）二月六日

（录自上海交通大学档案馆藏档案）

---

① 原信衍"书馆"二字。

马衡（1881—1955），字叔平，浙江鄞县（今鄞州区）人。金石考古学家、书法篆刻家。曾任故宫博物院院长、北京市文物管理委员会主任等职。1900 年考入南洋公学中院。后来，商务印书馆为影印故宫博物院所藏善本古籍，张与马多次通信商借。1937 年张元济赴南京，1949 年出席第一届全国政协代表大会，马衡先后陪同他在南京、北京参观故宫博物院所藏珍本。1936 年为祝贺张元济七十寿辰，蔡元培、胡适、王云五发起征文，编成《张菊生先生七十生日纪念论文集》，由商务印书馆出版，马衡撰写了《关于鉴别书画的问题》一文，编入该纪念册。张元济赠送海盐张氏始祖张九成遗著《横浦文集》《张状元孟子传》致谢。为记述这段南洋公学校友数十年之交往故事，本书选用张元济致马衡信一件。

致马衡

叔平仁棣台鉴：献岁发春，伏维履候佳胜为颂。弟质同蒲柳，景迫桑榆。去秋贱辰以物外逃生，深自晦匿，不意岫庐先生遽邀子民、适之二君发起征文，用作纪念。弟事后闻知，乞以作者诸公姓名相示，坚不见允，致弗克以下情上达，弥切旁皇。近已成书，赫然巨帙。昨获展读，名言寿世，洵称不朽。元济滥附骥尾，尤觉汗颜。兹赍呈所印先世遗著二种，聊答盛意。伏祈莞纳。谨肃布谢。顺颂台绥。

张

二十六年（1937 年）二月十八日

（录自《张元济全集》第 1 卷，第 167—168 页）

致黎照寰（二通）

一

曜生先生阁下：昨奉台函，并惠颁上院景片及祝词，展诵之余，曷胜惭悚。弟驹光虚度，马齿徒增，既无裨于明时，只自随于书局，乃辱荃情隆奖，华藻聿宣，岂凉薄所敢拜承，惟爱厚故应铭篆。前者蔡、王诸君曾以贱辰征集论文，预未相关，遂成专册。鄙怀绝不相称，而名作自有可传，兹属馆中谨呈一部，至乞哂存。交大声誉自先生振饬以来，蒸蒸日进，风云杞梓，为国储才。弟往日之所负荷者，其微渺殊不值一顾。青萍之起，宁足以论风？今则泱泱为巨襄之观，当仰颂大力于无既矣。专此鸣谢，敬请道绥。

二十六年（1937 年）三月三十日

（录自《张元济全集》第 3 卷，第 502 页）

二

曜生先生阁下：韶光荏苒，岁籥旋更，辱荷先施，兼承藻饰，盥薇雒诵，弥自增惭。先生乐育英才，覃敷教泽，储材报国，咸与维新。仰企芝辉，尤殷抃颂。专肃布覆，敬贺蕃釐。

弟张元济拜上

廿九年（1940 年）元月六日 [①]

（录自《上海交通大学档案馆藏名人手札精选》，上海交通大学出版社 2021 年版，第 137 页）

[①] 此信纯系新年贺岁，其时日本侵略军已占据我中华半壁江山，上海租界亦成孤岛，交通大学与商务印书馆皆陷于极度困难之中，爱国知识分子只能以信件互相勉励，等待黎明。

吴国桢（1903—1984），字峙之，湖北建始人。国民政府官员。1946—1949年任上海市市长。

宣铁吾（1897—1964），浙江诸暨人，时任淞沪警备司令。

致吴国桢、宣铁吾

吴市长、宣司令同鉴：○○等蛰居本市，不问外事，顾学潮汹涌，愈演愈惨，谁非父母，谁无子弟，心所不忍，实有不能已于言者。学潮有远因、有近因，远因至为复杂，姑置不论；近因则不过学校以内问题，亦有因生活高涨，痛至切肤而推源于内战。此要为尽人所同情。政府派兵调警，如临大敌，更有非兵非警参杂其间，忽而殴打，忽而逮捕，甚至有公开将逮捕之学生送往中共区域之言。此诚为○○等所未解。学生亦人民也，人民犯罪，有法庭在。不出于此而于法外任意处置，似非政府爱民之旨。况中共区域已入战争状态，不知派何人、以何种交通工具送往？外间纷纷传说，以前失踪之人实已置之死地，送往中共区域之说，○○等未敢轻信。然办法离奇，令人骇悸。伏望恺恻慈祥，处以镇静，先将被捕学生速行释放，由学校自行开导。其呼吁无悖于理者，亦宜虚衷采纳，则教育前途幸甚，地方幸甚。[①]

（一九四七年六月三日）[②]

（底稿原件藏上海图书馆，此为修改稿，录自《上海人民革命史画册》，上海人民出版社1989年版，第342页）

---

① 信末署名人为唐蔚芝、张元济、胡藻青、项兰生、钱崇威、陈汉第、叶景葵、李宣龚、张国淦、陈叔通。又此信同时抄送一份给行政院长张群。

② 原信末无日期，此日期写于信笺起首处边框外。

第二编 张元济致友朋信札

致胡藻青等七人

敬启者：兹有事关大局，拟与当轴公信两函，由敬第具稿、元济缮正，谨呈台阅。极欲借重大名，倘蒙许可，即祈于第三叶签署盖章，交还来使，依次呈送。再昨已函商唐蔚芝兄，请其领衔。覆信许可，并将信稿略加修正，属勿登报。合并陈明。此上胡藻青、[①]张乾若、李拔可、陈仲恕、叶揆初、钱自严、项兰生诸位先生同鉴。

陈敬第、张元济谨启

（1947年）[②]六月三日

（录自《上海人民革命史画册》，第342页）

---

① 信稿此处张元济原注：七十七岁。胡藻青、张乾若之间尚有"夏地山"，但被圈去，故收信人为七人。
② 原信未署年份，参见致吴国桢、宣铁吾信注。

致吴国桢

　　市长台鉴：敬启者，报载阁下对于六月五日为学生反对美国扶日游行事，向交通大学学生提出八项问题，责令逐项答复，又认答复不满意时，即令警局传讯。查美之扶植日本，在军事与经济各方面，实属危害我国家民族之生存，此为举国所忧愤。身经抗战苦痛如阁下者，应已具有同情。学生以纯洁爱国之心，欲借游行为表示，亦尚未出校门。各校金同，不独交大一校，工商各界亦先后响应，足见人心之未死。阁下正宜善为利导，并以保全善类，免致滋生事端，勿再传讯。文治、元济与交大在四十年前忝长南洋公学，尤不无三宿之感。子舆氏有言曰："今夫水，搏而跃之，可使过颡；激而行之，可使在山，是岂水之性哉，其势则然也。"深望阁下垂察焉。专此。祗颂公绥，诸惟谅察。

唐文治、张元济谨启

（1948 年）六月廿一日

（录自《大公报》1948 年 6 月 22 日，第 4 版）

张国淦（1876—1959），号乾若，湖北蒲圻人。举人。清末民初官员，学者。中国科学院近代史所特约研究员，上海市文史研究馆馆员。

致张国淦

乾若先生阁下：叠荷枉临，碌碌尚未诣答，至为悚歉。交大学生与市府纠纷，承示已挽人从中疏解，嗣与唐蔚芝同年致市长公函，中间经历殊多曲折，曾托陈叔通兄代陈，计蒙鉴及。商务印书馆为历史语言研究所印行各书，昨已借到第五本第一、二、三、四分，第十五本、第十六本、第十七本、第二十本（商馆现在亦不完备），及贵省方言调查报告，综共十册，先呈台阅，敬乞察收为幸。专此。祇颂台安。

弟张元济顿首

（1948 年）[①] 七月一日

（录自《张元济全集》第 2 卷，第 289 页）

[①] 原信未署年份。张元济与唐文治于 1948 年 6 月 3 日联名致函吴国桢，故此函应写于 1948 年。

邵力子（1882—1967），浙江绍兴人，1901年入南洋公学特班。民国时期任陕西省省长等职。新中国成立后，任全国人大常委会委员、全国政协常委。

致邵力子

力子先生台鉴：契阔年余，弥深洄溯。昨辱贤梁孟枉临存问，顿慰饥渴。弟为二竖所扰，左肢不仁，迎送俱缺，惭歉万分，幸乞见宥。涵芬楼虽遭巨劫，幸尚存善本数千册，为斯文一线之延。《烬余书录》顷已出版，谨以一部奉赠，伏乞惠存赐正。专此布谢，顺颂俪福。

弟张元济拜上

（1951年）^① 六月九日

倚枕作书，丑不成字。张□胄先生均此致谢。

（录自拍卖广告图片）

---

① 原信未署年份，据《涵芬楼烬余书录》出版时间确定为1951年。

张家昌（1900—1982），浙江海盐人，张元济族侄。毕业于交通大学机械工程科。曾任商务印书馆庶务科长，印刷厂总务科长。

致张家昌

昨来信并赠我新著《机件手册》二本，吾侄擅长此技，我以前竟未知悉。此时在工业上极为有用，此书出，可为工业上一大帮助也。谢谢。此复家昌贤侄清览。

元济顿首

（1951 年）① 十月六日

（录自《张元济全集》第 2 卷，第 363 页）

---

① 原信未署年份，由张家昌编著的《机件手册》初版由商务印书馆 1951 年 8 月出版，据此确定年份。

第三编

其他文牍

南洋公学纲领（摘录）

（1896 年 8 月）

　　上、中两院学生皆有翻译洋文功课，应择各国法律、交涉诸书，先行课令翻译，次及理财、商学、农学诸书，翻译成册。教习校核精审，随时交译书院即行定价发售，取售书书资供译院之费。各书流行日广，则不入公学之士子能通知西法者，自日多矣。

（录自上海图书馆藏盛宣怀档案）

盛宣怀《南洋公学附设译书院片》

（1898 年 6 月 12 日）

再，时事方殷，需才至亟，学堂造士由童幼之年层累而进。拔茅连茹，势当期以十年，欲速副朝廷侧席之求，必先取资于成名之人，成材之彦，臣是以有达成馆之议也。顾非能读西国之籍，不能周知四国之为。而西国语言文字，殊非一蹴可几，壮岁以往始行学习，岂特不易精娴，实亦大费岁月。日本维新之后，以翻译西书为汲汲，今其国人于泰西各种学问皆贯串有得，颇得力于译出和文之书。中国三十年来如京都同文馆、上海制造局等处，所译西书不过千百中之十一，大抵算化、工艺诸学居多，而政治之书最少。且西学以新理、新法为贵，旧时译述，半为陈编，将使成名成才者皆得究极知新之学，不数年而大收其用，非如日本之汲汲于译书，其道无由矣。现就南洋公学内设立译书院一所，广购日本及西国新出之书，延订东西博通之士，择要翻译，令师范院诸生之学识优长者笔述之。他日中、上两院隽才，亦可日分晷刻，轮递从事，以当学堂翻译之课，获益尤多。译成之书，次第付刻。倘出书日多，即送苏浙各局分任刊印，以广流传。所需译书院经费，即在公学捐款内通融拨用，并归总理公学之员一手经理，以专责成。谨附片陈明，伏乞圣鉴。谨奏。

五月十九日奉朱批：着照所拟办理。钦此。

（录自《愚斋存稿》第 2 卷，第 27—28 页）

南洋公学章程（摘录）

（1898 年 6 月 12 日）

第六章　藏书译书　共二节

第一节　公学设一图书院，调取各省官刻图籍。其私家所刻及东西各国图籍，皆分别择要购置，庋藏学堂。诸生阅看各书，照另定收发章程办理。

第二节　师范院及中、上两院学生，本有翻译课程，另设译书院一所，选诸生之有学识而能文者，将图书院购藏东西各国新出之书，课令择要翻译，陆续刊行。

（摘录自《愚斋存稿》第 2 卷，第 25 页）

何嗣焜为译书院已译拟译各书呈请
咨明湖广总督事呈盛宣怀文
附张元济手书"已译之书"及"选定拟译之书"书目各一份

（1899 年 7 月 23 日）

为呈请事：窃照本公学译书院翻译东西各国书籍，东书先兵学一门，现在已译之书八种，其《日东军政要略》《战术学》二种业经先后印行，选定拟译之书二十三种，亦次第从事。近阅日报，知湖广督部堂张亦在广译兵书，诚恐两不相谋，或致重复，除将已译、拟译各书目登报声明外，相应缮折，呈请宪台俯赐咨明湖广督部堂查照。为此备由具呈，伏乞照验施行，须至呈者。

计呈送清折一扣。一呈

头品顶戴大理寺少常盛

光绪二十五年六月十六日 ①

总理何折

已 译 之 书

日东军政要略（参酌士官学校军制学、经理学校经理教程）

战术学（士官学校教程本）

军队内务（陆军省本）

---

① 日期处有长方形"总理南洋公学关防"印。

作战粮食给与法 [1]（经理学校教程本）

军队给与法（参酌陆军给与令及给与细则）

陆军学校章程汇编（汇集一切召募、内务课程，教育方针）

宪兵条例汇编（参酌明治三十二年宪兵条例、成规类聚、警察法规等书）

军队教育方针（参酌教育顺次教令、军队教育要旨、将校团教育令，同教育实施等）

选定拟译之书

步兵操典一册（明治三十一年陆军省本）

野外要务全一册（明治二十四年陆军省本）

射击学教程二册（明治三十年户山学校本）

又（射击）教范一册（明治三十一年陆军省本）

步兵工作教范一册（明治二十三年陆军省本）

步兵各个教练教育法一册（明治三十一年户山学校教官竹内大尉著）

步兵部队教练教育法一册（明治三十一年户山学校教官佐久间大尉著）

步兵教育方案一册（明治三十年户山学校本）

骑兵操典一册（明治三十一年陆军省本）

兵器学二册（明治二十九年士官学校教程）

筑城学四册（同上）

地形学二册（明治三十年士官学校教程本）

测绘学一册（同上）

马学二册（同上）

---

① 又译作"作战粮食给养法"。

卫生学一册（明治二十八年士官学校教程本）

人身生理学一册（明治二十九年陆军中央幼年学校本）

炮兵操典（野战部）一册（同年陆军省本）

工兵操典（一、二、三编）三册（明治二十五六年陆军省本）

辎重兵操典一册（明治三十一年陆军省本）

搜索斥候问答（骑兵科用）一册（明治二十八年陆军教导团本）

步兵斥候论一册（同上）

陆军经理要领三册（明治三十一年经理学校本）

参谋服务要领二册（陆军大学校本）

（录自西安交通大学档案馆藏档案）

盛宣怀为聘稻村新六任南洋公学译书院顾问事致何嗣焜照会

（1899 年 10 月 2 日）

钦命督办铁路总公司事务大臣、头品顶戴大理寺少堂盛，为照会事：据代理驻沪日本总领事松村贞雄函称，昨展惠函，以前由贵大臣聘订稻村大尉充当南洋公学译书院顾问，于去年阳历十一月五日订立约章，以一年为试办期限。刻下将届期满，因待译之本尚多，拟于今年期满之后，再行展限二年等因，均已备悉，业经由本代总领事转致稻村大尉。该大尉之意，既承雅爱，并无异议。惟本代总领事查该大尉是系由陆军参谋本部拣应贵大臣聘托，尚须移请陆军参谋本部查照允诺，除俟接到该部回示之后再行奉复外，合先函复贵大臣查照可也等情，据此合行照会贵守查照。须函照会者。

右照会

总理南洋公学分省补用府何

光绪二十五年八月二十八日

（录自西安交通大学档案馆藏档案）

何嗣焜为送稻村新六合同事
呈复盛宣怀文

（1900 年 3 月 6 日）

为呈复事：案奉宪台照会，照得南洋公学译书院需用洋员翻译兵书，前由日本小田切领事荐到日本国陆军大尉稻村新六，充当翻译兵书顾问之员。现在合同期满，经本大臣续与稻村新六展订合同一年，每月议定合壹佰伍拾元，伙食仆役一切在内，不准另行开支。合将议定合同三分，备文照送贵守，希即转送日本领事签字盖印后，存留一分备查，兹发交到稻村新六一分收执，其余合同一分仍即送还备案等因。奉此当将合同三分送日本领事签字盖印，并令稻村新六一律签字。除日本领事存留一分，交稻村新六收执一分外，准小田切领事将余下合同一分函送前来，相应呈送宪台察存备案，为此备由呈复，伏乞照验施行。须至呈此。

计呈送合同一分。

一呈

大理寺少堂盛

光绪二十六年二月初六日

总理何

（录自西安交通大学档案馆所藏档案）

南洋公学译书院所译书目表（铅印本）

（1900 年）

书　　名	原文	册数	售价（不折不扣）
日本军政要略	日本	二	三角
战术学	日本	四	五角
作战粮食给养法	日本	一	一角五分
军队内务书	日本	一	一角五分
美国陆军制	英	一	一角
日本军队给与法	日本	一	一角
陆军教育摘要	日本	二	二角五分
日本陆军学校章程汇编	日本	四	七角
日本宪兵制	日本	一	一角五分
步兵操典	日本	二	三角五分
步兵射击教范（现印未成）	日本	二	
野外要务令（译成现校）	日本	四	
射击学教程（现译过半）	日本	二	
支那教案论	英	一	一角五分
英国通商史	日本	一	一角五分

书　　名	原文	册数	售价（不折不扣）
步兵各个教练书（译成现校）	日本		
步兵部队教练书（现译未成）	日本		
亚丹斯密原富（现译未成）	英		
泰西各国水陆商政比例通议（校毕，现请人复校）	法	四	
英律释义（现校）	英	二	
骑兵操典（选定未译）			
野战炮兵操典（同上）			

（录自上海图书馆藏盛宣怀档案）

盛宣怀为发给北洋留日学生膏火费事致张元济札

（1901 年 3 月 27 日）

钦差会办商务大臣、督办电报事务、头品顶戴、宗人府丞堂盛，为札饬事：据游学日本北洋头等学堂学生张奎、金邦平、周祖培禀称，窃生等于光绪二十五年由北洋学堂选派，来东游学。先入日华学堂肄习东文，至是年九月间，学生张奎奉拨入大学校学习工学专门，学生金邦平、周祖培奉拨入政治专门学校学习政治专门，迄今年余，尚能照章肄业。惟抵东以后，所有学费但敷每月房膳、束脩之用，而书籍、笔墨等费皆取资于北洋学堂膏火。自去年六月间津堂停办之后，生等膏火久已无着，因此即学校应用书籍亦无力购办。辗转筹思，惟有仰恳宪恩，可否将生等膏火仍旧给发，俾求学有资，如期卒业，不胜感激待命之至，等情前来。查北洋学堂二班学生张奎等，每名每月膏火银六两，自去年六月起至本年二月止，计十个月，共应发给膏火银一百八十两，合行札饬，即仰该主事仍援前案，暂在本学堂挪备湘平银一百八十两，交由熟识商号汇至日本日华学堂，交张奎等查收应用，嗣后仍由北洋学堂归缴可也。此札。

光绪二十七年二月初八日

代理南洋公学总理张主事元济

（录自上海交通大学档案馆所藏档案）

盛宣怀对张元济《关于北洋学生经费事呈文》的批复

（1901年4月4日）

  南洋公学为副呈事：窃奉札饬垫发北洋学生膏火，请暂缓给，先行函询钱监督，再请核办缘由。除全录正呈外，理合呈乞核示施行。须至副呈者。

  右呈

钦命头品顶戴、督办铁路总公司大臣、宗人府丞堂盛

光绪二十七年二月十一日

代理总理张元济

  钦差会办商务大臣、督办电报事务、头品顶戴、宗人府丞堂盛批：据呈已悉，所有游学日本学生张奎等膏火暂行缓给。应即先由该主事迅速函询钱守，该生等究在何等学校，功课程度至何级数，现在情形是否拮据。一俟函复到日，再行照办。此缴。十六日。

  代理南洋公学总理张主事

（录自上海交通大学档案馆所藏档案）

盛宣怀对张元济《为南洋公学添设特班呈文》的批复 [①]

（1901 年 4 月 19 日）

钦差会办商务大臣、头品顶戴、宗人府丞盛批：据呈遵饬于南洋公学添设特班，专收学识淹通、年力强健各生肄业西学，并酌拟办法章程十条，常年经费数目清折一扣，均已阅悉。查核所拟章程尚属妥协，应准如请，以学生三十名为额，以西学功课为重。功课分前后两期，各限三年卒业，岁需奖赏、伙食一切经费洋二千元，即就南洋公学捐款内随时匀拨。现在上院未开，房屋、器具均先暂行借用。中院既有已聘未到之洋教习，此项特班学生应即兼令教授，毋庸别订专师，以节经费。其余所拟各节，悉准试办。但公学设此特等，系本达成馆初意，所取必须品学合格，为将来造就桢干大才之用，断不稍涉泛滥。仰即先行登列各报，于四月内报名，本大臣亲临考试，总以合格为度，不必遽以三十名为定额也。此缴。折存。（光绪二十七年）三月初一日。

代理南洋公学总理张主事

（摘录自上海交通大学档案馆藏档案）

第三编　其他文牍

---

① 标题为编者所加。

盛宣怀对张元济《关于周祖培学费月费事呈文》的批复

（1901 年 5 月 9 日）

南洋公学为副呈事：窃前奉宪台札饬垫给北洋游学生膏火，兹照监督钱守查覆情形，分别拟定准驳，呈请核夺缘由。除全录正呈外，为此备具副呈，伏乞批示遵行。须至副呈者。右呈

钦命头品顶戴、督办铁路总公司大臣、宗人府丞堂盛

光绪二十七年三月十四日

代理总理张元济

钦命头品顶戴、督办铁路总公司大臣、宗人府丞堂盛批：据呈遵批询明，金邦平现在专门学校，张奎在帝国大学校，二生学费均由驻日使馆拨付。公学膏火早经裁撤，惟出洋游学生向有月费一项，金、张二生学费既由使馆拨付，其月费亦应由使馆支给。候饬金邦平、张奎按月径向出使日本大臣衙门呈领支用。周祖培学费既为公学所出，自应并给月费，核计该生已领至本年西历四月杪止，准自西历五月起，照本公学定例一律发给学费，月费仍由该主事暂在本公学如数挪备，汇寄监督钱守，转给周生收用，并请该监督随时严紧考察，切实训戒，免营他务而归专门为要。此缴。三月二十一日。

代理南洋公学总理张主事元济

（录自上海交通大学档案馆所藏档案）

盛宣怀对张元济《关于小学章程及经费来源事呈文》的批复

（1901 年 5 月 18 日）

副呈

南洋公学为副呈事：窃本公学添设附属小学，考取生徒现经开课，拟具试办章程及经费预算表，呈请核定缘由。除全录正呈外，为此备具副呈，伏乞批示遵行。须至副呈者。

一呈

钦差会办商务大臣、头品顶戴、宗人府丞堂盛

　　　　　　　　　　　　光绪二十七年三月二十六日

　　　　　　　　　　　　　代理总理张元济

钦差会办商务大臣、头品顶戴、宗人府丞堂盛批：据呈南洋公学添设附属小学，现经考取生徒分班开课，拟具试办章程及需用经费数目清折一扣，呈请核示遵行等情已悉。查核所拟章程十条均尚妥协，悉准照拟试办，常年需用经费银两，准即在于公学款内如数支给。所有各班学生应需一切课本，仰即迅速编译完备，呈候核阅，再行付刊。此缴。折存。四月初一日。

代理南洋公学总理张主事

　　　　　　　　　　（录自西安交通大学档案馆藏档案）

盛宣怀为南洋公学所译各种
政治书籍分送政务处事致张元济札

（1901 年 7 月 23 日）

钦差会办商务大臣、头品顶戴、宗人府丞堂盛，为札饬事：南洋大臣刘咨开，光绪二十七年五月二十六日承准行在政务处咨，"本处现已开办，所有更定政要，须参证往籍暨酌采西法者，无不屏除成见，择善而从。西洋各国变通政治，互相效法，日新月异，渤为成书，传播五洲。查上海制造局、南洋公学，会历年所译东西洋各种政书已复不少，相应咨请贵大臣查照。凡有关政治、学校、理财、练兵、商务、教案、公艺各书，广为搜罗，随时赍送本处，以备甄采，俾收广益集思之效"等因到本大臣。承准此，查上海机器局历年所译西书，凡关乎政治各学者，共有一百余种，自应赶速各检二部，装钉箱只，由局派员请给咨文，解送行在政务处查收，以昭慎重。除饬上海机器局遵办外，相应咨请。为此，合咨贵大臣，请烦查照，希将南洋公学近来所译各书，每种各检二部，由贵大臣径行咨送政务处查收，望切施行等因。准此，合行札饬，札到该主事，即便遵照，迅将南洋公学所译各种关乎政治书籍，每种检呈二部，以便分送南洋大臣、政务处甄采毋迟，切切，此札。

光绪二十七年六月初八日

代理南洋公学总理张主事元济

（录自西安交通大学档案馆藏档案）

盛宣怀《呈进南洋公学新译各书并拟推广翻辑折》

（1901 年 7 月 29 日）[①]

　　奏为进呈南洋公学新译各书，并拟推广翻辑以资治理，恭折仰祈圣鉴事。窃臣于光绪二十四年五月奏开南洋公学折内附片，陈明于公学中设立译书院，翻译东西政学各书，以为成才之助。奉朱批"着照所议办理。钦此"等因在案。开办以来，臣与奏派总理公学知府何嗣焜等分类审择，督诸译员昕夕编摩，先后成书若干种。臣初以练兵为急务，故兵学居多，理财、商务、学校次之。昨接准两江督臣刘坤一咨称：接政务处咨，取制造局、南洋公学所译各书以备甄采。仰见明诏所颁与天下更始之至意，可于译书一事发其端倪。臣尝思西学西政孰同孰异，皆当与中国本有之文学政事融会贯通，方能得其要领，而不为所囿。其书籍浩如烟海，若必待先通西文而后能课西学，则人才辈出至速在十数年之后。且列国方言，仍非尽人通晓，若必使通晓方言而后可当大任，恐将置外国文字于本国文字之上，专固不通非知政理者矣。埃及学校课西学以欧文，以故衰削。日本更化之始，先于学校以东文遍译西书，上而将帅公卿，下而贩夫走卒，皆于西学有所取裁，遂以一岛国雄视环球，此其明效大验也。中国士大夫近年得以

[①] 原件署"光绪二十七年六月"，日期据盛宣怀《南洋公学推广翻辑政书折》，该折称"臣于本年六月十四日奏陈南洋公学推广翻译事宜一折"，即 1901 年 7 月 29 日。

稍知欧西情事者，未始非参考西书之益，所惜政学译本太少耳。当臣开译之初，本期以西学中文资成才成名者之讲求，为国家早收得人之效。及今日世变益深，需材益亟，拯溺救焚之事会，岂能待诸佩觿垂带之学童。目前课吏举能，固必仍责诸更事之员，取之成材之彦，即将来用人之道，似亦未可偏重西文西语。惟折冲樽俎交涉宜有方言，此外政学仍宜归重中文，是以译书需多，亟宜广采分辑。同治初年，曾国藩等以经史书板多毁于兵燹，奏明各省设官书局，分刊十三经、二十四史，遍及各种子集，已足供诵读。可否请饬下各省官书局，改为译印书局，并由政务处电令出使各国大臣，将东西文政学、新理有用之书广为购备，斟酌极要次要，随时拟定目录，分饬各省克期翻译刊印，一则筹款众擎易举，二则成书不患重复，三则纸板可免参差。臣职司商务，拟即选取各国赋税、度支以及商务、矿山、银行各章程，督饬专员赶紧翻辑，总期日积月累，与学校相为表里，务使东西文得中文阐发而无偏弊，则中学得东西学辅翼而益昌明。不待十年，必有伟材以佐盛治。兹先将公学所译各书已经排印十有三种，敬谨装治成套，赍送军机处，恭呈御览。尚有译成兵政八种、理财一种、商务二种、学校三种、税法一种，俟排印齐全，再行赍送。至坊肆中近来译印各书甚夥，拟择其正当者编成目录，另咨政务处，俾备采取。所有呈进已译各书，并拟推广翻辑以资治理缘由，理合恭折具呈，伏乞皇太后、皇上圣鉴。谨奏。

七月二十日奉朱批：知道了。着即推广翻辑。书留览。钦此。

（录自上海交通大学档案馆藏档案）

盛宣怀《请专设东文学堂片》

（1901 年 7 月）

再，译书宜兼通中外之学，而尤以专门为贵。臣所译兵书，系延聘日本通中文者一人，陆军少尉一人，会同翻译，始无讹错。西人兼通中文者极少，中国通西学者亦不多，制造局书大都英人口译而华人笔述之，颇为艰苦。公学现印《原富》一书，为候选道严复所译，该道中西学问俱优，故称善本。臣又托使臣罗丰禄觅得英国商律全书，卷帙浩繁，拟即派公学提调候选知府伍光建翻译，约须两年告成。译才如严复、伍光建者，实罕其匹。现欲推广搜辑，似以转译日本已辑西学之书较为稍易。近有日本议绅子爵长冈①护美，在沪设立同文书馆，以彼国普通学生加习中文中学，其取精用宏之意至深且远。长冈护美来游南洋公学，臣与考订一切，属其延订专门法学一人，又另聘兼通中学之教习来沪，专设东文学堂，选取秀士数十名，专课东文东学。据称质地聪颖者，一二年后文字可通，举以译书，可期事半功倍。惟西国专门之学，必有专字，门类极繁，东人译西文先有定名，中国译东西文尚无定名，则译字互异，阅者易滋迷误。亟宜将各国舆地、官职、度量权衡，及一名一物，撰拟名目类表，以求画一，嗣后官译私著，悉依定称。惟体例尤须精审，拟宽其岁月，责成译书院会同公学及东文学堂，分别参订，再行呈送政务处核定颁发。所需款

---

① 《盛宣怀年谱长编》作"罔"，此处由编者改为"冈"。

项，暂于学堂商捐内筹措，以期成斯要举，而免徒托空言。谨附片具陈，伏乞圣鉴。谨奏。

七月十二日奉朱批：知道了。钦此。

（原载《愚斋存稿》第 5 卷，第 38—39 页，转录自《盛宣怀年谱长编（下）》，上海交通大学出版社 2004 年版，第 734—735 页）

沈曾植为严究翻印《原富》等书事致上海县正堂移文

（1901 年 8 月 14 日）

南洋公学为移请严究翻印事：窃照南洋公学光绪二十四年奏准设立译书院，六月二十三日本公学商经前江海关道蔡出示严禁，翻刻必究等因在案。〇查本公学筹集巨款，聘请华洋译员，译成各种有用新书，平价发售，专为嘉惠士林，广开风气起见，若一任坊间翻刻，不独有关经费，鲁鱼亥豕，并恐贻误后生。坊闻英租界四马路江南书局，有翻印《原富》及《蒙学课本》初、二编，印以公学字样，朦胧销售等事，实属违禁作奸，意图影射。本公学遣人前往购买，据称存书甚多，需用若干部，均可如数交兑。当将翻印凭据指出，并向该店主刘善夫追查。始则不认翻刻，言语支吾，迨经开导再三，始称在徐江林书庄处批售。向其索取该书庄发售原条，又称并无原条可检，研诘多时，仅将该店流水簿搪塞，又不肯以流水簿为质证之凭。查刘善夫果无翻印事情，尽可将徐江林处发票呈出，自清讼累，何以支吾推托，既不肯将发票交出，又不肯以流水簿为质证之凭，情节支离，难保非该店主自行翻刻。所称买自徐江林亦难尽信。兹将该店发票一纸，翻印《原富》一部，及《蒙学课本》初、二编一部，检同移请贵县查照，迅赐差提严究翻印来原，务期水落石出，以为不遵示禁者戒，惩一儆百，实为公便，须至移者。

计粘江南书局发票一纸，翻印《原富》一部，翻印《蒙学课本》

（初、二编）一部。

一移

上海县正堂汪

光绪二十七年七月初一日移

总理沈

（录自西安交通大学档案馆所藏档案）

盛宣怀《请调沈曾植费念慈委用片》

（1901 年 8 月 25 日）[①]

　　再，译书院原设在南洋公学之内，经臣奏派知府何嗣焜倡率好学知名之士试办有年，只因经费奇绌，成书不多。今春何嗣焜殁于公学，事恐中辍。值兹时会，正以扩充译事为急务，必须遴员总理以专责成。查有三品衔刑部候补郎中沈曾植，品学粹然，缜密而栗，平日讲求经济，各国公法条约亦颇深阅历；翰林院编修费念慈，潜心经史，通达时事，于古今中外治乱得失，能穷其流。该二员皆以礼在籍，服阕后澹于利禄，慨念时艰，互相砥砺为有用之实学。臣每与纵谈自强之基，不外练兵理财，而练兵理财之人才，必出于学。为学之根本，尤在译书。然译书宜先提其纲领，齐其目录，求其译才，至筹款虽难，尚其次焉者也。夫使各省疆臣，通力合作，事或易举。臣以闲曹襄办商务，频年自筹微款，勉为其难，何殊精卫之思填海，愚公之欲移山也。该二员徒以志切匡时，不辞艰瘁，尚愿相随以承其役，其气谊之坚卓已可概见。可否仰恳饬下该衙门，准将沈曾植、费念慈二员交臣委用，实于译书之事不无裨助。谨附片具陈，伏乞圣鉴，训示施行。谨奏。

　　七月十二日奉朱批：着照所请，该衙门知道。钦此。

（录自上海交通大学档案馆藏档案）

[①] 原片上奏时间为光绪二十七年六月，朱批为七月十二日。另载于《申报》1901 年 10 月 14 日第 14 版。

严复《译斯氏〈计学〉例言》（摘录）

（1901 年 9 月 28 日）[①]

　　《原富》文本，排本已多，此译所用，乃鄂斯福国学颁行新本，罗哲斯所斠阅者。罗亦计学家，著《英伦麦价考》，号翔赡，多发前人所未发者。其于是书，多所注释匡订，今录其善者附译之，以为后案。不佞间亦杂取他家之说，参合己见，以相发明，温故知新，取与好学深思者，备扬榷讨论之资云尔。

　　是译与《天演论》不同，下笔之顷，虽于全节文理，不能不融会贯通为之，然于辞义之间，无所颠倒附益。独于首部篇十一《释租》之后，原书旁论四百年以来银市腾跌，文多繁赘而无关宏旨，则概括要义译之。其他如部丁篇三，首段之末，专言荷京版克，以与今制不同，而所言多当时琐节，则删置之。又部甲后有斯密及罗哲斯所附一千二百二年至一千八百二十九年之伦敦麦价表，亦从删削。又此译所附中西编年，及地名、人名、物义诸表，则张菊生比部、郑稚辛孝廉于编订之余，列为数种，以便学者考订者也。

　　（摘自《严复集》，中华书局 1986 年版，第 101 页）

---

① 时间据本文篇末所署"光绪二十七年岁次辛丑八月既望"。

沈曾植为盛宣怀起草调费念慈、
沈增植回署供职片稿

（1901 年 11 月 11 日）^①

再，臣于推广译书奏内片请调在籍翰林院编修费念慈、刑部郎中沈曾植商同办理翻译事宜，奉朱批：着照所请，钦此。钦遵在案。该二员遵旨来沪，往来筹商妥定办法。现在译规已定，次第翻书，延聘各员均能绅绎编摩，各勤其事。冬春之际，开印可期。据费念慈、沈曾植呈请销差给咨，回署前来。查该二员并无经年未完事件，自应给与咨文，令其回署供职。理合附片陈明，伏希圣鉴。谨奏。

（录自《沈曾植书信集》，中华书局 2021 年版，第 283 页）

---

① 原稿附于沈曾植辛丑年十月一日致盛宣怀信后，日期据许全胜考订。

盛宣怀《南洋公学推广翻辑政书折》
（光绪二十七年十二月）

（1902 年 1 月）

奏为南洋公学推广翻辑政治法律诸书，敬陈纲要大端，恭折仰祈圣鉴事。窃臣于本年六月十四日奏陈《南洋公学推广翻译事宜》一折，七月十二日奉朱批：即着推广翻辑。钦此。钦遵在案。命下以来，诹访通材，博求善本，数月之间，略知端绪。盖近日东西人士观光中夏者，靡不以兴学为自强之急图，而译书尤为兴学之基址。专门之书与普通之书异，小学校、中学校之书与大学校书异，私家著述、教门传习之书与文部所定学校所用之书又异，且各国风尚不同，习其学者莫不自尊其说。择焉不察，流弊滋多。故论译书，则天算、制造较政治、史学为难，论选书则政治、史学较天算、制造为难。昔年官译诸书只有同文馆所译《法国律例》，制造局所译《佐治刍言》数小种，余皆不及政治，盖不敢率尔操觚，其难其慎，良有故矣。现在举行新政，凡学校、科举、军政、财政诸大端，钦奉明诏"一皆参酌中西以议施行"，则凡有关乎学校、科举、理财、练兵之政治、法律诸事均待取资，势不容以再缓。臣所办公学译书院经费无多，规模诚未能尽量扩充，办法则不敢不悉心斟酌。敬陈纲要凡有四端。

其一曰先章程而后议论。自昔臣工条奏阙于办法，往往难见施行。江鄂会奏所谓"考求西政者，不过粗知大略，不能详举其章，诚学者之通病"。其故由政令无可考之书，而议论之传自教会报章者，断烂不完，且不免郢书燕说，莠言笃论糅杂难分，无所据以正之。竞腾口说，嚣凌弥甚。臣痛心兹事历有岁年，现拟先译日本法规以启其端，其书皆取则于泰西，一年一修，皆彼身体力行，损益去取而后定。倘中国再能随时损益去取，积以岁时，可期详备。

其二曰审流别而定宗旨。泰西政俗流别不同，有君主专制之政治，有君主宪法之政治，有民权共和之政治，有民权专制之政治。美民主而共和，法民主而专制，其法律议论判然与中夏殊风。英之宪法略近尊严，顾国体亦与我不同。惟德意志自毕士马以来，尊崇帝国，裁损民权，画然有整齐严肃之风。日本法之，以成明治二十年以后之政绩。俄虽号君主专制之国，其法律多效自法人，制度与国体参差，故邦本杌陧而世有内乱，不若日德之巩固也。较量国体，惟德日与我相同，亦惟德日之法于我适宜而可用。臣尝谓欲求详备，必博选通达古今之士游历德国，逐事咨询，仍于各省多设德文学堂，广译德书而后斟酌损益，可以万全而无弊。今兹公学力有未能，姑就东文之翻自德文者译之，得尺得寸，为旱年一溉之计，他年经费可筹，尚思授德文而传德学。格致、制造则取法于英美，政治、法律则取法于日德。偻偻微忱，实在于此，惟圣明鉴察而指示之。

其三曰正文字以一耳目。自古为政必正名，《周礼》"行人谕书名，外史达书名"，郑氏皆释以文字。王天下有三重，同文而后得同伦，此我世宗宪皇帝所以定《同文韵统》以治黄教，高宗纯皇帝所以修《西域同文志》以靖四部者也。课学必以译本，译本要在同文。昔时译署翻书，人、地、国名皆取准于《瀛寰志略》，与官文书一例，视而可识，鞮寄无歧。后来化学书亦有定名，便于读者，良非浅鲜。而近来私译名字纷拿，官译为其所淆，亦复不能自守。西班、匈牙国有数译，维多、威廉人有数名，读者方审音测字之不遑，何暇研究事理？印度以语言杂而致纷争，埃及以文字杂而致危殆，中国语言文字幸为薄海同风，无故自乱其例，横生障碍何为乎。臣今所译科学书夥多，不敢不致慎于斯。除随文勘整外，其人、地、国名，品汇名物，仿古人《一切经音义》翻译名义集之例，别为名义附诸卷后。尚思取西文字典分类译之，以期诸学浅深纲要，开卷了然，专门者借以溯洄，涉猎者亦可预知门径。

其四曰选课本以便教育。中学博而寡要，在于成人以后，不在蒙养之初。其不适当世之用者，由于科学之课程不具，非由经籍之义理太深也。教西学者于格化识其精蕴，于政法观其会通，其得力在象勺之年。至于髫龀之初，苟无小学、《孝经》、四书预固其根基，成人以后，放僻邪侈，流极不知何底。近日学堂新论，不知谋学课于成人之后，而务凿童真于蒙养之初，拾西土之唾余，谓中国文法太深，谓四书朱注无用。于西学未有入门发轫之功，而于中学已启拔本塞源之弊，群盲相引，实骇听闻。臣今所译，为学堂计，以外国寻常小学校、高等小学校课本，备将来各省小学堂之用；以外国寻常中学校、高等中学教课本，备将来各省中学校之用。专取其文部所定教员所授之本，呫闻杂学，概不兼收。以西学佐子史之旁通，不敢以俗说代经文之正本。学生在学，自十二岁至于二十五岁，日月方长，但令西学课本条理秩然，尽足备当世之取材，亦不忧无暇日以毕经书之业，不必遽求速化，转滋流弊也。凡兹诸事，在外国皆文部所裁定，他时京师大学堂自当有颁行规则。臣拮据措办，局在海堧，就现有经费，为一家体例，思虑所及，粗立体裁，亦不敢自谓所见不差。尚望圣明饬下政务处及京师大学堂，速立学堂课本章程，早日通行，俾海内有所准则，以免纷纭驳杂之病。埃及学校四千，学生二十万，废国文而借英、法、德文为课程，比有事曾不得一人之用。英、德诸国学业之兴，并由译拉丁书为本国文字，而后罗马诸学之精微，学者得以用力少，程功多，名家辈出，超轶前代。然则变法之端在兴学，兴学之要在译书。举天下学者而变之，其中反复推迁，十年中尚不知有几何变态。东西各国，成事炳然。要之发虑造端，宜规久远，决不可误于流俗浅躁急切之言。图大于其细，慎终于其始，风俗人心，关系在此。所有南洋公学推广翻辑政书，敬陈纲要大端，恭折具奏，伏乞皇太后、皇上圣鉴训示。谨奏。

本月二十七日奉朱批：着政务处、大学堂复议。钦此。

（录自《愚斋存稿》第 6 卷，第 15—19 页）

盛宣怀为继续责成张元济管理
译书院事致汪凤藻照会 [①]

（1902 年 3 月 12 日）

钦差大臣、会办商务、太子少保、头品顶戴、工部左堂盛，为照会事：照得南洋公学译书院事宜，前经奏派刑部郎中沈曾植、翰林院编修费念慈办理。嗣因沈郎中奉外务部奏调回京，费编修亦因事赴苏，未能常川驻院，额支各款比较从前诸多靡费。自本月起，所有译书一切事宜，仍应责成张主事元济专心管理，并随时与公学总办汪编修会同考订，务绝虚靡。除应张主事元济遵照办理外，合行照会贵总办烦为查照。须至照会者。

右照会

总办南洋公学、翰林院编修汪

光绪二十八年二月初三日

（录自西安交通大学档案馆藏档案）

---

① 标题为编者所添加。原件右下角有张元济批注：二月初五日到。

144

汪凤藻为将吕海寰代购商务各书移送译书院事致张元济移文

（1902 年 3 月 17 日）

为移会事：光绪二十八年二月初五日准钦差商务大臣盛照会，内开：案准钦差出使德国大臣吕咨开，照得本大臣前准贵大臣函称，顷蒙恩命，俾赞商曹。此次议款，包举洪纤，极束缚驱骤之力。吾华惩前毖后，非标本兼治，无以自立于大陆。而商务一端，尤属富强关链，此中国二千年未举之职，一切设施必须取法于外，仰祈台端查取各国商部制度、章程及商律全书、商学章程，迅赐出寄等因。本大臣当饬委购善本，装箱寄呈，计大小书籍共三十一本，开单咨请贵大臣查收。至代垫书价等三百二十七马八十分，应请如数拨还，以清款目，实为公便。为此备文咨送，即希查照办理可也。计粘清单一纸，外洋书乙箱等因。准此，正核办间，又准吕大臣咨开，本大臣现将交卸，所有前项书价及运保等费银两，系由使馆经费项下代垫。本大臣已备文移交新任荫大臣，俟贵大臣拨还时，归入经费项下列收，以重公款等因。除将前项书籍三十一本照单点收，存备参考，并将前项垫款共计德银三百式十柒马八十分如数解还暨咨复外，合行抄单照会贵总办，烦为查照，并转行译书院知照施行等因前来。相应抄单移请贵管理，烦为查照施行。须至移者。

计粘抄单

右移

管理译书院事张

光绪二十八年二月初八日

总办汪

（录自西安交通大学档案馆藏档案）

汪凤藻为将译印续成各书咨送
政务处事致张元济移文

（1902 年 3 月 26 日）

为移会事：光绪二十八年二月十六日准会办商务大臣盛照会，内开：承准政务处咨开，案准贵大臣咨开，准南洋大臣刘转咨南洋公学所译东西洋各书，请每种各检二部，咨送政务处等因。今据先将译成兵政、教案、商务各书十四种，各检一部，共计装成二套，备文咨送前来。除已由本处验收外，嗣后译印续成各书，仍烦随时咨送本处，以备稽考。为此咨请查照施行可也等因。承准此，合行照会贵总办移知译书院，一并查照等因前来，相应移请贵管理查照施行。须至移者。

右移

管理译书院事张

光绪二十八年二月十七日

总办汪

（录自西安交通大学档案馆藏档案）

盛宣怀为译书院经费撙节事致汪凤藻照会

（1902 年 5 月 7 日）

钦差大臣、会办商务、太子少保、头品顶戴、工部左堂盛，为照会事：据南洋译书院总办张主事呈拟译书院撙节办法，其说帖内开，"……（按，引号内全文引录张元济《译书院撙节办法》，此处从略）"等情前来。查该院去年九月以前经费约支二百五十两，十月以后加至七百余两之多，一年统计即须局费八千数百两，断无此办法。今照所拟仅减二百五十两，则每年尚须局费五千数百两，已逾额拨经费一万两之半。且据所称，分校多系生手，尚应添聘略知东文、兼通新学者二三名，方能剋日藏事。应即责成张主事，即将生手全行辞退，并在东文学堂挑选数人，以资得力。公费似只可以四百两为限。张主事来函首先请减薪水四十两，实属廉洁自持，姑当暂如所请，惟纸张、油烛等费必应开支，不可过于矫情。《原富》准先铸板，另行查照制造局成案，札饬道县认真严禁翻印。《法规大全》深虑翻译不精，转贻笑柄，务望张主事会商东文学堂罗总办，赶紧设法派人核对，以期妥帖。所需经费六七千两，即以前三年用剩之款相抵，应准照办。除行译书院张主事遵办外，合行抄折，照会贵总办，请烦查照施行。须至照会者。

计粘抄折

右照会

总办南洋公学、翰林院编修汪

光绪二十八年三月三十日

（录自上海交通大学档案馆藏档案）

盛宣怀为南洋公学译书院译成政治书籍送江宁课吏馆事致汪凤藻照会

（1902 年 6 月 13 日）

钦差大臣、会办商务、太子少保、头品顶戴、工部左堂盛，为照会事：据江宁课吏馆呈称，窃照江宁省垣设立课吏馆，考核人才，业于三月初二日开馆，由两江督宪奏咨在案。所有馆中应备各项书籍，议由译书、官书各局拨发进馆存储，以便应课各员随时披阅。相应备文呈请，伏候宪台鉴核俯赐，将南洋公学内译成东西洋有关政治书籍各检一部，速交便员带至江宁课吏馆存储备用，实为公便等情。据此合行照会贵总办，请烦查照办理。须至照会者。

右照会

总办南洋公学、翰林院编修汪

光绪二十八年五月初八日

（录自西安交通大学档案馆所藏档案）

南洋公学为移请查究翻印《蒙学课本》
事致上海县正堂移文

（1902 年 7 月 13 日）

为移请严究翻印事：照得南洋公学于光绪二十四年奏准设立译书院，六月二十三日经前江海关道蔡出示严禁翻刻。去年江南书局刘善夫翻印《原富》及《蒙学课本》初、二编，曾经前总理沈部郎移请严究各在案。查本公学筹集巨款，聘请华洋译员译成各种有用新书，平价发售，专为嘉惠士林，广开风气起见。若任坊间翻刻，不独有关经费，且鲁鱼亥豕，亦于公学声名有碍。兹查四马路古香阁、望平街文富楼、画锦里正记书庄及理文轩、棋盘街宏章书局及广益书局、小东门内四牌楼文润堂书坊等，翻印《蒙学课本》初、二、三编，仿照公学字样，朦胧销售，实属违禁作奸，意图影射。复据该书庄等口称，存书甚多，销路颇广。当将翻印凭据指出，向各书庄追查来原。始则言语支吾，不肯承认，迨研诘再四，始称由大东门外直街中市文池堂书坊，及泥城桥墨润堂书坊两处批售。查该书庄等通连一气，任意翻刻，已属可恶，而墨润堂及文池堂所售《蒙学课本》初、二、三编，胆敢私镌木板，据为己有，尤属理所难容。兹将文池堂发票一纸，及各书庄翻印《蒙学课本》初、二、三编各一部，检同移请贵县查照，请烦一并差提严究翻印根原，勒缴私镌印板，剋日销毁，以示惩儆而重板权，无任祷切。须至移者。

　　计粘文池堂书坊发票一纸，翻印《蒙学课本》初、二、三编各一部。

　　右移

　　上海县正堂汪

　　光绪二十八年六月初九日移

（录自西安交通大学档案馆所藏档案）

汪凤藻为派雷奋等三人至译书院译书事致张元济札

（1902 年 8 月 19 日）

　　为移送事：案奉督办大臣盛函开，兹有东洋学成回国学生雷奋、杨荫杭、杨廷栋三名，拟派在译书院译书。应请会同张总校验明中、东文学，酌定每月薪水若干。本公学资遣该生等出洋，所费不赀，学成回华，自应尽先留用，以资造就。此次派令译书，学业浅深正可借此自见。务请传谕该生等认真编译，毋负所期，是为至盼等因。

　　查该生雷奋等三人前来公学谒见时，业将日本专科学校所给政治、理财科卒业文凭呈验明晰，自足为学成之据。除钞函饬知该生等，即日前赴译书院谒见贵总校，认真任事外，相应备文移送，并请酌定每月薪水若干，迅赐见复，仍一面呈报督办查核可也。为此合移，须至移者。

　　右移

　　管理译书院事务兼总校张

　　光绪二十八年七月十六日

　　总办汪

（录自西安交通大学档案馆藏档案）

盛宣怀为将译书院所译各书酌量免备价送江南省高等学堂事致汪凤藻照会

（1902 年 8 月 20 日）

钦差大臣、会办商务、太子少保、头品顶戴、工部左堂盛，为照会事：据江南派办处司道详称，据江南省高等学堂提调案呈，"窃前奉督宪札，本年五月初五日奏，奉谕旨建立江南省各学堂。查江南省高等学堂为苏皖学校总汇之区，现建藏书楼一所，荟萃中西书籍并各种图册，以供苏皖士子流览，俾期获益。除江苏以外各省另行购办外，伏查宪台奏办南洋公学堂所译东西文书籍甚多，应请调作江南省学堂之用，相应具文详请，仰祈宪台鉴核俯赐札饬南洋公学，即将所译书籍委解江南省高等学堂查收应用。仍俟续译有书，随后再请赐解，并乞宪台俯念本学堂系全省士子肄业开办，经费极形支绌，应请免再备价，实为公便"等情。据此，除批示外，相应照会贵总办，请烦查照转饬译书院，酌量拨给施行。须至照会者。

右照会

总办南洋公学、翰林院编修汪

光绪二十八年七月十七日

（录自西安交通大学档案馆档案）

汪凤藻为将译书院所译书籍
送江南省高等学堂事致张元济移文

（1902 年 8 月 21 日）

　　为移会事：案奉督办大臣盛照会，内开"据江南派办处司道详称，据江南省高等学堂提调案呈，窃前奉督宪札，本年五月初五日奏，奉谕旨建立江南省各学堂。查江南省高等学堂为苏皖学校总汇之区，现建藏书楼一所，荟萃中西书籍并各种图册，以供苏皖士子流览，俾期获益。除江苏以外各省另行购办外，伏查宪台奏办南洋公学堂所译东西文书籍甚多，应请调作江南省学堂之用，相应具文详请，仰祈宪台鉴核俯赐札饬南洋公学堂，即将所译书籍委解江南省高等学堂查收应用。仍俟续译有书，随后再请赐解，并乞宪台俯念本学堂系全省士子肄业开办，经费极形支绌，应请免再备价，实为公便"等情。据此，除批示外，相应照会贵总办，请烦查照转行译书院，酌量拨给施行等因前来。相应备文移会贵总校，请将译书院所译东西书籍各检一部汇送本公学，以便转呈督办，委解江南省高等学堂查收应用，望切施行。须至移者。

　　右移

　　管理译书院事务兼总校张

　　光绪二十八年七月十八日

　　总办汪

（录自西安交通大学档案馆藏档案）

盛宣怀《南洋公学历年办理情形折》
（摘录）

（1902 年 10 月 18 日）

（按，前文叙述公学所设之目凡八，即有上院、中院、师范班、蒙学堂、特班，译书院为第六项）其附属公学者，曰译书院，专译东西国政治、教育诸书，以应时需及课本之用；曰东文学堂，考选成学高才之士专习东文，讲授高等普通科学以备译才；曰商务学堂，当以中院卒业学生递年升入，并招考外生，另延教习，分门教授，以备将来榷税兴商之用。

（录自《愚斋存稿》第 8 卷，第 31—32 页）

袁树勋示谕禁止翻刻书籍事

（1903 年 6 月 21 日）

　　钦命二品顶戴、江南分巡苏松太兵备道袁，为给示谕禁事：据南洋公学售书处职员江绍墀禀称，"窃维南洋公学奉太子少保、前工部左侍郎盛奏设译书院，于兹数年所有翻译东西图书，考订详明，校印精美，出书既多，用款尤巨，平价出售，海内风行。现在计有铸版、摆版、石印及已译待印诸书共六十余种。从前虽经存案，诚恐书贾射利，故智复萌，妄行翻印，贻误非浅。为此禀请批准立案，出示严禁，凡译书院译印官书均不许他人翻刻，以符奏案而保版权，并恳分行上海县、租界委员一体出示，并照会驻沪领袖总领事立案，嗣后一经查出翻印情弊，即指名呈控，照例从严罚办"等情，并粘书目清单到道。据此，除分行县廨暨函致租界领袖领事一体立案外，合行给示谕禁，为此示仰书贾人等一体知悉，毋得将该书院立案各种书籍翻刻渔利，致干查究。切切，特示。

　　计开书目

斯密亚丹原富甲乙丙丁戊	八本	英国文明史甲乙丙丁戊	五本
英国财政志上中下	三本	计学评议	二本
亚东贸易地理	四本	商业务实志	四本
欧洲商业史	五本	日本矿业条例注释	一本
万国通商史	一本	政群源流考	一本
英国枢政志	一本	支那教案论	一本

格致读本一二三四	四本	日本军政要略	二本
战术学	四本	美国陆军制	一本
陆军学校章程汇编	四本	陆军教育摘要	二本
日本宪兵制	一本	军队内务书	一本
日本军队给与法	一本	作战粮食给养法	一本
野外要务令	四本	步兵操典	二本
步兵各个教练书	二本	步兵部队教练书	一本
步兵战斗教练书	二本	步兵射击教范	一本
步兵工作教范	一本	步兵斥侯论	一本
步兵斥侯答问	一本	蒙学初二三编	三本
心算教授法	一本	中等格致课本初编 二编三编四编	八本
本国中等地理 教科书上中下	三本	物算笔算教科书	四本
西比利亚铁路考	一本	万国地理教科书	一本
习字范本初编二编 三编四编	四本	小学图画范本	四本
大本蒙学课本	一本	法规大全	一百二十本
科学教育学讲义	三本	社会统计学	七本
欧洲各国水陆商政比例通议	三本	化学	十一本
代数设问	七本	欧洲全史	四本
日本近政史	四本	五洲地志	六本
商业提要	四本	商业博物志	六本
英国会典考	一本	几何	三本

光绪二十九年五月念陆日示

（原载《原富》，南洋公学译书院光绪二十九年版，上海图书馆藏）

吕海寰《新译日本法规大全》序

（1907 年 1 月）

三代以降，质文递变，因革损益，彰彰载籍尚已。后世儒者搜讨掌故，汇为成书，或详具一代宪章，或累述列朝创作，各有义例，不相沿袭。贤者识大，固古谊也。我朝治典超越隆古，行政大要具在官书，罔弗赅括。近数十年海禁大开，环球列邦犄角争胜，弛张因应，咸求协宜。学士大夫，远谋匡济，改弦更调，不惮亟举。比奉明诏，宣布立宪，海内喁喁，引望更化。顾惟导师实在东邻，种文胥同，灌输易入，承学之子相与采译。虽冀棣通，罕遘巨制，或侈泛览，无当宏恉否，又局促语焉不详。固由罗采维艰，抑亦编辑未审。海盐张菊生部郎并世通才，学界巨擘。辛壬之间，管理南洋公学，曾取日本全国之法律、规则，命令编译成书，近复修校，粲然大备，亟为印行，以饷当世。书来索序，不获固辞。海寰自惟迂阔，无补于时，惟深佩部郎用力精专，锲而不舍，将用表襮适应朝旨，蔚为巨观，毋亦天时、人事息然相感，识大之谊，固犹不足以括之也。

光绪丙午嘉平[①]吕海寰书于沪上

（原载南洋公学洋书院译：《新译日本法规大全》，商务印书馆光绪三十三年正月初版）

---

① "嘉平"为腊月，光绪丙午腊月，即 1907 年 1 月。

盛宣怀《新译日本法规大全》序

（1907 年 1 月）

　　吾国变法之议，胚胎于甲午，萌蘖于戊戌，发表于辛丑，履行于丙午。朝野上下孜孜焉，喁喁焉，其机沛然，莫之能御，盖时为之也。夫法不徒变，首在得人；法不自变，尤在得师。舍旧而图新，去害而兴利，审己所短而用人所长。师乎师乎，宜莫吾东邻若矣。宣怀曩督南洋公学时，奏设译书院，以张君元济董其事，即创译是书，附片上闻，以供朝廷取裁，士民研究，阴为变法之预备。成书什八，铅椠中辍。忽忽数载，重惜斯业之未竟，方就张君谋赓续，而君已毅然引为己任，延订专家，分门纂辑，计竭二稘之力，糜巨万之款，恭逢今岁八月预备立宪，纶音涣汗，而是书适成。宣怀受而读之，见夫宪法、官制、财政、教育、武备、巡警、农商、工艺诸大端，沿革举废，灿焉毕陈，美矣备矣。求之于古，则周官三百六十属之支流；征之于今，则吾国圣训、会典、则例诸宏编之参考书也。张君此举，其饷遗于政界、学界甚伟。顾以造端之功，归美下走，深维谫陋，曷敢觍居，特以绸缪于先，取资于近，愚虑一得，揆诸明诏"预备"二字之义，窃自幸其早有合也。抑宣怀更有说焉，法者器也，规之矩之、绳之削之，俾适于用者人也。日本变法三十载，日新月异而岁不同，辑是书者，即随时以为增损。今吾国风气丕变，海内翕然，引领宪政，顾不深究乎。幅员广狭，民俗文野之殊，而但手此一编，嚣然曰变法变法，是第知锦绣之可以章身，而不知黼黻文章之各有用也。张君例言谓，将踵译是书，间岁一出，可谓笃雅有恒君子矣。而所以规之矩之、绳之削之，用法而不为法缚之故，神而明之，化而裁之，讵独无望于执政诸公也哉。宣怀老且病，因张君之请，不敢却也。辄举斯旨，以弁诸首。

光绪三十二年十二月武进盛宣怀

（原载《新译日本法规大全》，商务印书馆光绪三十三年正月初版）

交通大学五十三周年校庆节庆典
邀请函一则

（1949 年 3 月 28 日）

文别　笺函　　　　送达机关　茅唐臣[①]　张元济　吴有训

事由　为本校举行五十三周校庆纪念，函请莅临致词、演讲由

中华民国卅八年三月廿八日

（卅八）秘字第三五九号

笺函　敬启者，查四月八日为本校成立五十三周校庆节，兹订于是日上午九时半在本校文治堂举行纪念仪式，届时拟请台端莅临致词、演讲，以隆典礼，无任感企。

此致

茅唐臣先生

张元济先生　吴有训先生

谨启

（录自上海交通大学档案馆藏档案）

---

① 茅唐臣，即茅以升（1896—1989），江苏镇江人，著名桥梁专家，中国科学院学部委员（院士）。1916 年毕业于交通部唐山工业专门学校（今西南交通大学）。

第四编

张元济友朋往来信札

严复（1854—1921），字又陵、几道，福建侯官人。近代思想家、翻译家。张元济与严复 1897 年结识于天津，此后两人过从密切。

严复致张元济（十四通）①

一

菊老吾兄大人有道：近者叠接十三、十八两日尊缄，承起居安隐，潭祉吉祥，无任慰系。国论变更以还，士之有心救时者，大都蔽以党字，束置高阁。上之用人既已如是，则下之求友亦将以是为决择，故其甚者至欲寻一啖饭之馆而犹难之。岁月悠悠，真不知何以自了也。十八书谓，南洋公学将有译书之局，俾公得安研其间，不觉为之狂喜。大者则谓译书为当今第一急务，喜提倡之有人；小者则为吾兄庆一枝之借，取过目前，且不至销耗精神于无用之地也。

承示欲印宓克《教案论》，甚善！甚善！此书前经合肥饬译，敝处之稿，不记何人借去。书衡比部既有抄本，正好付印。但此书尚是一人一时见解，不比他种正经西学，其体例不尊，只宜印作小书，取便流传足矣。尊恉谓书式欲与鄂刻《天演论》一律，此自无可无不可。盖后书亦不过赫胥黎氏绪论之一编，并非《天演》正学，且所刻入卢氏《慎始基斋丛书》作为一种，我们固不必墨守其式也。

复自客秋以来，仰观天时，俯察人事，但觉一无可为。然终谓民智不开，则守旧维新两无一可。即使朝廷今日不行一事，抑所为皆非，但令在野之人与夫后生英俊洞识中西实情者日多一日，则炎黄种

---

① 上海图书馆现藏严复致张元济信 19 通。本书选辑其中 14 通，涉及严复对张元济所询译书事务，包括选书、聘请译员、译员工作量及报酬等的回复，于南洋公学译书院出版严复译《原富》的过程，有详细叙述。

类未必遽至沦胥，即不幸暂被羁縻，亦将有复苏之一日也。所以屏弃万缘，惟以译书自课。自奉别以后，新稿渐复盈指，此则仰足告慰者耳。月之望夜，东邻不戒于火，弟适在局，举家雌弱几被六丁取去。幸亲友扑救者多，昨于乱书检出，差喜瓦全，不然数载苦心，一炬尽矣！居室半毁，不堪更住，刻已移住海大道德源里新居。点检书丛，遗失损坏者不少。弟运气衰败，可想见矣。

来教命作序文，以心绪恶劣，不堪着笔，乞少辽缓之。如急切要用，请以此书呈盛廷尉，请其赐我一篇，有光拙作定当不少。不揣雅意以为何如？别纸所询数事，亦容迟十余日奉上。但弟有所密商者，则弟灰心仕进，颇有南飞之思，欲一志译书，又以听鼓应官期会簿书累我。是以居平自忖，谓南中倘得知我之人，月以一洋人之薪待我，则此后正可不问他事，专心译书以饷一世人。弟于此事，实有可以自信之处。且彼中尽备数部要书，非仆为之可决，三十年中无人为此者；纵令勉强而为，亦未必能得其精义也。今南学中既已有意欲开此局，此诚莫大盛举，兄何不为我一探盛廷尉口风？如能月以四百金见饷，则仆可扫弃一切，专以译事为生事矣。四百金看似骇人，然银价日微，不过往者之三百。而中国延请外人，动费千金月俸，其能事岂遽在复上耶？此非贪得，盖不如是，不能捐置一切也。盛廷尉有心人，似尚可撼，兄试为我谋之。此事果成，不但廷尉之费不至虚掷，即复亦不至虚生也。成人之美，非兄而谁？手此。草颂撰祺。

仲宣诸兄同此致候。

弟复顿首

（1899 年 3 月 29 日至 4 月 5 日间）①

（录自《上海图书馆藏张元济往来信札》第 12 册，第 249—255 页）

---

① 信原未署日期。张元济主持南洋公学译书院始自 1899 年（己亥）三四月间。此信及后信均提及二月十八日（1899 年 3 月 29 日）张致严信，又称"别纸所询数事，亦容迟十余日奉上"，第二通信书于"二月廿五日"（1899 年 4 月 5 日），故此信书于两日期之间。

二

二月十八日手示中所询各条，谨依次详答如左，以备采择。

一云拟延上等英文译员一人，专译书，不理他事，每日六钟能译几何？月脩须若干两？

答：目下学习洋文人几于车载斗量，然其发愿皆以便于谋生起见，其为考索学问、政治而后肆力于此者，殆不经见。粤中便家及新加坡、檀香山等处富人，多送子弟往英美各国学堂肄业者，顾其人于中国文字往往仅识之无，招充译手，纵学问致高，亦与用一西人等耳。所以洋务风气宏开，而译才则至为寥落。公办此事久将自知而信复言之不妄也。复所知者，亦不能尽一手之指，而皆有差事，月入或二百余金，或百余金不等，使之为译自不能下于此数矣。且此事须得深湛恬憺、无外慕人为之，彼以此事为乐，为安心立命不朽之业，其所译自然不苟，而可以垂久行远，读者易知，学者不误。若徒取塞责了帐，则每日所译虽多，于事依然无益也。大抵所译之多寡，亦看原书之深浅，其理解之与中国远近，易者六钟千余言不为多，难者数百言不为少。而其中商量斟酌，前后关照，以求其理之易通、人人之共喻，则又不在此论矣。总之，欲得善译，可以岁月课功，断难以时日勒限。复近者以译自课，岂不欲旦暮奏功，而无如步步如上水船，用尽气力，不离旧处，遇理解奥衍之处，非三易稿殆不可读。而书出以示同辈，尚以艰深为言，设其轻心掉之，真无一字懂得矣。呜呼！此真可与知者道，难与不知者言也。复今者勤苦译书，羌无所为，不过闵同国之人，于新理过于蒙昧，发愿立誓，勉而为之。见所译者乃亚丹斯密理财书，为之一年有余，中间多以他事间之，故尚未尽其半。若不如此，则一年可以蒇事，近立限年内必要完工，不知能天从人愿否？此书卒后，当取篇幅稍短而有大关系如柏捷《格致治平相关论》、斯宾塞《劝学篇》等为之；然后再取大书，如《穆勒名学》、斯宾塞

《天演第一义海》诸书为译。极知力微道远，生事夺其时日，然使前数书得转汉文，仆死不朽矣。此事非扫弃一切，真做不成也。

一问门类以政治、法律、理财、商务为断，选书最难，有何善策？

答：古人开局译经，所从事者不过一二部，故义法谨严，足垂远久。今察我公之意，似未免看得此事太易。然亦问所译何等，若仅取小书，如复前译《天演论》之类，固亦无难，但名作如林，稍难决择。今欲选译，只得取最为出名众著之编，盖亦不少矣。若译大部政法要书，则一部须十余年者有之。斯宾塞《群学》乃毕生精力之所聚，设欲取译，至少亦须十年，且非名手不办。公法书作者如林，非移译四五种，则一先生之说不足以持其平。理财一学，近今学者以微积曲线阐发其理，故极奥妙难译。至于商务，大者固即在理财之中，未尝另起炉鞴也。总之，前数项固属专家之学，然译手非于西国普通诸学经历一番，往往不知书中语为何，已先昏昏，安能使人昭昭？无是理也。又或强作解事，如前者次亮诸公之译富国策，则非徒无益，且有害矣。选书固无难事，公如访我，尚能开列一单也。

一问拟先译专门字典。

答：此事甚难，事烦而益寡。盖字典义取赅备，故其中多冷字，译之何益？鄙见不如随译随定，定后另列一表，以后通用，以期一律。近闻横滨设一译会，有人牵复入社，谓此后正名定义，皆当大众熟商，定后公用，不得错杂歧异，此亦一良法也。

一问选定书籍，发人包译，以复为总校。

答：包译事诚简捷，总校复亦愿当。但译事艰深，至于政法、理财，尤为难得好手。遇其善，则斠者逸；遇其不善，则斠者劳。此事前因《国闻报》馆曾将原文西报分与此地学生、教习等翻译，而其中须重行删改者十人而七八，诚如是，则总校难矣。此局既立之后，书有定价，非优则好手不来（以其皆有事干而不耐烦之故）。优则鱼目混珠，或始佳终劣。其志既在得财，其书自难精审，此最为可虑者也。

一问包译如何办法，如何给费？命复举所知译人。

答：如包译，自将应译之书开列一单，注明各部价目，分给能译之人，令其自行认译，所成之稿，随时送阅，俟书成后给价。但前海军章程有此一条，且许从优照异常劳绩保举。然乃从无应者，盖东耕勤而西收远，人情所不歆；又一时译才希少，舌人声价甚高，略学三五年小儿，到处皆可得数十金之馆，一也。所学皆酬应言语文字，一遇高文，满纸皆不识之字，虽遍翻字典，注明字义，而词意不能贯属，二也。且译事至难，而门外汉多易视之，无赫赫之名，而所偿终不足以酬其勤，三也。此所以三十年来译书至少，即有一二，皆不足存，而与原书往往缪戾。前者上海、京师所译，除算学外，其余多用西人口传而中士手受，虽慰情胜无，而皆难语上乘矣。至于鄙人所知译手，则有罗稷臣（英文）、伍昭扆（英文）、陈敬如（德文）、魏季渚（法文）。前罗、伍两公，凡书皆可译，而汉文亦通达；陈文字稍拖沓，魏稍拙滞。至于次等译手，北地可觅四五人，不能多也。复闻见孤陋，南中海上人才渊薮，或有复所不识者，公自物色之。然自前岁报馆宏开以来，其中多登译稿，所言不外时事，乃最易译者，然就仆所见，惟佳者寥寥，以此为书，不足垂久矣。

以上就公所垂询者作答，恐不能悉当尊恉，然以复所见实是如此，无如何也。设使复专办此局，则作法固将与公不同，大抵仿照晋唐人译佛经办法，兼通中西文字者，必将精选，固不在多，即使但得一二人亦可兴办。外则润文通品，如郑苏龛、吴挚甫者，须倍前者之数；而以精通西学之人副之，聚于一堂，不得散处，以资讨论。通西学者或口译，或笔译，能佳固妙，即不然，能达原书深意，不译本文，是为至要；然后徐加讨润，而以兼通者达两家之邮，设有违误，自然可以批驳。当其译也，不过两种，一短一长，为义取相近，可以互见，而勤以将事，自然不日成书矣。夫译书并非易事，果能年出大书一部，以饷士林，俾学者得所浏览思议（果其用功如是，已足），其有益亦非少矣。复之意在于求精求快，且一书发刻，必不谬而可传，一行贪多，便无可录者矣。不审公意以为何如？果其如是，则经费亦不在多，年有万余金，即资兴办。但求才既精，则薪赡不得不优，务使精神志虑专用于斯，而无他事之或间。且书成列名简编，其人不朽之业亦即在此，后日大名亦即在此，必不苟如斯夫而后有其可传，而无误人之作也。复前书有与公密商之事，惜即同此。通盘筹划，必如是而后有功，非敢贪也。

总之，译才难得，公所深知。南洋公学有心为此，如必得佳书，非用复之言，殆不能至。若徒骛其名，以多为贵，则前者制造局自有章程可以仿照，不必他求也。觊缕布答，无当高明，伏惟亮察。此颂。鞠生老兄大人时安。

弟严复顿首

（己亥）二月廿五日（1899 年 4 月 5 日）

（录自《上海图书馆藏张元济往来信札》第 12 册，第 256—275 页）

三

鞠公有道：前月杪坚中道津见访，承南中起居万福，欣慰欣慰。九日杨渭春来，带到手教及枇杷四筐。琐屑小事，前恃爱末，辄以奉浼，而公费为清神如此，罪过。译事自寓居失火，时时作辍，力微道远，未知何日脱稿也。坚仲、中宣二君皆锐意于西学，天不假缘，致使担［耽］误时日，鄙所深惜者。渠昨过津，弟因为言此间颇欲添附译馆，设译员及润文、誊写、总校、总纂约十数人，此事若成，则夏、赵二子皆可分占一席，借此兼习西学，法至善也。昨晤寿帅，先陈明大旨，而帅则谓月费七八百金，恐经费之难出，云俟汪君牧出京后细商筹法。为此迟迟。数日前，坚仲亦有信询及此节，弟尚无以应之也。总之，坚、宣二公无论何时来津，若专为西学起见，则随时皆可位置，不过于学堂中腾出两间房子，饬君潜、昭宸二弟照料讲解足矣。若兼谋馆地，则须看译局之成否。此实情也。汪穰老所送斯宾塞……（下缺）兄办此年余之后，必当深信吾言，瀹发民智，其事之难如此。近厦门英领事名嘉托玛者，新著一理财书，名《富国真理》，已译出，然欠佳，姑寄一部去。其原书名 *Simple Truth*，发在黄浦滩别发书坊售卖，可购观之。

穗卿选得祁门，尚不窘。昨地山有信来，索所寄藏洋书《天地球》等。此件阁寓中已久，经火散失，书仅余四十五本，《天地球》幸无恙。银子除付黑白报价外，尚余十零两，已尽交来弁带去矣。知念附布。

时事靡靡，无足谈者，瓜分之局已成，鱼烂之灾终至，我等俯首听天而已。新政以大学堂为鲁灵光，然观其所为，不亡亦仅耳。杨崇伊因去年前往芦台看操，不知会荣相，荣公嗛之，以是不得升转，闻近杨有揍合群不得志者，乘间隙与荣为难。风传杨倡连日之议（由庆邸以达东朝廷）。太后已与日人定有密约，以必得对山为质，已署诺矣，而荣不与知。此事果实，则都下不久将又有一番耸动也。枇杷价几何？度不在十元以下。津门如有所需，望以见告，使得为木桃之报，千万勿客气为恳。草草连纸，意致不佳，惟亮察。此颂著安。

中、宣统此致念。

弟严复顿首

（己亥）五月十一（1899年6月18日）

（录自《上海图书馆藏张元济往来信札》第12册，第276—283页）

四

鞠公足下：迩来连接二书，承兴居安燕，至慰至慰。地山于初二日至自京师，明日当赴唐沽絜眷东渡。采老始以候菀生勾留，今为菀约赴沪，亦拟明后日发轫。风流星散，相见之日动须五六年，而此别之后，世界不知作何变态。江文通以为黯然销魂，岂虚语哉？中宣明晨晋都，月半后乃偕坚仲来津附学，此大佳事，但不识能持久否？鸾飘凤泊，即暂得相聚，亦各惘惘也！弟暇时独以译书遣日，斯密《原富》已及半部，然已八九册，殆不下廿万余言也。刻已雇胥缮本，拟脱稿时令人重钞寄几下，但书多非可猝办耳。译局一节，上游尚所肯为，但要论部包译。包译有二弊：一潦草塞责，一名手价高，恐不乐出价。如《原富》一书，拟二千四百金，得无吓倒，故至今尚未成议也。余京津无甚新事，本日闻有人劾菀老，想定谣诼也。前密约一节，内里欲以此饴东人冀得通者，继知不能，亦罢论矣。《国闻报》有死灰复然之说，必不可信，大家作事尚须格外谨慎回避也。余禀当面罄，不复赘矣。不宣。

复顿首

（己亥）七月三日（1899 年 8 月 8 日）

（录自《上海图书馆藏张元济往来信札》第 12 册，第 284—287 页）

五

鞠老无恙：启者，前于穗卿处得读尊函，中言敝处译稿事，极感执事用情深挚。当时即托穗卿于复书中径达鄙怀，刻穗已南下，想晤时当已提及矣。愚意译书以上紧成书为第一义，果书已成，或鸠资自刻，或经售译局代印，均属易事。复匏系一官，家无儋石，果费二三年精力勉成一书，之后能以坐得数千金，于家事岂曰小补，则台端之意，复无不乐从者，固可决也。

目下亚丹斯密《原富》一书，脱稿者固已过半。盖其书共分五卷，前三卷说体，卷帙较短；后二卷说用，卷帙略长。弟今翻者，已到第四卷矣。拙稿潦草胡涂，现已倩人缮清。此人颇有字名，能作六朝北魏书，其功程稍罢缓，可恼，迟日拟与包写，当较快速。俟清出几卷后，再商南寄、先行分刻与否可耳。此书的系要书，留心时务、讲求经济者所不可不读。盖其中不仅于理财、法例及财富情状开山立学，且于银号、圜法及农工商诸政、西国成案多所征引，且欧亚互通以来一切商务情形皆多考列，后事之师，端在于此。又因其书所驳斥者多中吾国自古以来言利理财之家病痛，故复当日选译特取是书，非不知后来作者之愈精深完密也。近复于北洋亦有请开译局之事，经上游属令选书包译，弟为选书十数种，分理财、武备、公法、制造四门。《原富》一书估价三千两，限三年蒇事也。此事裕帅颇以为然，并蒙赞许所拟章程妥善，选书合宜。但不知主议之支应局于此事如何措意置辞耳。总之，复译课总不放松，局成亦译，不成亦译；有钱译，无钱亦译。想足下鉴此意也。

莞生北来，知潭第均佳，至为慰怀。渠下月当进都办到省也。复近来亦有不能郁郁久居此之意，颇拟季秋入京，于当道有所钻仰。时事之不可为，夫岂不知，止求聊适己事而已。京津稍复静谧，无新闻可道者。每次见《清议报》，令人意恶。梁卓如于已破之甑，尚复哓哓，真成无益。平心而论，中国时局果使不可挽回，未必非对山等之罪过也。轻举妄动，虑事不周，上负其君，下累其友，康梁辈虽喙三尺，未由解此十六字考注语，况杂以营私揽权之意，则其罪愈上通于天矣。闻近在东洋又与王小航辈不睦，前者穰卿，后则小航，如此人尚可与其共事耶？穗卿极袒对山，弟则自知有此人以来，未尝心是其所举动。自戊戌八月政变以后，所不欲多论者，以近于打落水鸡耳。

本日《国闻报》论说，刊者乃杭州驻防瓜尔佳氏上太后书，注云七月廿二呈刚钦差代奏，其中词语最足惊人，兄如未见，亟取观之。"中外时事，非杀贼某不可"，此所谓某者，不知所指何人，然观后文所列十款，似是当今首相，盖非首相，他人无节制南北水陆各军事也。书言其人强悍无识，敢无［为］不道，包藏祸心，乘间思逞；维新不可不杀，守旧更不可不杀。言语激烈，可谓至矣尽矣。然试平心覆观，其所指之人是否如此，则真未敢轻下断语也。以弟所闻，则不过此人与对山同日召见，在上前说过对山之不可用。人心不同，各如其面，此亦何足深恨。至后来八月十二入枢府以后之事，则祸机已熟，所有杀逐之事，岂可遂谓皆此人所为乎？王小航尝谓太后本顾惜名义，弟于此人亦云责人既过其实，则不但不足以服其心，且恐激成祸变。千古清流之祸，皆此持论不衷者成之，可浩叹也。《国闻报》将此种文字刊列，实属造孽，可怕可怕！弟年来绝口不谈国事，至于书札，尤所谨慎。今与吾兄遂有忍俊不禁之意，望阅毕即以付丙，不必更示他人，使祸根永绝为祷。此颂秋安。弟名心叩。

（己亥）八月廿日（1899 年 9 月 24 日）

（录自《上海图书馆藏张元济往来信札》第 12 册，第 288—299 页）

六

鞠生老兄有道：启者，九月八、九两日迭接惠械，备聆壹是。《原富》拙稿刻接译十数册，而于原书仅乃过半，工程罢缓如此。鄙人于翻书尚为敏捷者，此稿开译已近三年，而所得不过如是，则甚矣此道之难为也。承许以二千金购稿，感谢至不可言。伏惟译书原非计利，即使计利，而每册八十余金，亦为可沽之善价，岂有不欢喜承命之理耶？但刻下北洋亦有开设译局之事，制军责令各人包译，此部开列在前，估价乃三千二百两，其余尚有十余种，大抵分理财、公法、武备、制造四门，皆有价目年限。事已禀院月余，而交支应局妥议，尚未回复。拙稿在制军处翻阅，后来局议如何，制军批定何若，皆须十余日乃可揭晓，故于惠缄一时不能定议作答也。著作一道，珍之则海内之宝书，易之则一家之敝帚。虽高文典册，如杨云未遇知音，且覆酱瓿；不能如东坡所言，良玉精金市有定价也。支应局乃司出纳之有司，自然难免于吝，后来于鄙人所拟章程作何议法，正自难言。使其无意助我，只须"经费支绌"四字败之有余，而制军亦未见为我左袒也。

昨晤汪、杨二君，皆极口赞许笔墨之佳，然于书中妙义实未领略，而皆有怪我示人以难之意。天乎冤哉！仆下笔时，求浅、求显、求明、求顺之不暇，何敢一毫好作高古之意耶？又可怪者，于拙作既病其难矣，与言同事诸人后日有作，当不外文从字顺，彼则又病其笔墨其不文，备求于世，则啼笑皆非。此吴挚甫所以劝复不宜于并世中求知己，而复前于译局清款一事，所以迟迟不发直至于今者，亦正畏此耳。感兄知我，聊发愤一道，不足为他人言也。

穗卿想已返沪一行，作吏将无往而非荆棘，然当劝其自下耐烦，弦歌本为三径之资，此行本为钱，稍露圭角，则于本旨荒矣。菀生本日晋都办引，此老入世狡狯神通，不必我曹代为煎虑也。顷又闻孙慕韩将有高丽之行，夔老之力致此有余似不虚也。至于鄙事尚是漠然无向，姑徐徐耳。

来书爱我之深，令人增缟纻之重也。前缄缮毕，久阁案头未寄，致时日不符，非邮者过也。坚仲、仲宣进境均好，仲宣口齿差些，而尤攻苦，似此年余，可望观书写信矣。知念附布。觊缕奉复，乞宥冗长。并颂勋安。

小弟严复顿首

（己亥十月）九日（1899 年 11 月 11 日）

（录自《上海图书馆藏张元济往来信札》第 12 册，第 300—308 页）

七

菊生吾兄左右：前寄一械，想蒙照察。比维兴居佳胜，上侍康娱，至为颂祷。复于本十九日为见爱者敦促晋都，七日而返，所图颇有头绪。第念生平进取之机，往往将成辄毁，今者此事，外无督抚之一保，内则译署之无人，虽前途力大，许以提挈，然而口惠之与实至固断断乎不可同也。况声利之场，皆有捷足尖头之辈，复驽钝后时，庸讵必得，则亦听之天命而已，无容患得患失于其间也。

《原富》一书译者太半，北洋译局一事，交主出纳者议，悠缓延宕，殆无成期，故前者曾托仲宣先为函达一切，想已登览。今拟分卷随钞随劂随寄。至于陆续上石刷印，抑俟书成之日全部影点，听凭尊裁。敝处写手李生和度（嘉璧）受书法于武昌张廉卿，号一时名手。今观所钞，固亦简靖朴穆，异于世俗，书折卷者，即此上石，固甚不恶。鄙意上石时可将字格缩小，约得三分之二，而书之额脚均使绰有余地，则尤合格好看也。公意以为何如？此书开卷当有序述、缘起、部篇、目录、凡例、本传诸作，复意俟成书时终为之。此时倘先将随出者刷印分布，如西人之书之刻法，亦甚便阅观之人，但拟印若干部，须先前定耳。复自诡全书明年春前可蒇，即便一时人事间之，亦当抽空勉卒此业，或者钞者略迟，则不敢必者矣。

夏穗老此时必已过申，何时赴所治，深为念念。如未离沪，属其勿忘慰我，多作函也。菀生、慕韩于前两日召见，想不日当出京。盛大理思为国家整饬财政（菀为其捉刀人），在京日闻其建白甚多。合肥商务一席，闻乃渠面奏者（尚有估税诸事），前往通商各埠，想是明春之事，此事题目甚大，小做则无补，大做则不能策其成效，结果不过同于昔岁河工已耳，未必有所补也。广州湾挟二岛偕去，法人如是，恐将有接踵而来者。天下事如下水船，置之无足道也。

复年杪拟往海上，有续弦之事，封河前南，开河后北，果不中改，则腊鼓声中当有一番聚晤，复与足下共盼之矣。手此。敬颂箸安。寅候回玉。

弟严复顿首

（己亥）十月廿八日（1899 年 11 月 30 日）

（录自《上海图书馆藏张元济往来信札》第 12 册，第 309—316 页）

八

鞠生老兄有道：昨得正月十六日手教，敬稔兴居康娱，上侍万福，至慰至慰。李君一琴已道津晋都，未获晤面。《原富》稿经仲宣倩人分抄葳事者已尽前六卷，不日当由仆校勘一过奉上。其续抄之六七册，正在重加删润，日内当可发抄矣。刻已译者已尽甲、乙、丙、丁四部，其从事者乃在部戊《论国用赋税》一书之约。若不以俗冗间之，则四月间当可卒业。但全文尽译之后，尚有序文、目录、例言及作者本传（拟加年表，不知来得及否），又全书翻音不译义之字，须依来教作一备检，方便来学。又因文字芜秽，每初脱稿时，常寄保阳，乞吴先生挚甫一为扬搉，往往往返需时。如此则译业虽毕，亦须两月许方能斟酌尽善。甚矣，一书之成之不易也。鄙人于译书一道虽自负，于并世诸公未遑多让，然每逢义理精深、文句奥衍，辄裹裹踯躅，有急与之搏力不敢暇之概。自叹身游宦海，不能与人竞进热场，乃为此冷淡生活，不独为时贤所窃笑、家人所怨咨，而掷笔四顾，亦自觉其无谓。虽前者郑太夷言此书竟成，百家当废，近者吴丈挚甫亦谓海外计学无逾本书，以拙译为用笔精悍，独能发明奥赜之趣，光怪奇伟之气，决当逾久而不沉没，虽今人不知此书，而南方公学肯为印行，则将来盛行之嚆矢云云。然而亦太自苦矣。已抄之稿当交李君带南，抑仆于月底赴沪自携呈政，此番决不次且矣。商印是书，鄙意似不以即图久远为得，盖恐其中尚当修改，一成不变，改则所费不訾。果使他日盛行，则雕之以图久远可矣。公意以为何如？

仆尚有鄙情奉商左右者，则以谓此稿既经公学二千金购印，则成书后自为公学之产，销售利益应悉公学得之。但念译者颇费苦心，不知他日出售，能否于书价之中坐抽几分，以为著书者永远之利益。此于鄙人所关尚浅，而于后此译人所动者大，亦郭隗千金市骨之意也。可则行之，否则置之，不必拘拘矣。

昨者仲宣来云，都下风谣，颇有絷维白驹之说，《国闻报》纸亦载此番经姓电请之事，聩聩者颇疑文、张、宋三君所主使，故有此说，想仲宣当早有信达左右。弟初闻时极为忐忑，后见菀生，据云的系子虚，不觉额手也。但外间既有此讹，则一时风色甚厉可想，所望加意韬晦，上为老母，下为家室友朋，千万千万。菀生近亦有交北洋查办之事，乃一篇老文字，幸裕制军极力肯为洒刷，当可无虞。早知如此，当时真不合做此等事也。又闻有人见新出《清议报》册后，刻有穗兄吊六君子诸诗，居然将其大名明白著布，此事仆实疑而不信。窃谓穗兄晓人，决不当所为矛盾如是，身为州县，名在禁书中，有是理耶？不然，则出报者有意嫁祸穗兄而后出此？又不似，则斯言奚宜至哉？望台从就近一查，若果有此事，即宜驰书切戒穗卿，并属其设法速止，徒祸身家，于时无毫末之益，即以正道言之，亦为违反也。切托切托！琐琐写寄，不觉累幅。余相见不远，俟晤面馨。此颂侍安。

复顿首

（庚子）二月二日夜四鼓（1900 年 3 月 2 日）

校讹单奉缴。新抄之第一卷当细勘过。原抄第一卷既有新抄，似可掷还，顷卢木斋甚欲得此册也。又及。

（录自《上海图书馆藏张元济往来信札》第 12 册，第 317—325 页）

九

菊公撰席：前后诸缄，想经伟照。闻与同事洋友殊难得调，已向丞堂请退。贤者去就，固宜如此，但吾为东南六七行省有志新学者惜耳。今日时事无往而不与公学相同，无所立事，则亦已矣；苟有所立，必有异类横亘其间，久久遂成不返之势。民智不开，不变亡，即变亦亡，即谓此耳。今夫矿、路、船、电诸公司，借助洋财者，犹可言也；至于学堂，又何取乎？聪聪者以为必洋人乃知办此，不知教中国少年以西学，其门径与西人从事西学者霄壤迥殊。故近日所成之材，其病有二：为西人培其羽翼一也，否则所学非所用，知者屠龙之技，而当务之急则反茫然。至于学本易而故难之，事在近而故远之，尤其常遇不一遇者矣。号曰培才，徒虚语耳。中国之旧，岂宜一概抹杀？而西人则漫不经意，执果断因，官则无一非贪，政则无往非弊，而所以贪、所由弊之故，又非异类之所识也。自去年大受惩创之后，行省官吏前之痛绝深恶教士者，今皆奉之为神师，倚之为护符，一切兴作更张，惟教士之言是听。此其流弊殆过于前，无怪宓克恒言，亡中国而至斩绝根株者，必此教也。呜呼，岂不痛哉！南之福开森与北之丁家立，遥遥同调。自北方倡乱，联军入境之后，丁居都统衙门，其权绝重，所暴富于产业地亩者，盖以兆数。福见如此，当伤实命不犹，思欲久踞公学，特其分所应得者耳。

《北乱原因》钞本，承已寄到，当拨冗尽译寄与宓君。此老年七十余，于中国绝爱护之。近著《中英交涉录》（西名 *English men in China*，别发有卖，烦属小儿买一部，交周传谦寄来，或自带来），大噪一时，诋诪列强，其言极刻酷。近者和议稍易就绪，此书与有力焉。过香港时，徇英督贝来克之请，演说教案近事讲义，听者二三百人，其中刺破公、修二教党之幽隐，不遗余力。读其文，始悟西人不以人理待中国也（此讲义复暇时已译得少半，俟完拟寄与足下也）。近者赫德于《英苏半月报》亦有所列，大旨在劝各国稍留余地，免五十年后报复之惨。英美然之，而德俄不悦。韩侂胄之死，金人谥以忠缪，吾于刚、李诸罪魁亦然（忠其所忠，而缪则古今之至缪，即此见学问之不可一日缓也），宁为李秉衡流涕，不为许景澄道屈也。足下以为何如？大抵今人以中无所主之故，正如程正叔所谓"贤如醉汉，扶了一边，倒了一边"，新党诸人，其能免此者寡矣。

《原富》拙稿未经交文报局寄南。顷得吕君止先生来书，始言经交敝同乡邓太守带去。盖君止入都时，木斋将此稿五册付之挚甫，而是时适邓入都，闻旁人言，其人不久即将南归，君止遂属挚甫将稿捡交此人，不图遂尔浮湛至今也。细忆同乡邓姓府班，独有前当海运局总办邓心茂太守，号松生者，汀州人者，似以运事春间曾北来一行，欲访此君行止，舍亲伊俊斋及王旭庄、孙述庭两太守，均能得其详也。一稿之烦如此，真令人生厌也。刻吴、卢两处均有信去，即今果尔浮沉，当另钞寄，不至中断矣。

此时外间欲办报馆译局者甚多，而皆嬲复为之提倡，京师则有廉部郎惠卿出束修三百金；津门则有陈序东（以培）太守许束二百金，兼办洋报时则三百。而昨得公来书，亦云拟于海上集巨股为此。又王筱航近已回国，急切欲设译书局，聘挚老与复为之总裁。此皆佳事，但人才极难得，今始恨前开学堂诸公办理非法，果如复言，此时译手当不至如是之寥寥也。前事以交情言，则公与复为最相爱；以地言，则京师诚不可无好报。但复既就开平之席，诚恐难以分身。然近者颇厌北方，乐南中风土。开平一局，与华洋同事能否终处，尚须数时乃决，此来徒为五百番月入耳，其事非所乐也。他日能与足下共事，亦未可知。津门之译局报馆，以陈太守之久于官，遂有处处官做之意，如集官股、奏设分派、州县阅看诸节，皆复中心所未安者也，惟足下窥此意耳。外致沪局董事周敞徒（忘其号矣）信一，宜递与否，尚斟酌之。急于报命，乃书此耳。此颂台安。

复顿首

（庚子）四月廿五日（1901年6月11日）

（录自《上海图书馆藏张元济往来信札》第12册，第326—333页）

十

菊老惠鉴：敬启者，月之二日往唐矿查事后，于初六旋津，则《原富》原稿五册由吴挚甫处已寄到。其稿所以迟迟者，缘始杨濂甫接盛丞电索，适挚父在幕，知其事，又适卢木斋在都，因属木斋迅往唐山取书到京，卢即照办。及书到京，由挚交濂甫嘱速寄沪，濂甫忘之，久阁。寻挚又得书，乃往濂处取回，而于晦若又取去读，久不还。四月初弟又以书向挚问浮沉，挚始于前月之望，向于斋头取出寄津，此展转迟阁之实在情形也。顾浦珠赵璧究竟复还，安知非鬼物守护，转以迟寄而得无恙耶？走自怜心血，不禁对之喜极欲涕也。今保险寄去，兄知此意，书到勿忘早覆也。

醇邸定五月廿七出京，六月初五搭德公司邮船赴欧。小儿今日尚未抵津，临行承……（缺页）者，所讥评诉诤矣。顾华人之权未尽失也，勉为更张，犹可振起。及乎一旦权失，或为外人所乘，彼则假剔弊之名，以一网取华人而尽之。继则以洋人或附于洋者代其位，从此遂为绝大漏卮，利虽至厚，于地主人无与焉。此言开平，岂止言一开平已哉。此主权既失之后，万事所以不可一为也，又何怪往者刚、赵之徒之痛恶此等事乎？彼欲绝之而不知所以绝之者，此所以降而加厉耳。呜呼，亦足悲尔！挚甫书又极为廉惠卿报馆说合，又托秋樵劝驾，知两贤皆复至交，意在必欲得当。复言报论取直，动触忌讳，恐阻扰不终。渠则云此后报馆不致仍前阻挠，亦嫌南中诸报客气嚣嚣，于宫廷枢府肆口谩骂，此非本朝臣民之所宜出，果见地不谬，立言不妨和婉，在笔端深浅耳。若无微妙之笔，则不涉议论，但采外报译传，似亦其次。廉意欲复于主笔之外，更为要删英美宝书译之，用以维持报馆。辇毂人材所萃，且出政之地，劝复勿以财利计较出入，而有以领袖提挈云云。又寄来章程一册，用意极为周到，似是挚老已所擘画（可知此老必在事），他人不能到也。

得挚缄后，胸中至为踟蹰。语曰士为知己用，此言诚然。且都门士大夫之渊，约纳自牖，乘大创之余，导其将反之机而启之，于世局至为有益，一也。人各致力于己之所长，言论思理仆之所长，奔走会计仆之所短，二也。开平有五百饼之月束，又有房屋住家，虽较三百金诚所优厚，独事权尽失，恐难有为，而在局同事旧人所以责望复者甚重，久之无效，必致唾骂，三也。合是三者，将辞多就寡无疑。然有难者，开平之就在先，而京报之招在后，况此时督办将有远行，同事之梁已与偕去，复如舍而之他，另觅必难其人，一也。新故交接之间复来此间，座席未暖，闻闻而来，见见而去，不知者将谓此局必有所以使仆弃如敝屣者，望风揣测，将大不利于此局与其督办之人，是彼以厚我而反得害，此诚义不敢出，二也。京席主笔之外，且有译书，顾一心不能同时而异用，两手不能右圆而左方。仆已许金粟斋译《名学》矣，然诺必不可侵，礼卿之谊必不可负，终当先了此书而后乃可他及，三也。况又有宓克诸公相托之事，即有余晷，岂遑旁骛，四也。是以左右寻思，幸其馆尚未开，只宜许以他日开时，日寄一篇论说，至于编辑译印等事，另委能者。商之足下，以为何如？公虑事最为精细，举措动合义理，走所心服，必当有以教我也。望后尚想回沪一行，果尔，面罄当有期也。手此布臆。即颂箸安。

弟严复顿首

（1901 年六七月间）[①]

书系五册，然当时记是六册，不识如何脱落，果有接不上处，乞细检，急示洋文由某处至某处讫。此债总须还也。又及。

（录自《上海图书馆藏张元济往来信札》第 12 册，第 334—341 页）

十一

鞠生老兄大人执事：前上一笺，想经惠鉴。所言嗣后售卖《原富》一书，作定值百抽几，给予凭据，以为译人永远利益一节，未得还云，不知能否办到，殊深悬系。鄙知老兄相为之诚，无微弗至，亦知此事定费大神代为道地，但以权有所属，或不得竟如台恉，此仆所以深为悬悬者也。夫平情而论，拙稿既售之后，于以后销售之利，原不应更有余思，而仆于此所不能忘情者：

一、此书全稿数十万言，经五年之久而后告成，使泰西理财首出之书为东方人士所得讨论，而当时给价不过规元二千两，为优为绌，

[①] 原信未署日期。据"醇邸定五月廿七出京，六月初五搭德公司邮船赴欧"句，可知此函写于辛丑五月二十七日之前不久，即 1901 年六七月间。

自有定论。

二、旧总办何梅翁在日，于书价分沾利益本有成言。

三、于现刷二千部，业蒙台端雅意，以售值十成之二见分，是其事固已可行，而仆所请者，不过有一字据，以免以后人事变迁时多出一番唇舌，而非强其所必不可。

四、科举改弦，译纂方始，南北各局执笔之士甚多。分以消售利益，庶有以泯其作嫁为他之塞责，而动以洛阳纸贵之可欣求，达难显之情期，读者之皆喻，则此举不独使译家风气日上，而求所译之有用与治彼学者之日多，皆可于此寓其微权。

且诚蒙俯纳所言，而译局准予售书分利凭据，则一切细目尚有可商，以期平允。如：

一、可限以年数。外国著书，专利版权本有年限，或五十年，或三十年。今此书译者分利，得二十年足矣。

二、二成分利，如嫌过多，十年之后尚可递减。如前十年二成，后十年一成，亦无不可。

以上种切，统祈卓夺。好是盛督办、劳总办诸公皆于无似不浅，当不至靳此区区而不予畀也。即使事属难行，亦祈明示。

自沪上揖别以来，到津者又匝旬月，日间到局办事，晚归灯下，惟以移译自娱，日尽大板洋书两开。刻《名学》部甲已讫，若循此以往，明年此时，其书当了。庚子一变，万事皆非，仰观天时，俯察时变，觉维新自强为必无之事。凡一局一地，洋办则日有起色，华办则百弊自丛，竟若天生黄种以俟白人驱策，且若非白人为主，则一切皆无可望也者。所闻所见，惟此最为可哀。支那气象如此，谓将能免于印度、波兰之续，吾不信也。顽固欲为螳螂，吾辈欲为精卫，要皆不自量力者也。手此奉渎，即叩纂安。不具。

弟复顿首

（辛丑）八月六日（1901 年 9 月 18 日）

别纸烦致仲宣。

（录自《上海图书馆藏张元济往来信札》第 12 册，第 342—348 页）

十二

菊生仁兄大人阁下：得八月四日函，未即还答，多罪多罪！商务《英华字典》序，近已草成（其书取名《音韵字典》，“音韵”二字似不可通，当改“审音”二字或有当也），兹呈乞斧政寄与。《原富》之本传、译例均已脱稿，寄往保定多日，交挚甫斟酌，并乞其一序，至今未得回音，正在悬盼，顷拟信催，俟寄来即当奉上。渠前书颇言欲见全书，始肯下笔，如五部均已刷印，即寄一二分见赐，以便转寄与此老，何如？校时如有疑义，昭扆如肯过目最好，不必远寄前来，致多周折也。一昨见津报，言南洋公学译书局，丞堂以沈、费两公董其事，不知是否讹传？沈、费所为岂能出阁下右耶？吾不知丞堂之恉也。《原富》分利一节，有兄在彼，固当照分，所以欲得一据者，觊永远之利耳。然使其人不相见爱，则后来所卖，用以多报少诸伎俩，正可使所望皆虚，吾又乌从而禁之乎？不过念平生于牟利一涂百无一当，此是劳心呕血之事，倘可受之无愧，且所求盖微，于施者又为惠而不费之事，若闻者犹以为过，则亦置之不足复道也。

近来有一种人，开口动言民智，于是学堂、报馆、译书三者日闻于耳。如译书一事，则专为读书者设想而不为著书者道地，然不知非于译才有所优待，则谁复为之？今且无论他人，即无似自揣，《名学》脱稿之后，亦未见肯为他人再译也。夫设译局何难？但译者于执笔之顷而有计利省力之情，则其书已可见矣，姑无论其不能而强为也。所以外国最恶龙断，而独于著书之版权、成器之专利持之甚谨，非不知其私也，不如是则无以奖劝能者，而其国之所失必滋多。子路救人受牛，而孔子与之，则亦此意耳。然此是我们背地议论，至老兄与公学总理如有十分为难之处，不必勉强也。

八月二十日又有上谕一道，看似十分诚恳，然总是隔膜，须光复之后看行为如何，方有定准（如以无所知之人办不可不知之事，此是第一病痛；且朝廷欲天下信其真诚，必先从不护前短始）。老兄相劝，于新闻社事须回銮之后再定从违，真祖腹中所欲言也。颇闻都下议论，朝廷有起用戊戌人才之意，设一旦鹤书下逮，兄其褰裳就道乎，抑俟时也？复在此间名为总办，其实一无所办，一切理财、用人之权都在洋人手里，且有合同所明约者，押墨未干而所为尽反。经此一番阅历以后，与洋人做事，知所留心矣。令兄穗生先生傥可为力，断无靳者，其寂寂无以报命，正缘此上苦情耳。

《名学》年内可尽其半，中间道理真如牛毛茧丝。此书一出，其力能使中国旧理什九尽废，而人心得所用力之端，故虽劳苦，而愈译愈形得意。得蒙天助，明岁了此大业，真快事也。细思欧洲应译之书何限，而环顾所知，除一二人外，实无能胜其任者。来者难知，亦必廿年以往，顾可使心灰意懒，置其所亟而从事其可缓也哉。嗟乎！惟菊生知吾心耳。

复顿首

（辛丑）九月初二夕（1901 年 10 月 13 日）

（录自《上海图书馆藏张元济往来信札》第 12 册，第 349—351 页）

十三

菊兄如见：奉到初三日手教，悉慰悉慰。《外交报》义例、译笔均佳，必能行远。此其有益当轴诸公，实非浅鲜。复自九月凡三度入都，每次皆作十余日句留，回思戊戌之事，真同隔世。人来访我，言次必索《原富》，月初已将吴序寄将，想已接到，颇望此书早日出版，于开河时以二三十部寄复，将以为禽犊之献也。《群学肄蒙》刻方赶译，然常有俗尘败我译兴，窃恐开冻未必能卒业也。前奉之缄，去后都忘何语，岂果如来教所云卓识，抑恒泛之谈，而兄与我世故也？

《外交报》已接到弟二册，其再寄十分则尚未领，不知何处浮湛矣。

小儿近在都，住福州新馆（虎坊桥），然无所事。君潜则经五城学堂请作分教，束五十金。其洋总教系敝徒天津人王君少泉（劭廉），其汉总教则林孝廉琴南（纾），在杭东林讲舍作山长者。二君学皆有根柢，少泉朒挚沈实，琴南豪爽恺悌，皆真君子人也。林君最佩足下，虽相与未必甚稔，然察其用情，骨肉不啻。足下何以得此于林君哉？此学堂可谓得人。独惜主者满汉十御史，益以顺天京尹，共十一人，皆蠢蠢如鹿豕。京兆似较胜，然好自作聪明，自经嘉奖，益谓天下人莫己若，此人小器易盈，不久将仆，可惧可惧。如办黄慎之工艺局一事，则为忮之见端，其附片语皆陈久之义，而自谓悬诸日月不刊之论。黄固假新政以济其私，然果办之得术，于穷困小民不为无益，陈乃以子子之义责之，无怪众口之汹汹也。黄又令人上《益闻洋报》，痛斥极论，谓沮工艺局，停《京话报》，与杀袁、许诸人无异，似为少过。其实京兆仅夺其义仓而已。厂之不开，报之遂停，黄力自不足，未可遂入陈罪也。陈方修名，亦颇以此事为悔，云行当谋所以复之者，未知其何如也。想兄欲闻之，故为论及如此，不必示外人也。

自复振大学命下，冶秋尚书之意，甚欲得吴挚甫而以复辅之。顾挚甫乡思甚浓，固辞不就，尚书至踵门长跽以请，吴不为动也。嗣复抵京，叩吴所以，则云家事放纷，非归不了；又经丧乱，精力短耗，若张必强我，恐不得生归乡园，复上邱墓；且归家非无所事，当为李文忠收拾遗文，以答厚我之意。吴言如此，然测其隐，则亦虑京中人众，新少旧多，而决大学成效之不可券，不欲以是累其盛名，为晚节诟病耳。复近有书与其女夫王子翔，劝以舍己为群之义，不识可撼与否。此老无他长，但能通新旧两家之邮而已，张尚书必欲得之，固无讶也。昨又闻冶老拟请朝命以三品京朝官待之，吴未必为此动，然亦未必终不就耳。

复抵京之次日即往谒张，首以必去丁韪良为献，张有难色。继问办法，则请设四斋：一正斋，从西文入手，驯致头等学业，以待少年之俊，与各省学堂所送之高才生；二附斋，以中语演译西文，专讲西史、理财、立法、交涉诸科，以待年稍长之京朝官；三外斋，募自备资斧游学外洋，已得学凭子弟，课以中学，如掌故、词章之类；四改同文馆为外交学堂，以言语、公牍、国际课之，以备外部出使之取材。张与沈、胡诸公皆韪吾说。沈小沂、胡梅仙二者，张尚书之良、平也。外间诸人皆以洋文总教荐复，然尚书尚未面及，颇觉潜者必多，未必果尔。使复而不为总教者，其不幸自在大学，于复无所失也；不独无所失，且甚得也。刻旧之提调、总办诸人，则以谓大学复兴，此为彼辈应得权利，不敢公然自言，则数数嗾丁韪良日用总教习钤记，促张开学。地方、办法、师徒，一切必仍旧贯，且出要挟之言，张为大窘。复曰此无虑也，天下无以延师课徒而启国衅者，尚书复何虑乎？去则去，留则留。惟切戒此后以延募教习托各国公使为此者，是自寻胶葛，且万万不得良师也。刻闻已拟将七教习辞去，独留丁。补给前此停薪，须银四万余两，此事由小沂办理矣。

其英皇加冕致贺一事，始之群望皆属肃邸，即肃邸亦自谓必行，及揭晓，乃有所谓振大爷者，可笑也。其故盖自去岁乱后，肃邸颇得洋人欢，于是媚夷谤起。而庆邸尤深忌之，恐其归来将夺外部之席，则百计为其子谋此使差，到河南行在，尝面恳二圣，又时时以和议之成，为己旋乾转坤之力矣，而后二圣乃得天旋地转如此也。使英命下之日，不独肃邸失望，即近支王公愿行者尤众，咸鞅鞅也。振大爷何等人物，足下将自知之，无待仆论。而庆、肃二邸之优劣，以我观之，则肃当胜。肃接见新进甚勤，故或嫌其太邱道广，然复尝与深谈，其胸中固未尝无白黑者。未若庆邸，真是行尸走肉，其所甄识，皆极天下之鄙秽。前番醇邸使德，若麦佐之，若刘祖桂，若治格，若象贤，若杨书雯，皆庆邸夹袋中物，余可知矣。以此人而据外交之要席，中国前路不问可知，而朝廷方且以有再造之功重之，不可去也。

至于肃邸为人，于满人之中，真不得不指为豪杰之士。一日复至其门，倒屣而出，入座诸客，则皆吴挚甫之保定诸徒。诸客去后，出一纸示我，中开二三十事，大抵皆新政之所宜亟成者，如请归政、破党祸、捐畛域之类，盖以呈荣相者。荣则择其要者，加以四圈、三圈，其次要者则一二圈而已。其所云破党祸，盖即起废之说，所列四五人，则黄公度、陈伯年、足下与李孟符等也（陶公子亦在内）。凡此种种，虽未知事效何如，然亦不可谓之无意想耳。兄且以为何如？今天下所喁喁待命者，大抵皆求变法，然军机、外部、政务处三者鼎峙，大率随众昌言，而实阴用其阻力（仁和尤甚）。某日袁督钻得参预政务之命，即到其处大言曰：诸公在此，此局之设，原为变法，而公等所变果何法耶？众相视无有对者，独于式枚出曰：大家正在商量此事。袁叹曰：变法商量五年于此，今直行耳！若再商量，即是亡国。石季龙真磊落人，可儿可儿！荣仲华前用骑墙政策，卒以此保其首领。然平心而论，瑕者自瑕，瑜者自瑜。其前者之调停骨肉，使不为已甚固无论已，即如老西，既到长安，即欲以待张南海者待翁常熟，荣垂涕而言不可。既至今年正月初六，老西之念又动，荣又力求，西云直便宜却此獠。此虽出于"为已"，然朝廷实受大益，可谓忠于所事矣。尝谓荣、王二相之不同，一则非之可非，刺之可刺，故尚有一二节可以称道；而仁和则纯乎痛痒不关，以瓦全为政策。幸今天下之开报馆、操报政者多浙人耳，不然仁和之毁固当在刚、赵诸人上也。且近来学宫皆以此老为师资，故天下靡靡，愈入于不救，外示和平而中则深忌。李希圣因刻一政务处条议明辨，比已不安于京师，而求改外矣。总之回銮将一月，而新机厌然。来岁新春，即有一二更动，亦将为其所可缓，缓其所必急，以涂塞天下耳目而已。思与足下谈宴而不可得，遂复琐叙，以供一览，想同此浩叹也。

昭宬想已回申，闻子培已去差，而仲宣继之，确否？《外交报》祈送一分来，报资由尊处代垫，后缴。续有所闻，当更告也。此颂岁安。

弟复顿首

本日小儿家信又言，陈玉苍京兆要保人才，以此问之林琴南，而琴南以仲宣、昭宸、一琴、穗卿与高子益对，约年内即当出折。果尔，则所保五人，四是盛宫保属员，大足为宫保生色也。碎佛近况何如？尚复窘否？复近晤曾重伯，其议论大抵学穗卿而傅会过之。渠有《重电合理》一作，类谭复生之《仁学》，四五读不得头脑。渠欲复评点，复据实批驳，不留余地。中国学者于科学绝未问津，而开口辄曰吾旧有之，一味傅会。此为一时风气，然其语近诬，诬则讨厌，我曹当引以为戒也。

（辛丑）除夕前二（1902 年 2 月 5 日）

（录自《上海图书馆藏张元济往来信札》第 12 册，第 352—360 页）

十四

菊生老兄史席：别后忽已隔岁，辰惟兴居百福，潭祉吉羊为颂。年内寄书想达几下。廿五日筱沂、仲宣联袂贲舍，面述长沙之意，欲以复主持译局，意在先行编辑普通读本，以备颁行海内小学堂。颇闻兄在沪滨已办此事，第不知近所已成者几种，种系何科，便中望以见示。复膺此席，断不能以一手足之烈了此巨工，又不知沪港及各省中有何人材可以相助为理。足下与守六、允中诸子办译有年，夹袋中定多物色，能各举所知以副所望否耶？再者，应译之书至多，而能手类多见用。所以近筹两种办法，一是住局译书，月领薪俸；一是随带自译，按书估价，以酬其劳。但见近日海内并日本东京、横滨诸学堂、报馆，所翻者率多政治、名理诸书，此种以供私家览阅之本，尚非官译局之所急耳。

都门人士每相见时，辄索《原富》，不知此书近已毕校刷行否？信来见告，以慰悬悬。最好有便人北上时，托其携带一二十部见与，其价值自当照算也。昭宬、一琴、穗卿诸子皆为玉苍京兆所保奏，冶秋冢宰贺其得士，可知浑金美玉市有定价也。但诸子当于何日北上，有所闻否？

复近业《群学彪蒙》一书，若不以事夺其日力，月余日可以蒇事。第一行入都，憧扰不免，即书成后，尚须斟酌，殆非半岁难以成书。撰著之不易如此。其《名学》一种，拟此书粗毕，即当续功。复手中有此两书，已足两年之事，再益以官书，真不知何以应也。

近见卓如《新民丛报》第一册，甚有意思。其论史学尤为石破天惊之作，为近世治此学者所不可不知。颇闻京学编史一事，以付于君晦若，甚欲见其成书也。《丛报》于拙作《原富》颇有微词，然甚佩其语。又于《计学》《名学》诸名义皆不阿附，顾言者日久当自知吾说之无以易耳。其谓仆于文字刻意求古，亦未尽当。文无难易，惟其是，此语所当共知也。《外交旬报》销路何如，甚欲闻之。此问居起。不宣。

弟复顿首

（壬寅）正月卅（1902 年 3 月 7 日）

（录自《上海图书馆藏张元济往来信札》第 12 册，第 361—368 页）

何嗣焜致盛宣怀（六通）

一

细田译《战术学》已毕，与菊生□□□□《法规提要》（原书附呈，明日望交下，以□□□□）内之租税商事□□□□裁定示遵。菊生讯呈览，可悉曲折。本欲面陈，以公言促，故未及也。杏公大人阁下。

嗣焜顿

十九（1899 年 4 月 28 日）[1]

（录自《盛宣怀实业朋僚函稿》上，第 476 页）

二

菊生送来抄成《战术学》进呈本，不甚精善，谨呈阅核。如以为尚可敷衍，即请发下装订，但总似不合用耳。前在美国访延薛、勒两教习已到，初三日拟上谒，何时可接见，乞示知，当属福开森带领前来。沙多工程节略如已具送，可否交下。拟折片稿备我公带北酌用。存悔谨上愚斋主人钧座。

八月朔（1899 年 9 月 5 日）[2]

（录自《盛宣怀实业朋僚函稿》上，第 478 页）

---

[1] 是信未署年月，"菊生讯呈览"指己亥年三月十九日张元济致何嗣焜信，据此确定书写年月。

[2] 是信未署年份。上一封信述及《战术学》已译毕，是信继而告以抄成进呈本，两者前后相接，可据以推定。

三

钱念劬自日本来，明日一点钟至斜桥上谒，属先告达。公学游学生由渠监督照料，谭次叔言南洋似不管公学学生，嗣焜答以游学原案确由南洋一并咨送，以后之事亦未分画界限，说至此为止。但念劬既为公学代劳，势当有以酬之，恐须由公予一公牒，津贴与车费（或称公费）若干，明日如谈到此处，公可相机言之，或云已商令嗣焜牍请亦可。《战术学》将印毕，[①]续呈译稿，如已鉴定，乞发下以便接印。愚竟军队内务精要处尚多，《作战粮食给养法》虽兵学中要事，其书法精义较少，或稍缓付印何如？愚斋主人钧览。

嗣焜谨言

廿日（1899 年）

（录自《盛宣怀实业朋僚函稿》上，第 477—478 页）

四

（摘录）稻村合同已与小田切商定，转请参谋部核准。薪水照浙江回国川资给一月薪水，余皆仍旧。缮就合同三分附呈，请盖印签字寄下，以便交领事盖印造册。

己亥十二月朔日（1900 年 1 月 1 日）

（录自《盛宣怀实业朋僚函稿》上，第 474 页）

五

愚斋主人钧座：发春伏惟神明休豫，动定吉祥。今之读书坏于科举，胜衣就傅，知为进取之计。故今之学堂当使知学问之可贵，而

---

① 《战术学》于 1899 年 6 月在《申报》登载出书广告，可知此书"印毕"年份应在 1899 年，前信一中谈及《战术学》已译毕，二言《战术学》谨呈阅核事宜，故三"将印毕"为接续之事。

不可悬富贵利禄以为招，当使后生皆不为废材而不必高语人才，深思熟究，尤不能不以多设小学堂为先务之急。此说看似迂远，而求富求强、兴华保种之策舍此无由。去年劝得叶澄衷捐十万金设一小学堂，为定名曰澄衷学堂，颇可经久。公学内亦拟节缩经费添一小学堂，均于年内建屋开办。无锡阳湖乡间亦有一两处将小试端者，所患无一定之课程、一定之读本，已与同人酌为编书，草议附呈一分，祈赐阅核。惟西书中蒙学课本及中院课本，非中西兼通，研究教育，澹于名利者专力为之不能首尾贯彻，译成完书。一琴于此志虑专精，自任甚力，已有二三种动手有绪，彼此随时商榷，择善析疑，互有所得。三数年间必可成书，陆续印出，以供小学堂及中院（即普通学，东西各国所谓国人必需之学也）之教授，然后学堂不为虚车。公召一琴入都，既方数日即返，亮非久局，万一别有任使，则此事便废，更无志同道合之人可与共此。觉其事非一琴不可，一琴去果能大济公事，则嗣焜不敢复言。苟非然者，乞公终成一琴与嗣焜之志，即公之盛德大业不在轮船、电报下也。缘麈万有一然之虑，故觊缕及之，望昭察为幸。手肃。祇叩春釐。恭请钧安，千万为国自玉。

嗣焜顿首谨言

新正十三日（1900 年 2 月 12 日）[1]

稻村合同望即寄回，或交一琴带来。公司杂用，立山在致祥文轩下更不能包，兹据将各款再行核减，开单交来，特将原单附呈。其尚有可议者签注于上，请核定书签批回，作为限制之数，只准少不准多，虽不能如西人公司之整齐，已稍有范围。常州电报子店史久华欲求调差，如不可得，求给一路工挂名札，不要薪水，其意欲得工竣后保举，彼不知路工保案之不可信也。嗣焜业告以向不能代人求请，而犹再三言之，可否姑如其意，予一空札。蔡仲岐来信言，各事多难

---

[1] 叶澄衷捐建澄衷学堂是 1899 年，次年新正十三日，即 1900 年 2 月 12 日。

行，原函呈览。惟总查一节既已允之，想可具牍。卢子明译课太少，不值虚縻，其人与此事非宜，近闻潘芸孙将邀往日本暂充舌人，拟与乘此分手。

（录自《盛宣怀实业朋僚函稿》上，第 474—476 页）

六

（摘录）一琴去后，西译乃辍，渠荐伍君，为严又陵入室弟子。顷又陵来沪与商，恐非月薪二百余金不可，尚未能订立。

三月廿六日（1900 年 4 月 25 日）[①]

（录自《盛宣怀实业朋僚函稿》上，第 483 页）

[①] 是信未署年份。《严复年谱》第 145 页记，严复 1900 年 3 月底来沪，据此确定年份。信中"一琴"为李维格，"伍君"为伍光建。

李鸿章致张元济

　　菊生世仁弟馆丈执事：济南首春，远承华翰，倥偬行役，裁答尚稽。回京重展惠书，备劳注饰。近闻从事译局，沪上华洋绾毂，又喜密迩珂乡，得奉高堂之欢，兼修名山之业，读书养志，藏器俟时，自有千秋，曷胜企属。

光绪二十五年三月十三日（1899 年 4 月 22 日）

　　（摘录自《李鸿章全集》第 36 册，安徽教育出版社 2008 年版，第 221 页）

周善培（1875—1958），字（一作号）孝怀，浙江诸暨人。副贡生。曾任广东将弁学堂总办。新中国成立后，任第一届全国政协委员。

周善培致汪康年

穰公：相别至耿耿，公然乎？南洋公学译兵书五种，宓克《教案论》一种，在公案间遗失之物，亶此一端，请即日（不可缓）交与邮政速寄汉口永升平巷泰安栈，务以初一寄到，切要切要。为丁公录日记，忙不可以言。即惟察鉴。善培顿首。二十五日子分，镇江舟次。（己十一月廿八收）（1899 年 12 月 27 日）

（摘录自《汪康年师友书札》（2），上海书店出版社 2017 年版，第 1068 页）

夏曾佑致汪康年（五通）①

一

菊生如恒否？若谆属菊生《原富》印成，千定为我留二部，价照算。《教案论》亦望为留一部。

……

侯官若至上海，望以弟近状告之。

（庚子）二月十二发（1900 年 3 月 12 日）

（摘录自《汪康年师友书札》（2），上海书店出版社 2017 年版，第 1220 页）

二

菊生所刻严书，需洋几何？以便先寄交。

（庚子）四月廿到（1900 年 5 月 18 日）

（摘录自《汪康年师友书札》（2），上海书店出版社 2017 年版，第 1224 页）

三

毅公左右：从胡诵逊处寄上二信，昨又托沤笛寄上一信，不知均收到否？兹有奉恳之事数件，望托人寄至皖省倒扒狮子恒裕纸店汪先

---

① 夏曾佑致汪康年五信，均未署书写年份。1900 年《支那教案论》已出版，而《原富》尚未出版，可据以推定第一信书写年份。第二、三信与第一信内容相贯。第四、五信则显见书于 1901 年张元济任南洋公学代总理期间。

生收下。弟约五月中旬必晋省，自可面领也。大田顿首。四月廿八日（1900 年 5 月 26 日）。（庚榴初六到）

《二十五年贸易册》一本。

二十二、二十七两期《清议》，以后从卅四寄起，至要。

《战法学》《教案论》一本。

沙丁鱼四盒，二毛一盒。

广东盐酸甜糖果各数包。

又陵诗望属梅叔一抄。

（摘录自《汪康年师友书札》(2)，上海书店出版社 2017 年版，第 1225—1226 页）

四

张菊生闻已作南洋公学总办，确否？到堂以来，较其前任奚如？

……

又陵在沪译书，想有终焉之志，尚有出山之布置否？

（辛丑）三月廿五日（1901 年 5 月 13 日）

（摘录自《汪康年师友书札》(2)，上海书店出版社 2017 年版，第 1245 页）

五

公学学生不服菊生一事，亦即支那误解民权之一端。此等举动无当于理，而适足为旧党之口实者矣。夫民主义，因国者，民之性命、财产所积而成也。国事者，即保护此性命财产，使之安乐而发达者也。国事之费用、军旅，亦即取之于此性命财产，以为资者也。以此之故，故民为公司之股东，而君相有司，皆公司之伙友。故伙友之去留，股东能主持之；公司之规矩，股东能商订之。其理至平，其势至顺，无可诋毁者也。然而公学学生之于学堂，有一于此乎？且学堂之体，与国家大异。国家者，皆平等之民，故以少从众。学堂者，乃不知之人请教于已知之人。若以在上者为不能胜任则可，而欲自定章程则不可。盖既能自定章程，则其分已逾乎学生之外矣。故菊生斥之是也，若以我为之，则尽逐之耳。

西习教横梗于学堂之中，最可厌恶。然彼不过欺我不识西文耳。故西文之于中国最有（利）于办事，而为学次之。

（辛丑）四月十九日（1901 年 6 月 5 日）

（摘录自《汪康年师友书札》（2），上海书店出版社 2017 年版，第 1256 页）

黄绍箕（1854—1908），字仲弢，浙江瑞安人。进士，翰林院编修。曾任京师大学堂总办、湖北提学使等职。

黄绍箕致汪康年（摘录）

一、此信交戴生友荪奉呈。戴生系舍亲戴小泉之次子，敝邑学计馆学生之秀出者。习代数兼及微积，又曾学习英文（详致菊生函中），欲赴南洋公学堂肄业。如尚未招考，恐坐守旷时，拟先到经正书院肄业。戴生聪俊有志向，人亦循谨，弟所深知。惟初次到沪，人地生疏，如公学堂及经正书院均需保人，拟请奉屈高贤代为作保，不胜厚幸。

（庚子）新正十八日（1900年2月17日）①

（摘录自《汪康年师友书札》（3），上海书店出版社2017年版，第2113页）

---

① 是信署"新正十八日"，汪康年批注收信日期为"庚杏初五收"。

费念慈（1855—1905），字屺怀，江苏武进人。进士，翰林院编修。曾任浙江乡试副主考官。善词。

费念慈致盛宣怀（四通）[1]

一

愚斋大哥大人阁下：别后屡寄书，昨闻已开轮，又电询公行期，皆未得复，甚怅甚怅。眉孙竟逝，骇愕不已，不禁失声。公亦失一臂助，如何可言。公学事关系颇大，谁承其乏，殊念。弟意欲荐沈子培主其事，子封亦好，尊意如何？日来拟即到沪，又恐公即行致左，能复一两字否？当即来也。缉庭到城，晤数次，渠亦二十左右赴申也。统容面言不尽。敬请台安。

弟念慈顿首

（约辛丑正月）[2] 十五（约 1901 年 3 月 5 日）

（摘录自《历史文献》第 14 辑，上海古籍出版社 2010 年版，第 220 页）

二

愚斋大哥大人阁下：别后遇雨，想破晓方开轮也。孙仲颂比部书已寄，邀其即到吴门，下榻敝寓，同撰此书。仲颂《周官》已有成书，兼通中西算术。弟为礼学亦几廿年，亦籍一倾吐所欲言，免人訾议经生不知世事。惟成于回銮前则为日甚促，拟即具草，待仲颂来复定，庶脱稿较速。相助为理，不能无人，褚礼堂望即电调来□，此间

---

① 费念慈致盛宣怀信四通，原件藏上海图书馆盛宣怀档案。
② 何嗣焜逝于辛丑正月十一日（1901 年 3 月 1 日），可大致推得是信书写年月。

已约邓孝先矣。弟不难于作，而惮于誊真，然非自解一二人，不能听指挥也。

应翻译西政之书，弟处不完，俱乞嘱菊生将已译之东西政书寄示一份。弟意以《周官》为之纲，以历代因革损益诸大端为之目，以切究递通递变之故，包举西政，竟委以穷其源，宗亭林拨乱反正、法古用夏之□，开风气而正人心，彰中国文明之教，一洗诐邪迂谬之陋说而持其平，条举而件系之，辞取达意，法取可行，明白晓畅，一览能晓。卷帙不必过繁，条理不能不密。此举坐而言者，意在起而行，与寻常著书说经不同，若以二万言说粤若稽古，则今人望而眉皱，读不终卷而厌弃矣。书成拟定名曰《礼书通证》，尊意以为如何？

至西法中声光力化诸说，《周官》中所无可附丽者，别为《西学探源》一书，以《墨子》统之。凡今世人所长，其端皆发于中国，不知何以近人谈新学者，必离而二之，以自鄙薄。虽矫激偏宕，有感而言，□坐未能真读书耳。

弟即日至虞山，五日便归，舟中当先拟序目奉览也。子培到未？此颂台安。

弟费念慈顿首

（约辛丑三月）[1]初八（1901 年 4 月 26 日）辰刻

菊生处并为道□，如有说，幸寄示。此事体大，关系亦大，天下之公言，古今之正路，不敢墨守一己之见，亦决非一人之才力、心思所能遍。下走读书三十年，绝无所长，止"守正虚心"四字，则差足自信耳。（下略）

（摘录自《历史文献》第 14 辑，上海古籍出版社 2010 年版，第 221—222 页）

---

[1] 据《沈曾植年谱长编》，沈于辛丑三月初五（1901 年 4 月 23 日）抵沪。据以大致推定是信书写年月。

三

愚斋大哥大人阁下：……译书一事，东西论撰充栋汗牛，弟意当先定宗旨，以政治为先，以西为纬，以东为经（东简而西繁，东切而西泛，故以东为纲，以西为目，非有所偏重也），先聚书，次选书，又次译书。事急矣，先务其大者、远者，以备挽回万一。至细碎处、精密处，徐图次第译定，以免旷日持久、劳而少功之诮。未知子培之意如何？容望前到申细商。兄之意以为何如？

苏戡为南皮所举，公学一席已属何人？昨者有沪友来言，报考特班者，皆曾习西文，不精中文之人为多，临时请通中文者冒名进场，俟取定再以本人到学肄业，所延顶考之中文好手者甚多，沪友能举其名。此是考政积弊，小场尤多。其法有临时核对年貌，自背履历，可当面分别扣除（万不可先说破，说破则熟读而来，适堕其术中矣），庶几真才可得。望密告菊生。草草奉布，敬颂台安。

弟期念慈顿首

（约辛丑四月）^①初三日（约 1901 年 5 月 20 日）

舅父大人尊前叩安。

（录自《历史文献》第 14 辑，上海古籍出版社 2010 年版，第 222—223 页）

四

愚斋大哥大人阁下：少英来，知前函已达。弟旬日中百冗纷集，无片刻闲，昨日迎弟妇过门，明日为亡弟举殡，后方得少息。过节至嘉定，会弟谷似舅岳，十二三日可到沪矣。闻公将北行，当在六月也。特班报名至月底止，为日已迫，寄呈小儿名条，乞速交菊生，保

---

① 南洋公学特班创办、招生，系辛丑三四月事，可据以大致推定写信年月。

人则刘襄孙也。草草奉布，敬颂侍安。

弟念慈顿首

（约辛丑四月）①廿六日（约 1901 年 6 月 12 日）

（摘录自《历史文献》第 14 辑，上海古籍出版社 2010 年版，第 220 页）

---

① 同第三通信注。

汪大燮（1859—1929），字伯唐，浙江杭州人，汪康年堂兄。举人。清末外交官，民初任教育总长、外交总长、代理国务总理等职。

汪大燮致汪康年（二通）

一

晤菊生兄望告之，渠印书事，前由赵仲兄电复，事在必成，其来书不另复也。

（辛丑）[1]二月初九日（1901 年 3 月 28 日）

（摘录自《汪康年师友书札》(1)，上海书店出版社 2017 年版，第 737—738 页）

二

兄约月底出京，到申住栈，即赴南京、苏州，见香、翼两帅，十月下浣放洋。所有南洋新出编译各书，均拟购一分，乞告菊生同年预为开单留意。尚有东洋带来书，即以分赠菊兄及吾弟也。

（辛丑）十月十四日（1901 年 11 月 24 日）

（摘录自《汪康年师友书札》(1)，上海书店出版社 2017 年版，第 740 页）

---

① 一、二两信皆未署年份，现参考该书编排次序推定。

沈曾植（1850—1922），字子培，浙江嘉兴人。进士。清末官吏，曾任安徽提学使等职。曾应张之洞邀，主持两湖书院史学教席。1901年10月至1902年春，任南洋公学总理。学者、诗人、藏书家。李逸静为沈曾植夫人。

沈曾植致李逸静

今日至沪，行李先到晋升栈。随访孝章，则于前日往苏州；访爱沧，则今日上船。季直初一过沪去，未知往苏往通，均未得见，闷极。晤张菊生，言孝章有以梅生席相待意，如此则是铁路公司局面，薪水自丰，然事恐不甚易办，又不能兼南菁，恐此席不甚与我合宜也。船中将小皮夹失去，其中洋钱是否五元？一文未动，破财可恨。五弟今日行否？李贵换洋平色吃亏多少？日内寄我一信，仍交张屏之（江海关文案处）。此问夫人日祉。蘧传渤。初五灯下。

（辛丑三月五日，1901年4月23日）[①]

（录自《沈曾植书信集》，中华书局2021年版，第121页）

---

① 日期据许全胜考订。

沈曾植致丁立钧（摘录）

孝章招弟来此，闻将以梅生遗席相属，此非所能胜。若挂名一席，使弟可自澄遥领，则于愚计最便者，第恐非彼所愿。虚与委蛇，终无兼顾策耳。

（辛丑三月二十七日，1901 年 4 月 25 日）[1]

（录自《沈曾植书信集》，中华书局 2021 年版，第 30 页）

---

[1] 日期据许全胜考订。

郑孝胥（1860—1938），字苏戡，福建闽侯（今福州）人。举人。曾任驻日本神户、大阪总领事。戊戌变法失败后，任京汉铁路南段总办、广西边防事务督办等职。辛亥革命后任商务印书馆董事长多年。1923年入故宫，任溥仪师傅，后随溥仪到长春，任伪满洲国总理大臣等伪职。

盛宣怀致郑孝胥[①]

再，南洋公学新增特班，张菊生（旁注：近日颇散漫）声望不足，力请交卸，势不能缓。前承公允为俯就主持教育，后起之才，微公莫属。魏君到鄂后能否接洽，公究竟能否速来，如不能速，乞酌举替人。子培、蛰［蛰］仙均在申，玉初在嘉兴养病，不能远行。此三公者，何人相宜，乞速密电示知，以便遵办。此外尚有何人可以胜任？严又陵（旁注：福开森忌之，因其通洋文）赴京未回，此真内教也。苏翁再览。愚斋又顿。

四月十一日（1901年5月28日）

（录自《盛宣怀年谱长编》下，上海交通大学出版社2004年版，第730页）

---

① 原件藏上海图书馆盛宣怀档案《辛丑亲笔函稿》。

沈曾植致盛宣怀（九通）[1]

一

玉初述病有精神，谈事即揪促，病诚不浅，非善调心气不为功，不能乞灵金石草木矣。植请其稍安数日，先定特班功课，而后徐及其他，琐屑繁重，当约菊生相助，渠亦首肯。顾屡言病甚，将不能自主，语意开合仍与告公言无异也。公夜间公余有暇，示知可趋谈。渤上杏翁宗卿先生。植。

（辛丑七月上旬，1901 年 8 月）

（录自《沈曾植书信集》，中华书局 2021 年版，第 268 页）

二

玉初昨发痔疾，未能至公学交收。昭裔亦未到，清谈竟日而返。愚意菊生苟未能遽转，此时莫若寄重昭裔提调之权。提调与总理，指臂相需，诸事可期得力，目前琐冗亦有端绪，但得公一语招呼，度昭裔无不踊跃从事也。屺怀察课之说，鄙亦恰有同心，或称察课教习，或称察课提调，以称提调为宜，均无不可。日本大学堂有助教，有评议员，以联上下之情，助学长之教授，亦是此意。菊生、仲宣皆相宜，虽蔡鹤卿亦可任也。公昨招菊生来谈，若何？屺信缴上。此请荩安。愚斋大卿左右。

植顿首

---

[1] 沈曾植致盛宣怀信九通，日期悉据许全胜考订。

（录自《沈曾植书信集》，中华书局 2021 年版，第 268—269 页）

三

信稿拟呈。冈本事不必入信，晤时不妨告之已函商，应候回信，彼亦不能见怪也。

今早昭裔来商，订一特班不属监院稿，或札或信请酌定。昭裔谓信胜于札。菊生信言蔡、赵称教习，不若称监督。裔谓教习之名多不乐受者，此亦奇事，不敢不以告。蔡、赵皆须任事，薪水终宜稍丰，他时总教习恐亦不能守定菊生例也。

查特班学生为豫备经济特科而设，所重在中学、中文，其洋文功课亦宜酌量变通。合由总教习体察情形，妥定课程规则。监院事务不繁，应即无庸兼顾，以专责成。

（辛丑七月，1901 年 8—9 月）

（录自《沈曾植书信集》，中华书局 2021 年版，第 269 页）

四

方伦泰商之昭裔，谓菊生当时与福开生限期六月，不得谓预先并未通知。公学例监院与总理言定而后行，下半年仍请教体操之说，仅福与薛知，而张不知，不得谓聘定。公学教习不止一人，若事事皆以领事挟制，流弊伊于何底？词气激昂，断然谓事不可以中止。既而寻绎袁信，谓袁以沪上撤兵相提并论，或恐别有为难，莫若即荐诸袁，仍由公学认薪水两三月，稍慰其意，所言如此。

植今日晤薛，询知方伦泰亦实有其事。菊生与福龃龉，兹事是一大端，众论所非，植固不能独为见好。拟草答袁书如后。其转圜办法，则辞退而仍送两月脩金。此以有合同而辞退者为比，方系无合同者，待之抑不可为不优异矣。昭裔亦以此为可行，更请指示。琐事非笔墨能竟，明日能一谈否？特班开学礼节呈览，亦须面商。

（辛丑七月，1901 年 8—9 月）

（录自《沈曾植书信集》，中华书局 2021 年版，第 273 页）

五

昨谈办法至佳，既而思之，更张有渐，施行似尚宜略缓。昭裔任事方锐，在此时提调之名亦自得力。菊生辞让，终所不免，费辞说或耽阁事体，不若稍迟为得也。惟特班蔡、赵宜先发。督办大卿。

植

廿日（辛丑七月二十日，1901 年 9 月 2 日）

（录自《沈曾植书信集》，中华书局 2021 年版，第 270 页）

六

鄂刻《会奏》三册，竹君送来，属转呈，请查入。东文招考似可定期登报，请覆。陈昌绪、张文彬禀，拟批呈上。一与菊生商，一与昭裔商。

植

十六日（辛丑八月十六日，1901 年 9 月 28 日）

（录自《沈曾植书信集》，中华书局 2021 年版，第 275 页）

七

福开森明日可到，菊、昭皆虑其纠缠。以愚意度之，彼方奔走权门，未必遂为无赖不情之举，若柔道相摩，则未可知耳。万一干求难拒，仍只可以商务或铁路顾问官处之，薪脩出自公学，即由植请为总理顾问员亦无不可。第公学中无不厌畏者，此时不便议及。监院是书院旧名称，其职分仅同学长，彼若饶舌，可告以无庸恋此鸡肋也。

（辛丑十一月二十五日，1902 年 1 月 4 日）

（摘录自《沈曾植书信集》，中华书局 2021 年版，第 290 页）

八

译院出书，后当日夥，其前途殆将复成一制造局，公左右宜有一博综今古、长于校勘之人。陶心云孝廉，昔佐王长沙、张南皮刊书颇多，近捐建东湖学堂，章程亦皆周密，公能以千金网罗之否？此君文笔宏雅，通知时事，亦可备作奏之选。

张祖廉，虽未试于奏牍，苟陶铸于大匠之门，异日所成，不在晦若、季直之下，以吴汉涛遗席处之，不啻乞浆得酒已也。此士难得，冀公勿失。

（辛丑十二月二十日，1902 年 1 月 29 日）

（摘录自《沈曾植书信集》，中华书局 2021 年版，第 296 页）

九

昭裔来晤，谈今岁公学情状，似可保一岁无事者。而闻苏人言，学生有宗旨，芝房颇以为虑语，恐亦非无因。将来挑送大学堂，宜先尽能谨无过者。当道动言心术，心术岂易知，但可察其性情耳。如赵仲宣，何尝不新，但性情平粹，办事少龃龉，少阻力。东文学堂颇有美誉，译书院却有忌者。罗叔蕴内外公推，闻长沙有电邀来一谈，未知叔蕴肯行否？罗无去沪意，公尽可披诚相待。译院必以与京、鄂合局为上策，联格策应，仍属之洮怀，必可得力。

（壬寅三月二十八日，1902 年 5 月 5 日）

（摘录自《沈曾植书信集》，中华书局 2021 年版，第 299 页）

王修植（1860—1902），字菀生，浙江定海人。光绪十六年进士，授翰林院庶吉士。晚清学者，维新人士，在天津与严复创办《国闻报》，曾任北洋水师学堂会办（副校长），北洋大学堂头等学堂总办（校长）。

王修植致张元济

菊生仁兄大人阁下：督办拟添派工程学生一人续行出洋。查陆耀廷[①]实系工程毕业生，人亦体段结实，能耐辛苦。弟明日拟即回宁，不及领该生往谒毗陵，务乞阁下订日带同陆生进见说定，俾该生得遂游学之志，而于毗陵公事亦甚有裨益也。专此。即请礼祺。

弟修植顿首
初九（1901 年 10 月 20 日）
（录自张人凤先生家藏手札）

第四编　张元济友朋往来信札

---

① 陆耀廷，广东高要人，南洋公学派遣留美学生，入康奈尔大学深造，获硕士学位。曾任川汉铁路、吉长铁路、粤汉铁路总工程师等。

沈曾植致罗振玉

东文学堂公专主，译书院菊生专主，孝章、芝房并与言明。

（壬寅正月七日，1902 年 2 月 14 日）[1]

（摘录自《沈曾植书信集》，中华书局 2021 年版，第 180 页）

---

[1] 书写日期据许全胜之考订。

盛宣怀致汪凤藻

芝房仁兄大人阁下：兹有东洋学成回国学生雷奋、杨荫杭、杨廷栋三名，拟派在译书院译书。即请阁下与张菊生兄验明中、东文学，酌定每月薪水若干。本公学资遣该生出洋，所费不赀，学成回华，自应尽先留用，以资造就。此次派令译书，学业浅深正可借此自见。务请传谕该生等认真编译，毋负所期，是为至盼。敬请台安。

教弟盛宣怀顿首

六月廿八日（1902 年 8 月 1 日）[①]

（录自上海交通大学档案馆藏档案）

---

① 汪凤藻 1902 年春至 11 月任南洋公学代总办，据此确定年份。

严复致夏曾佑

穗公少恼：

……

又《群学》将次校完。前与菊生有定约，言代刻分利。顷来书问疏阔，不知尚有意否？又代刻售卖后，如何分利，如何保护版权？均须菊明以示我。复自揣不能更为人役，若于此可资生计，即弃万事从之，姑以此刻为试探而已。

（壬寅十一月二十八日，1902 年 12 月 27 日）[1]

（摘录自《〈严复集〉补编》，福建人民出版社 2004 年版，第262 页）

---

[1] 日期为《〈严复集〉补编》编者考订。

夏曾佑致严复

几道先生执事：……译稿事闻菊生已有书达左右，不复赘述。《原富》前日全书出版，昨已卖罄。然解者绝少，不过案头置一编以立懂于新学场也。即请著安。

曾佑合十

嘉平初九日（壬寅十二月初九日，1903 年 1 月 7 日）[①]

（摘录自《严复集》，中华书局 1986 年版，第 1574 页）

[①] 原信未署年份。《原富》于 1902 年末出齐。

张鹤龄（1867—1908），号筱圃，江苏武进人。进士，翰林院庶吉士。曾任京师大学堂总教习。1903 年冬至 1904 年 4 月任南洋公学总办。

张鹤龄致汪康年

闻菊生忽有辞去南洋译书之说，确否？

（壬寅岁末，1903 年 1 月）[①]

（摘录自《汪康年师友书札》(2)，上海书店出版社 2017 年版，第 1653 页）

[①] 是信未署日期。信末有"敬叩年禧"字样。张元济辞去南洋公学译书院职务在壬寅岁末（1903 年 1 月）。

张美翊致盛宣怀（二通）

一

译书院归并以后，销路通畅，计二月分已售洋二千元，为右江帐房语五六月可做大宗生意。现已添印《原富》等书，即就售书所余，周转支用，毫不动支公款。并拟排印译稿数种，为费无几，大约商务、理财之书居多，必可获利。菊生交待译稿甚多，而精粗参半。查原单存有钩处《商业提要》一种，可否发下备印？又尊刻《经世文续编》可否发交公学批售，以免外间翻印。到京如晤严又陵观察，询及《原富》译稿，请宪台告以菊生铸板不精，尚须校对，销售不广。如询及著书余利，请答以按照何眉翁定章办理……

职张美翊谨叩

二月三十日（1903 年 3 月 28 日）

（摘录自《盛宣怀实业朋僚函稿》上，第 20 页）

二

宫保钧右：昨奉赐阅张菊生来函，敬悉。查张函祇请片译书余利事，现由张总办调查，似无法再复，致生枝节。前张菊生、伍昭宸来此，向张总办查帐。总办询以从前有无订过合同，准予查看帐簿，彼亦无辞。因给与余利清单一纸，又银票由张总办同拜菊生面交，昨想去过，尚无下文。菊生来此，深怪钧函"琐屑"两字用之不当，甚矣其器小也。职不揣才力，揽办译院，正月初旬，菊生创议尽售与商务印书馆，计银二千五百两。渠与夏端芳极好，职因事关奏案，首先禀阻，已中其忌，嗣因屡索未完译费，终被索去。又职生平率直，深訾译稿草率，而《法规大全》又无一可用。彼谓眼法太高，积有嫌隙。又彼于福开森所识之人无一而可，售书处江趋丹系福旧人，谓职所用非人。不知职承乏此间，当败坏之后，在堂员司皆仍其旧，只论人材相当与否，不问与福交情何如，且另有丁叔良管银钱帐目（张、吕至戚，然用在前）。至余利一节，职本深怪办法不善，又陵既得购稿二千两，兹又分我余利每部三角五分。今春间菊生帮又陵索至每部一元，殊骇听闻。后耸动又陵赎回原稿（闻商务印书馆设法欲购），又索手稿，谓欲写改另售。职再三推托，允加每部一角五分。因思译院生意从前呆做，划一不二，几于无人过问。今年改为批发折扣，遂与徐颂遐、江趋丹相商，谓书价既有折扣，则余利亦可折扣，且余利为数过巨，办事人劳苦得之，又陵安坐享之，殊不甘心。于是春季以后余利确有折扣，而万不便言明。然三季余利已有一千六七百元之多，若非菊生挑剔，又陵乌得知之。所有扣下之款，涓滴归公，可请宪台密询徐颂遐、江趋丹、丁叔良（从前未言者，以统归公款，不必以此见好也）。前与蛰仙谈及，以生平作事不苟，乃因折扣提归公款，反为旁人所持，殊犯不着。蛰笑职愚，亦深訾又陵专利太厚，则是非亦有公论。以上各节，已和盘知会张总办，只好一错到底。张总办深恶又陵。昭宸以为《原富》一书现且停售，实亦因翻板太多，毫无生意。再商办法，或竟由又陵备价赎回，或定余利数目，已与菊生、昭宸谈过，不日请示核办。另由职将今年出售《原富》实数、分利，折算开单续呈（明后日呈），以明心迹。以区区利益而菊生始终与我为难，于此知利权之害人，而旁观不知当局之苦心也。总册更正附呈，以后统归总办经手，以清界限。职拟自放学后，求公销差，另派相宜差事，断不愿往北洋，首鼠两端，岂人所为。若果以职为无可用，只好遁入商界、工界耳。恃爱密陈，敬请钧安。

职美翊谨叩

季冬月二日（癸卯十二月初二日，1904 年 1 月 18 日）^①

阅后藏过

（录自《盛宣怀实业朋僚函稿》上，第 17—19 页）

---

① 原信未署年份，内容与 1904 年 1 月 16 日张元济致盛宣怀信相契合。

王蘧常（1900—1989），浙江嘉兴人，张元济同年进士王甲荣之子。曾任交通大学、复旦大学等校教授，书法家。

王蘧常致张元济（二通）

一

菊老年伯大人钧鉴：入春，维凡百纳祜为祝。舍间自堂上以次，均托庇安吉，请纾远廑。侄近执教国学于上海光华、大夏两大学，以家累重，颇思谋兼课。近闻鹤顾年伯兼长第一交通大学（即南洋大学），长者与有素，能代为设法不？专此奉恳。恭叩钧安。

年愚侄王蘧常拜上

（1928年）[1]

履历另纸。

（录自《上海图书馆藏张元济往来信札》第11册，第146—147页）

二

菊老年伯大人钧鉴：前日在嘉曾肃寸笺，谅达钧览。不知长者能为力否？本拟晋谒，因光华已开课不果，殊怅，须俟假日矣。专肃。恭叩钧安，伫候玉音。

年愚侄王蘧常拜上

（1928年）廿四晚[2]

（录自《上海图书馆藏张元济往来信札》第11册，第148—149页）

---

① 张元济批注：17/2/17复。
② 张元济批注：17/2/17复。

张元济与交通大学史料汇编

黎照寰致张元济（三通）

一

敬启者，此次日军启衅，炮轰闸北商务（印）书馆，以中国唯一之文化事学机关，乃为日人所嫉视。付诸一炬，损失之巨，曷胜痛愤。执事想平安如常，至深惦念。专此奉问，敬颂台祉。

弟黎照寰

（1932 年）二月十六日 [1]

（录自《上海图书馆藏张元济往来信札》第 9 册，第 260 页）

二 [2]

菊生先生道鉴：春风骀荡，旭日清和。际此良辰美景，欣值先生古稀揽揆之辰，缅想芝标，曷胜葵向。因念先生硕德耆年，蜚声江浙，析疑辨难，户盈问字之车；守志凝神，术擅长生之秘。本校为先生旧游之地，遗规具在，时切去思，爰具上院照片一帧，[3] 祝词一纸，[4] 谨上如冈之颂，聊伸祝嘏之忱。敬祈赐存，诸维霁照不暨。

黎照寰敬启 [5]

（1937 年）三月二十六日

（录自《上海图书馆藏张元济往来信札》第 9 册，第 261—262 页）

---

[1] 黎照寰三信采用交通大学校长室公事用笺。信末张元济注：耀西。21/2/19 复。

[2] 信笺线框处有张元济批注：请费范翁代拟谢信。

[3] 张元济批注：亦当留为纪念。

[4] 张元济批注：已署贱名，只得拜领。

[5] 张元济批注：不知其号，乞代探。纪念论文如未送过，乞补送一册。张元济。26/3/27。

三

菊老先生阁下：顷奉大札并论文一部，谨已收到。寰忝主校务忽忽八年，自以菲才，时虞覆竦，过承藻饰，弥觉惭惶。尚祈时锡教言，以匡不逮。专此申谢，敬颂道绥。

黎照寰

（1937 年）^① 四月二日

（录自《上海图书馆藏张元济往来信札》第 9 册，第 263 页）

---

① 内容与上信紧接，据以确定年份。

胡敦复、胡端行、杜定友致张元济

敬启者，本校图书馆^①创立迄今已越十有六载。当时建筑费用泰半赖校友向各界募捐而来，始获观成。只以近顷中西图书增加甚多，书库不胜载重，且有濒于倾危之势，爰拟继续募款，添建书库。惟兹事体大，端赖众擎。夙仰阁下誉望素隆，登高而呼，响应自易。拟恳台衔列入发起人，以资提倡。谨函奉达，至祈慨允，并希赐复是荷。

胡敦复 胡端行 杜定友敬启

（1934 年）^②

（录自《张元济全集》第 10 卷，第 431 页）

---

① 指交通大学图书馆。

② 张元济批注：23/7/19 复。已为东方出名向各省呼吁，不便为无餍之求，不克附骥。

交通大学致张元济

　　菊公赐鉴：敬启者，今岁为本校成立四十周年，对于掌故有所搜集，俾得编录校史可以纪实。惟译书院及附属东文学堂办理经过情形，校中同人竟无一深悉其详。及查校中保存之译书院出版各书及未出版之译稿，悉有诸位先生曾经工作，校中可以查考，只此而已。公为当时主办，想必所知较详，是以专函奉恳，为清醒眉目起见，敢将奉询各点另纸分条录呈，烦长者记忆所及，赐覆示知，无任企祷。专此。顺颂勋绥。

交通大学敬启

（1936年）四月三日 [1]

回件请赐寄本校杨建明君收。

（录自上海交通大学档案馆藏档案）

---

[1] 张元济批注：25/4/5复。

第五编

友朋日记、杂忆摘录

王云五（1888—1979），字岫庐，广东香山（今中山）人。1921年起任商务印书馆编译所副所长、所长，1930年起任总经理。1946年离开商务，任国民政府经济部长、行政院副院长。1964年在台退出政坛，任台北商务印书馆董事长。

王云五《商务印书馆与新教育年谱》摘录

（1897—1902年）[①]

民前十五年一月（公元一八九七年，清光绪二十三年，丁酉）商务印书馆创业于上海。先设印刷所于宝山路。

……

初夏瑞芳君因承接印件，辄奔走于当时之文化机关之间。在南洋公学中认识其汉文总教习张菊生（元济）。张君早年入翰院，有声于时，且不时提倡新学，然与康梁之维新实无关系。戊戌新政挫败，六君子成仁，康梁亡命，张君以原无关系，坦然置之，却被波及，受革职永不叙用之处分。于是南下回籍，道经上海，为与商务印书馆同年成立之南洋公学聘任汉文总教习。张君与该校西文总教习之美国福开森博士相处甚善，互相交换语文之教学，于是原通中国语言之福开森君进而通达中国文字，原未习英文之张君，因是亦能通英文。夏君因南洋公学不时有中文印件委托外间办理，借此时与张君接洽，至是乃以投资并主持编译相商，经张君详加考虑，卒应许参加，并为专力主持商务书馆编译之任，遂辞南洋公学，以就商务之职。自时厥后，商

[①] 此时间为摘录内容发生的时间，此编皆如此，不另行注明。

务书馆始一改面目，由以印刷业为主者，进而为出版事业。其成为我国历史最长之大出版家，实始于张君之加入，至高夏二鲍诸君之创业，殆可称为其前期耳。

……

同年二月盛宣怀奏设南洋公学于上海。[①]

该校分师范院、上院、中院、外院四部。外院即小学，三年毕业升入中院；中院即中学，毕业后升入上院，上院等于专门学堂。三院教师，皆以师范院学生充任。师范院为中国师范学校之滥觞，然其程度远胜于新学制之师范学堂，殆近于优级师范。据曾任该校汉文总教习之张菊生君告余，后来成为党国元老之吴稚晖先生即彼时师范生之一。又以外院学生，即小学生而言，后来任上海大同大学校长之胡敦复君即其学生之一。该校入民国后，渐发展而为交通大学。

（摘录自《王云五文集》第 5 卷《商务印书馆与新教育年谱（上）》，江西教育出版社 2008 年版，第 3—4 页）

---

① 盛宣怀奏设南洋公学时间应为 1896 年，1897 年南洋公学正式开学。

《郑孝胥日记》摘录

（1898 年 10 月 9 日—1902 年 11 月 17 日）

光绪二十四年（1898 年）

八月廿四日（10 月 9 日）（在北京）上谕：詹事府少詹事王锡蕃，工部员外郎李岳瑞，刑部主事张元济，均着革职，永不叙用。钦此。

九月十一日（10 月 25 日） 又应夏弟三之招于广和居，坐有张菊生，云十三将出京。

九月十九日（11 月 2 日）（在塘沽）张䓖生来船，觅舱不得。午后三点半，开轮。

九月廿九日（11 月 12 日）（在上海）过子培，逢张菊生、汪伯棠。

光绪二十五年（1899 年）

五月十三日（6 月 20 日）（在武昌）得何梅生书……梅生言："张菊生勤敏，经此摧折，或者可成正果。"

光绪二十七年（1901 年）

正月十六日（3 月 6 日） 得柽弟书，梅生十一日无疾而卒。柽弟初十往谈，毫无病状，异矣。……夜，得督办来电，云："梅生猝故，子培、季直、蛰仙待兄公祭。南洋公学、铁路公司两事无人，应如何办法，敬待驾临商办，再行北上。宣，谏。"

正月廿二日（3 月 13 日） 晨，往哭梅生。沈藕生来。张菊生、赵仲宣来。午后谒督办，始知南洋公学事众皆举余接办。

正月廿五日（3月15日）（在上海）劳玉初来，同诣赵仲宣、张菊生。菊生未归，晤其兄。

正月廿六日（3月16日）过劳玉初，同车往南洋公学，晤福开森。至二点，盛督办偕费屺怀、庄仲咸并携其二子同来。饭讫，督办先去，菊生邀观上院、中院。

三月二十日（5月8日）（在武昌）得柽弟二信，并寄来《原富》部甲十部。

三月廿四日（5月12日）夜复入署，谈至四鼓，以《原富》献南皮。

三月廿九日（5月17日）遂过李一琴，闻伍昭宸来书言公学诸生不服张菊生之状。

四月十七日（6月3日）得盛督办书，商铁厂及南洋公学事，即复电，荐汤蛰仙。

六月十五日（7月30日）唐生志杰来见，借《原富》部甲。

光绪二十八年（1902年）

三月十八日（4月25日）（在上海）雨中抵沪，约十一点……过译书局，晤张菊生。

三月廿四日（5月1日）午刻，应张菊生之约，于万年春晤汤蛰仙、蔡鹤卿、沈小彝。

四月初二日（5月9日）过译书院，晤徐仲可。

四月十三日（5月20日）遂至虹口译书院，与菊生、稚星谈久之。

十月十八日（11月17日）张菊生来谈南洋公学事。

（摘录自《郑孝胥日记》第2册，中华书局1993年版，第688—851页）

陈叔通（1876—1966），名敬第，浙江杭州人。政治活动家、爱国民主人士。曾长期担任商务印书馆董事，张元济挚友。新中国成立后，任全国工商联主席、全国政协副主席、全国人大常委会副委员长等职。

陈叔通《回忆商务印书馆》摘录

（1898—1902 年）

  ……商务后来发展成为出版家，而且成为解放前我国最大的出版家，不能不归功于夏瑞芳和张元济（下简称张），商务的主要创办人是夏瑞芳（下简称夏）。夏是一个有雄心的企业家，夏与张结合才为商务成为一个出版企业奠定了基础。夏与张怎样认识和结合的呢？先要追溯到张的一段历史。张是戊戌（1898 年）维新的参预人，是被慈禧太后革职永不叙用的。原来张是壬辰（1892 年）的翰林，甲午（1894 年）是刑部主事，戊戌之前进入总理各国事务衙门（1901年《辛丑条约》后改为外务部）为章京。当时总理衙门掌权的是张幼樵（荫垣），也是倾向维新的。张元济入总理衙门后，见到各种条约公文案卷堆置很乱，于是提出条陈订了一些办法，张幼樵很器重他，又加维新倾向的一致，很投合，当时有"二张"之说。张幼樵与李鸿章的关系深，故张元济也被李鸿章认识。光绪皇帝有维新倾向，要看新书，向总理衙门要书，张元济便在总理衙门内检些送进去。也曾向外买了些书以总理衙门的名义送进去。每次送书要具名"总理各国事务衙门章京张元济呈"，故光绪帝知道有个叫张元济的。戊戌政变后，慈禧处理维新分子，当时的维新分子确有生命危险。据张元济说，有一天慈禧太后下旨革职一个与张官阶相仿的京官，处分为"革职永不叙用"，光绪帝在旁插言"那么张元济也应当革职永不叙用"，于是张就被革职永不叙用。光绪之所以提名张元济革职永不叙用，是存有保全的用意。

张是一个寒士，革职回家去怎么办？张当时尚无主意，只是应速离京以免祸患。张由京到上海，当时主办南洋公学的盛宣怀来访张，告知李鸿章有电报要盛宣怀安置张，故盛宣怀为他在南洋公学开辟一个译书院，请张为院长。于是张就去主持译书院。译书院编了一些课本书稿要交印刷商承印，夏瑞芳为兜揽印刷生意而和张相识。二人交往既多，逐渐彼此认识。有一次，夏短少周转资金，张觉得夏办事很好，存心帮助一下夏，为商务介绍一家钱庄，张作担保立透支一千元的往来，之后，夏、张更加接近。夏办商务有雄心，觉得只承印一些东西没有多大的发展，而在给教会印书中，见到书的市场不坏，也心想出版一些书本。此意先告诉了张，张曾代理过南洋公学堂堂长，他在南洋公学译书院觉得衙门式的机关牵制很多，并不得意，也有意个人活动活动，终于时机成熟了。夏有一天便与张开谈，问张既在译书院不得意，能否离开，我们来合作，张说你能请得起我这样大薪金的人吗？夏说你在译书院多少薪金，我也出多少。于是双方言定，夏管印刷，张管编书。

（摘录自《商务印书馆九十年——我和商务印书馆（1897—1987）》，商务印书馆1987年版，第132—133页）

《蔡元培日记》摘录

（1900 年 11 月 20 日—1902 年 3 月 6 日）

光绪二十六年（庚子，1900 年）

九月二十九日（11 月 20 日） 晴。赴徐家汇，游南洋公学，晤宋省庵、俞少伯。

光绪二十七年（辛丑，1901 年）

三月十八日（5 月 6 日） 雨。黄昏到上海，宿舟中。

三月十九日（5 月 7 日） 阴。晨，到菊生家。年伯母影堂前行礼。同菊生访刘葆良前辈于澄衷学堂，午饭。

四月朔（5 月 18 日）

所保应南洋公学特科试学生题名

李雪苏（锡身）	屠□□（考庵）	孙 烈	钱唐人
杜宿帆（焕孙）	娄光裕	林祖同（正允）	瑞安人
金鸣銮（沁梅）	陈绍唐（景卿）	林文在（周髓）	瑞安人

八月朔（9 月 13 日） 南洋公学特班生开学，见延为教习，今日到学。

八月十五日（9 月 27 日） 夜宿菊生处。

八月十六日（9 月 28 日） 昨于菊生许见《英国文明史》译稿，中言心理决事，终不如历史之可据，如男女异性之故，论者各持一理，而以历史求之，大抵女二十人，则男二十一人，此必难悬断者也。又言治化之进，系慧不系德。欧洲近百年战事及窘戮异教之事渐寡，皆以智进故也。又言人之智愚善恶，皆为外界风习所铸，非由先世遗传。

八月二十一日（10月3日） 致菊生书，为铭甫商译书事。

八月二十五日（10月7日） 宿于菊生许。

九月十七日（10月28日） 看菊生，不晤，午后晤于译书院。

九月二十日（10月31日） 公学考所招东文学生，到者三百二十七人。

九月二十七日（11月7日） 醇邸临公学，与沈、费、张、赵四君迎送谒见。午，公学宴醇邸及其参议员，随员与宴（座中凡三十余人，有地方官及道府以公事留上海者，又美国人五，皆公学教习）。晚，与菊生同车到广学会购书，公学备呈醇邸者也。

九月二十八日（11月8日） 到译书院，与菊生写定书目。

十月六日（11月16日） 夜到菊生许。

十月七日（11月17日） 菊生许借《东西洋伦理史》《哲学史》《哲学泛论》。

十月十四日（11月24日） 夜到菊生许，见《大阳录》，俄木氏非代议政体文译本。

十月二十一日（12月1日） 到菊生许，赵、温、徐及狄兰池皆在。到东文学堂，看叔蕴。

十月二十六日（12月6日） 公学前总理何眉孙（嗣琨）之枢回里，诣平江会馆，与公祭。晚，菊生邀饮万年春，晤胡［吴］稚辉（朓）。

光绪二十八年（1902年）

正月二十七日（3月6日） 到译书院，晤蛰仙、菊生、仲可，知王玫伯同年舟瑶午前到公学见访，即访之于其寓，不直，到公学。

（摘录自《蔡元培日记》，北京大学出版社2010年版，第137—195页）

孙宝瑄（1874—1924），字仲玙，浙江杭州人。文人、学者。1901 年孙宝瑄购得《原富》后，至五月初三日，一月之内，所作读书笔记颇多，本书仅摘其中一段。

孙宝瑄《忘山庐日记》摘录

（1901 年 5 月 21 日—1901 年 6 月 18 日）

（辛丑四月初四日，1901 年 5 月 21 日）

四日，阴。坐小车诣南洋公学，规模洪敞。张菊生新为总理，适不在学中，见伍昭裔。购得严先生译《原富》乙、丙部。归，观书。

（辛丑五月初三日，1901 年 6 月 18 日）

西国最隆视植利之人，尤重商家。盖商人善营运，析利尤精，易致富。民富则税可重，而有利于国。故持论者每谓国中地产，若尽归诸商家，则地利无有不尽辟者。盖商人胸有经纬，谋定后动，非若有田世家徇慭，出财常无所收也。斯密亚丹云：生财之道，无分本末。条理、计虑、精神三者，用而后利见。此世家万万不及商贾者也。

（摘录自《忘山庐日记（上）》，上海人民出版社 2015 年版，第 331、345 页）

黄炎培（1878—1965），字任之，上海川沙（今浦东新区）人。1901年入南洋公学特班。教育家、实业家。曾创办中华职业教育社。新中国成立后，历任国务院副总理、全国人大常委会副委员长等职。与张元济亦师亦友，交谊甚笃。

黄炎培《南洋公学寻学记》摘录

（1901年）

南洋公学就学

我所投考被录取的是上海南洋公学特班。南洋公学一八九七年开办①（屡改名称，现名交通大学），先设师范院，后设附属小学，后来名外院；后设中学，名中院。后设铁路班。一九〇一年设特班，和师范班、铁路班合名上院。督办是盛宣怀，为的他是全国铁路督办。学校费用是从铁路收入支拨的。总办是汪凤藻。

外国人点名

考试那天，我吃了一惊。大堂点名给卷时，一个身材高大的西洋人直立着。西洋人自然穿西装了，奇怪的是西装的帽子上加一粒蓝色的顶珠。中国的学校考试，怎么有西洋人参加呢？可见得清朝末期一切措施的情况了。后来知道这西洋人是监院，名福开森。

---

① 南洋公学于1896年开办，1897年正式开学。

张元济口试

缴了试卷后口试。口试我的一位，后来知道是张元济。至今还记得他当时问我："你信宗教没有？信哪种宗教？"我答："什么宗教都没有信。"他说："好！"张元济，号菊生，后来我和他在师友之间亲密相处了几十年。解放后病殁于上海，留下一首诗："维新大业平生志，解放功成又一天。报国有心奈无命，泉台仍盼好音传。"这位先生的思想，虽还受着历史性限制，但无疑是富于爱国主义的。

（摘录自《八十年来》（黄炎培著），中国文史出版社1982年版，第37—38页）

平海澜（1885—1960），上海松江人。毕业于南洋公学。历任南洋公学附中主任、商务印书馆英文编辑、大同大学校长、华东师范大学教授。曾任上海市文史研究馆馆长。

平海澜回忆南洋公学求学岁月

（1901 年）

　　何梅笙故世了，接手的就是张元济（菊生）先生。张先生励精图治，真好。他是非常爱研究学问，勉励学生读新书的。譬如本来我们是读《史记》《汉书》《资治通鉴》《御批通鉴辑览》等旧书的，他改掉了，教我们读严复的《原富》。我们弄得走投无路，头昏脑胀，并且讲的先生也是外行，讲国学是好的，讲《原富》就不行了，《原富》是经济学。后来他自己教我们，他的教法，读一遍，一遍读了好几页，马上就问答。那么我们小孩子怎么答得上呢——十三四岁读《原富》！我记得那时候看张之洞的《劝学篇》，还有《盛世危言》。张菊生先生那时候有个新作风，就是找一个一个学生去见他，去谈。有一回他找到我们班里头了，我也在内。他问我："近来看什么新书没有？"我瞎说一套，我说《盛世危言》，实际我借是借来了，还没有看。他就问我："《盛世危言》讲些什么？"我就脸胀通红，一语不发。足见他是很讲维新的。他晚上时常拿了一盏油灯，四处去看看。

　　福开森那时候是监院，同张先生不大对头。……监院其实不是校长，而他却在自己的信纸上就写 PRESIDENT，PRESIDENT 就是校长了。就从这一种神气也可以看到他的野心了。总之他处处都要管，学生替张先生抱不平，反抗外国人，所以就有一个学生被外国人开除。

外国人开除了他，张先生就暗地把他送到东洋去。

......

后来张先生受福开森的欺侮，退出了。

（摘录自《辛亥革命回忆录》第 4 集，中华书局 1963 年版，第 63—65 页）

张树年（1907—2004），浙江海盐人，张元济子。美国纽约大学工商管理硕士，长期从事金融工作。上海市文史研究馆馆员。主编《张元济年谱》，著有《我的父亲张元济》，编有《张元济友朋书札》《张元济书札（增订本）》《张元济蔡元培往来书信集》等。

张树年《先严日常生活琐忆》摘录

（1901 年）

先生任（南洋公学）代总理期间，住宿校内，偶尔回家。时虹口至徐家汇，有水路相通。船行至漕河泾上岸，再雇小轿，单程需大半日，费时劳神，极为不便。

（摘录自《张元济年谱》，商务印书馆 1991 年版，第 37 页）

高凤池（1864—1950），字翰卿，上海人。商务印书馆创办人之一，曾任该馆经理、总经理、董事等职。

高凤池《本馆创业史》摘录

（1901 年）

本馆在最初创立的几年中，发起人都不分官余利，所有盈余尽作营业资本，直到张菊生先生、印锡璋先生等投资加入时，重为估值升股。那时张菊生先生在南洋公学任译书院院长，因为印书，常有接洽，见夏、鲍诸君办事异常认真，而夏先生正想扩充本馆，预备设立编译所，想聘请张先生主持编译所事务。双方意见相投，一谈之后张先生等愿意投资参加。同时印锡璋先生亦有意参加，就由原发起人邀请张、印诸先生在四马路昼锦里口聚丰园会议合资办法，并进行成立有限公司，议定原发起人每股照原数升为七倍，共计资本 5 万元。这是清光绪二十七年的事。

（摘录自《商务印书馆九十五年——我和商务印书馆（1897—1992）》，商务印书馆 1992 年版，第 6 页）

福开森（1866—1945），美国传教士，清末民初曾任政府要员顾问。1897—1901 年为南洋公学监院。

福开森《南洋公学早期历史》中译摘录

（1931 年 5 月）

翻译处　在我任职的末年设立了翻译处（译书院），但它是个独立的机构，与学院无关。由张菊生先生负责管理这个处，然而过了一二年之后，这个处的工作就移交给新开办的商务印书馆了。

（摘录自《交通大学校史资料选编（1896—1927）》第 1 卷，西安交通大学出版社 1986 年版，第 14 页）

叶恭绰（1881—1968），字誉虎，号遐庵，广东番禺人。曾任民国北京政府交通部总长，兼任交通大学校长。擅书画、文物研究。新中国成立后，任全国政协委员、中央文史研究馆副馆长。与张元济有数十年交往。

交通大学叶恭绰等贺寿诗文

（1956 年）

编者按：1956 年农历九月二十八日为张元济九十寿诞，商务印书馆同人发起邀集知名人士、商务老同人、文史研究馆馆员等创作诗文、书画，以表贺忱。共集得一百一十二篇（幅），汇辑成《张菊生先生九十生日纪念册》上下两册。本书录叶恭绰、黄炎培、邵力子、平海澜、王蘧常五位交通大学人士作品。

叶恭绰

高卧沧江，一老岿然，啸歌未休。溯涉园家乘，门承通德。汝南月旦，誉压群流。九服声名，五朝闻见，待访宁徒演范畴。灵光在，数维新党籍，有几还留？

古稀佳话从头，忆献爵曾登万卷楼。先生七十生日，余曾为文以祝。看书刊四部，众铭嘉惠。史传百衲，晚费旁搜。卫武威仪，商彭述作，耄学精勤付汗牛。东南望，祝青藜光焰，永耀神州。　《调寄沁园春》

菊生先生九十生日。

叶恭绰敬祝

黄炎培

张菊生先生高龄九十，为六绝句恭祝长春

遥遥十九纪终期，戊戌风云人物希。

谁识菜街六君子，孑遗一士命几希。

戊戌政变，先生在军机处，时时以新书送光绪帝。触慈禧怒，险与"六君子"难。先生刻有"党锢孑遗"印章。

通艺弦歌第一声，新知珍启帝聪明。

枉劳忧国心肠热，反覆苍黄百不成。

戊戌以前，先生在北京创设通艺学堂。

市隐涵芬五十年，苦心文化广流传。

儿笘创制悬低值，古籍穷搜汇巨编。

先生主持商务书馆，大量藏书涵芬楼。始编印小学教科书廉价出售，又印行《四部丛刊》。

南箐特立聚英奇，信仰伊何口试时。

一语殷勤长记取，平生风义友兼师。

一九零一年，我应考上海南洋公学特班入选，先生口试："你有无宗教信仰？信仰那种？"我答无。此印象今犹留脑海中。

甘泉九十谒南京，相叟百龄远道迎。

新药新医今保健，伴公䀼岁杖春明。

明湛甘泉若水九十岁游南京。马相伯良年一百有一。"䀼"，许氏《说文》有此字，"二百"义，读若"秘"。

空前跄济北京城，万国嘉宾尽弟兄。

喜报先生防不寐，东方红已遍环瀛。

北京正召开中国共产党第八次代表大会，参加人民民主统一战线者皆列席。全世界来列席致祝贺者有六十一国代表，遍五大洲，其中有共产党代表者四十七国。

一九五六年九月，黄炎培

邵力子

鬻子九十策国事，伏生九十传尚书。

愚公九十思移山，放翁九十常操觚。

君之一身兼四哲，君之遭际史所无。

早岁维新受挫折，海滨蛰处伤道孤。

涵芬万卷毁于寇，烬余犹幸归国储。

历尽沧桑逢盛世，浮云扫尽乐何如。

老当益壮神长旺，和以致祥福有余。

偶得新诗共欣赏，每闻奇迹倍欢愉。

只余一事萦怀抱，台岛而今犹负嵎。

奋起挥毫苦相劝，精诚应可格豚鱼。

社会主义向前进，愿见大同极乐图。

百岁颂君还未足，再增花甲我高呼。

菊生先生九十大庆

邵力子敬祝

平海澜
张菊生老师九秩寿诞献词

一八九八年，我师以玉堂清贵，高瞻远瞩，毅然参加戊戌政治革命。运动失败南归，敝屣仕进，致力于为时养器，陶铸人材，主持南洋公学，为后来交通大学奠定始基。我得以童蒙执弟子之礼，亲炙教海，服膺弗失。既而我师鉴于促进文化、补助教育莫先于出版事业，遂入商务印书馆。努力改进印刷技术，主编各类图书，创刊各级教科用本。旋因适应时代需要，领导同人编纂中外字典及《辞源》暨科学专书，又复刊行各种杂志。时我承师命，亦得参与编辑之列。而我师更以余力校订全史，流传古籍，凡足为后进示矩矱者，尤三致意焉。老德惇师，为祖国教育界、学术界之发展，辛勤历五十余年如一日，功绩昭著，举国景仰。今届九秩，讵非荀子所谓"美意延年"欤。夫以我师之年高德劭，而灵光巍然，犹为国家文化与社会福利，掬诚献替于人民团体，斯真国家之祥瑞，正不独寿如松乔为可称已。虽然嘉词迎嘏，生日称觞，古之典也。不揣谫陋，敬献芜词，为我师寿，并预祝期颐。

受业平海澜　一九五六年国庆节

王蘧常

丈人稷契俦，早岁志活国。三月驪裘歌，莫挽十世厄。

回天愿不遂，一舸继范伯。<small>丈与戊戌变法几不测，后放归。</small>

惜哉经纶手，余事营书帕。<small>丈在上海创立商务印书馆。</small>

曾记吾父言，丈如剑在匣。<small>蘧病中不耐检韵，颇多出入，姑以叶韵为解。</small>

寒芒虽深弢，犹时一闪铄。寻常书馆中，森然见部勒。

丹铅遍诸史，丈岂忘民物。又言丈早达，世人拟贾陆。

贾陆非所喜，母教在止足。曾拜太夫人，深语移晷刻。

他日话惊弦，回首尚哽咽。<small>又谓庚子岁，围城几莫脱。</small>

崎岖至海上，晤丈如世隔。

初痛国破碎，继索围城作。<small>索津门纪事笔记，谋付印。</small>

弥天忧国恨，一泻泪双热。<small>父逝已卅年，父言犹耳熟。</small>

视丈如古贤，时时窃效则。<small>初识在禾中，迎丈西埏屋。</small>

小子十三四，私心拟魁杰。志气称奇伟，恂恂乃巽弱。

始知千顷陂，寸蠡何能测。自后寄海上，疑难必丈质。

八年困寇乱，恃丈作安宅。微言治有兆，剥极会当复。

明年寇虽降，谓乱犹未莫。内贼过外寇，势将溃心腹。

愤起批逆鳞，<small>丈在科学院大会时，指斥巨猾，四座震悚。</small>

余威震海若。<small>闻此事外报亦载之。</small>

猛志固常在，姜桂老愈辣。迨日暮倒行，郊移及太学。

丈又奋然起，陈欧事可怵。联名唐夫子，一书拔鸩毒。

<small>猾将败时，封闭上庠，逮捕学子，丈联唐蔚芝师腾书申救。</small>

终得如所愿，亲见乾坤斡。一洒百年痛，喜极泪翻溢。

忆国初开基，首聘帛加璧。安车上京归，上谒书楼侧。

笑语过往时，不觉膝前促。真如有脚春，所在都生色。

百废起凋残，史无此日月。我竟忘老至，汝壮益振刷。

近岁偶病偏，<small>见《孙卿子》。</small>气犹吞六合。

庄休言养生，神全不碍兀。四海仰难老，今年政九十。

面还似婴儿，见者疑耄耋。十年到期颐，与国同逢吉。

此时教化成，优入大同域。丈应大笑起，初愿非所及。

唐虞亦区区，轩顼多虚饰。仲尼梦未到，我乃幸亲历。

天岂悭须臾，郅治待其极。

小诗五十韵，敬祝菊老年伯大人九䄂嵩辰。

年侄王蘧常拜撰

（录自《张菊生先生九十生日纪念册》，上海图书馆藏稿本）

第六编

报刊所载广告、新闻

一、广告

南洋公学译书院新出各书

（1899 年 6 月 27 日）

　　《日东军政要略》，是书从东文译出，备载日本一切军政，分门别类，赅括无遗，用白纸刷印，装订两大册，实价三角，不折不扣。《战术学》四册，译东文本，指陈利害，区画攻守，虑远思周，切实详尽，为兵学最新之书。《欧洲各国水陆商政比例通议》四册，译法文本，洞悉市情，贯通律意，缕析条分，最便交涉，为商务必读之书。《美国纽约省民兵章程》一册，译英文本，官不费饷，民尽知兵，中国仿行，自强有效，留心时务者，不可不读也。以上三种即日出书，在广学会总局、申昌书画室寄售。

　　（载于《申报》1899 年 6 月 27 日第 4 版，28 日第 6 版，29 日第 10 版，30 日第 6 版；7 月 1 日第 10 版，2 日第 4 版，3 日第 10 版）

南洋公学译书院新译各书

（1899 年 12 月 23 日）

《日东军政要略》二册，三角。《战术学》四册，五角。《作战粮食给养法》一册，一角五分。《军队内务书》一册，一角五分。《美国陆军制》一册，一角。《日本军队给与法》一册，一角。以上皆系实价，不折不扣。在上海抛球场广学会总局、扫叶山房、三马路申昌书室发售。尚有《日本陆军学校章程汇编》《陆军教育摘要》《步兵操典》《日本宪兵制》《万国通商史》即日出售。

（载于《新闻报》1899 年 12 月 23 日第 4 版，24 日第 6 版，25 日第 6 版，26 日第 10 版，27 日第 4 版，28 日第 6 版，29 日第 4 版，30 日第 5 版，31 日第 10 版；1900 年 1 月 1 日第 4 版，3 日第 5 版，5 日第 4 版）

南洋公学译书院新译各书

（1900 年 3 月 8 日）

《日东军政要略》二册，三角。《战术学》四册，五角。《作战粮食给养法》一册，一角五分。《军队内务书》一册，一角五分。《美国陆军制》一册，一角。《日本军队给与法》一册，一角。《陆军教育摘要》二册，二角五分。《日本陆军学校章程汇编》四册，七角。《日本宪兵制》一册，一角五分。以上皆系实价，不折不扣。在上海抛球场广学会总局、扫叶山房、三马路申昌书室、法界天主堂街中西书室发售，尚有《步兵操典》《万国通商史》即日出售。

（载于《新闻报》1900 年 3 月 8 日第 4 版，10 日第 5 版，12 日第 4 版，14 日第 5 版，16 日第 4 版，18 日第 6 版，20 日第 5 版，22 日第 5 版，24 日第 4 版，25 日第 10 版，26 日第 5 版，28 日第 5 版，30 日第 10 版；4 月 1 日第 5 版，3 日第 4 版，5 日第 4 版，7 日第 10 版，9 日第 6 版，13 日第 10 版，15 日第 10 版，17 日第 5 版，19 日第 10 版，21 日第 4 版，23 日第 10 版，25 日第 6 版，27 日第 10 版，30 日第 10 版；5 月 2 日第 5 版，6 日第 4 版，8 日第 4 版，10 日第 4 版，12 日第 4 版，14 日第 4 版，16 日第 4 版，18 日第 4 版，20 日第 4 版）

南洋公学译书院新译各书

（1900 年 5 月 24 日）

《日东军政要略》二册，三角。《战术学》四册，五角。《作战粮食给养法》一册，一角五分。《军队内务书》一册，一角五分。《美国陆军制》一册，一角。《日本军队给与法》一册，一角。《陆军教育摘要》二册，二角五分。《日本陆军学校章程汇编》四册，七角。《日本宪兵制》一册，一角五分。《步兵操典》二册，三角五分。《万国通商史》一册，一角五分。以上皆系实价，不折不扣。在上海抛球场广学会总局、扫叶山房、三马路申昌书室、法界天主堂街中西书室发售。尚有《步兵射击教范》《步兵各个教练》即日出售。

（载于《新闻报》1900 年 5 月 24 日第 4 版，26 日第 4 版，29 日第 4 版，31 日第 10 版；6 月 2 日第 4 版，4 日第 4 版，6 日第 4 版，8 日第 4 版，10 日第 4 版，12 日第 4 版，14 日第 4 版，16 日第 4 版，18 日第 4 版，20 日第 4 版，22 日第 4 版，24 日第 4 版，26 日第 4 版，28 日第 5 版，30 日第 4 版；7 月 2 日第 5 版，4 日第 4 版，6 日第 4 版，8 日第 4 版，10 日第 4 版，12 日第 4 版，14 日第 4 版，16 日第 4 版，18 日第 4 版，20 日第 4 版，22 日第 4 版，24 日第 4 版，27 日第 4 版，29 日第 4 版）

南洋公学译书院新译斯密亚丹《原富》

（1900 年 12 月 25 日）

欧洲二百年前理财政策多与中国相似，自此书出，英国首先采用，遂立今日富强之基。今中国患贫久矣，和议既定，必以整理财政为先。本公学敦请侯官严又陵观察译成是书，以备参考。原书虽嫌稍旧，然斯密为理财家之祖，其说多历久常新，间有一二为后人所纠正者，亦经严君采译，列为案语。原书共分五部，现在先印甲部，约得十二万言，即日出售，仍在上海广学会、扫叶山房、中西书室三处寄售。其余四部暨斯密本传、原序及本书所附地名、人名、杂名各表，中西年表，一俟甲部印成，即行续印。

（载于《新闻报》1900 年 12 月 25 日第 4 版，27 日第 4 版，29 日第 4 版，31 日第 4 版；1901 年 1 月 2 日第 10 版，4 日第 4 版，6 日第 4 版，8 日第 4 版，10 日第 4 版，12 日第 4 版，13 日第 4 版，14 日第 4 版，16 日第 4 版，17 日第 4 版，18 日第 4 版，20 日第 4 版，21 日第 4 版，23 日第 4 版，25 日第 4 版，27 日第 4 版，29 日第 4 版，31 日第 10 版；2 月 2 日第 4 版，4 日第 4 版，6 日第 4 版，7 日第 4 版，8 日第 4 版，10 日第 4 版，12 日第 4 版，13 日第 4 版，22 日第 5 版，24 日第 4 版，28 日第 4 版；3 月 2 日第 4 版，4 日第 4 版，8 日第 4 版，10 日第 4 版，12 日第 4 版，13 日第 4 版，14 日第 4 版，16 日第 12 版，17 日第 4 版，19 日第 4 版，20 日第 9 版，22 日第 4 版，24 日第 12 版，26 日第 4 版，28 日第 4 版，30 日第 10

版；4月1日第4版，3日第11版，5日第4版，8日第4版，11日第4版，14日第4版，16日第4版，18日第4版，20日第4版，22日第4版）

南洋公学译书院新译《原富》部甲出书

（1901 年 4 月 17 日）

　　严又陵观察译，每部一册，价洋六角，不折不扣。另新书多种，均在上海望平街《新闻报》馆、老巡捕房对门广学会、抛球场扫叶山房、天主堂街中西书室寄售。

　　（载于《新闻报》1901 年 4 月 17 日第 4 版，19 日第 4 版，21 日第 5 版，24 日第 4 版，25 日第 5 版，27 日第 4 版，29 日第 4 版；5 月 1 日第 11 版，3 日第 5 版，5 日第 4 版，7 日第 5 版，9 日第 6 版，11 日第 4 版，13 日第 6 版）

南洋公学招考特班

（1901 年 4 月 22 日）

本公学现在增设特班，专教成材之彦。各省学识淹通之士，无论有无出身，曾习西文与否，均可觅具保人赴本公学报名，限四月内截止。届□由督办轮船、电报两局盛丞堂示期亲试。惟素有嗜好，或性喜便逸，或须料理家事者，幸勿枉临。一切规约照原设师范班优待之例，惟不给膏火，一切购买书笔纸墨，悉由自备。功课分初级、高等两科。初级英文、算学、格致、化学，高等地学、史学、政治、理财、名学，各限三年，卒业、告假、退学均有限制。另具详细章程，可向本公学索阅。

（载于《新闻报》1901 年 4 月 22 日第 4 版，27 日第 10 版，28 日第 4 版，29 日第 4 版，30 日第 10 版；5 月 1 日第 5 版，2 日第 11 版，3 日第 4 版，4 日第 4 版，5 日第 5 版，6 日第 11 版，7 日第 6 版，8 日第 11 版，9 日第 4 版，10 日第 4 版，11 日第 5 版，12 日第 5 版，13 日第 4 版，14 日第 11 版，15 日第 5 版，16 日第 10 版，17 日第 5 版，18 日第 4 版，19 日第 10 版，20 日第 5 版，21 日第 10 版，22 日第 5 版。《中外日报》1901 年 5 月 7 日）

南洋公学译书院新译
《原富》部乙丙出书

（1901 年 5 月 14 日）

严又陵观察译，乙丙合订一册，每部价洋三角。以下照部甲，不折不扣，全书登录。另新书多种，均在上海望平街《新闻报》馆、老巡捕房对门广学会、抛球场扫叶山房、天主堂街中西书室寄售。

（载于《新闻报》1901 年 5 月 14 日第 4 版）

南洋公学译书院新译《原富》出书

（1901 年 5 月 17 日）

　　严又陵观察译，部甲上、下二册，价洋六角；部乙、部丙合订一册，价洋三角。均售大洋，不折不扣。另新书多种，均在上海望平街《新闻报》馆、老巡捕房对门广学会、抛球场扫叶山房、天主堂街中西书室寄售。

　　（载于《新闻报》1901 年 5 月 17 日第 4 版，19 日第 4 版，21 日第 11 版，23 日第 5 版，25 日第 5 版，27 日第 11 版，29 日第 5 版，31 日第 5 版；6 月 2 日第 6 版，4 日第 10 版，5 日第 5 版，6 日第 4 版，8 日第 10 版，10 日第 5 版，12 日第 6 版，14 日第 5 版，16 日第 10 版，19 日第 11 版，20 日第 5 版，22 日第 4 版，24 日第 13 版，26 日第 5 版，28 日第 10 版）

南洋公学译书院新译斯密亚丹《原富》，新编《蒙学课本》初、二编出书

（1901 年 6 月 30 日）

严又陵观察译，部甲上、下二册，价洋六角；部乙、部丙合订一册，价洋三角。又《蒙学课本》初编，定价洋一角，二编定价洋二角五分。均售大洋，不折不扣。另新书多种，均在上海望平街《新闻报》馆、老巡捕房对门广学会、抛球场扫叶山房、天主堂街中西书室、棋监〔盘〕街文瑞楼、望平街千顷堂、四马路江南书局、鸿宝斋、正记书庄、《苏报》馆寄售。

（载于《新闻报》1901 年 6 月 30 日第 4 版；7 月 2 日第 10 版，4 日第 5 版，6 日第 11 版，8 日第 4 版，10 日第 10 版，12 日第 4 版，14 日第 4 版，17 日第 10 版，19 日第 5 版，21 日第 5 版）

南洋公学译书院新译斯密亚丹《原富》，新编《蒙学课本》初、二编出书

（1901 年 7 月 23 日）

严又陵观察译，部甲上、下二册，价洋六角；部乙、部丙合订一册，价洋三角。又《蒙学课本》初编定价洋一角，二编定价洋二角五分。均售大洋，不折不扣。另新书多种，均在上海望平街《新闻报》馆、老巡捕房对门广学会、抛球场扫叶山房、天主堂街中西书室、棋监〔盘〕街文瑞楼、望平街千顷堂、四马路江南书局、鸿宝斋、正记书庄、《苏报》馆寄售。

（载于《新闻报》1901 年 7 月 23 日第 4 版）

南洋公学译书院新译斯密亚丹《原富》，新编《蒙学课本》初、二编出书

（1901 年 7 月 25 日）

严又陵观察译，部甲上、下二册，价洋六角；部乙、部丙合订一册，价洋三角。又《蒙学课本》初编定价洋一角，二编定价洋一角五分。均售大洋，不折不扣。另新书多种，均在上海《新闻报》馆、老巡捕房对门广学会、抛球场扫叶山房、天主堂街中西书室、棋监〔盘〕街文瑞楼、望平街千顷堂、四马路江南书局、鸿宝斋、正记书庄、《苏报》馆寄售。初八报登《蒙学课本》二编二角五分，系一角五分之误，即行更正如左。

（载于《新闻报》1901 年 7 月 27 日第 5 版，29 日第 11 版，31 日第 4 版；8 月 2 日第 5 版，4 日第 11 版，6 日第 4 版，8 日第 6 版，10 日第 5 版，12 日第 5 版，15 日第 11 版，17 日第 6 版，21 日第 5 版，25 日第 5 版）

招复特班生榜

（1901 年 8 月 27 日）

南洋公学于本月初十考试二次，特班兹由盛丞堂将各生考卷评定甲乙，于昨榜示。准于本月十五日辰初，齐集静安寺路斜桥盛督办行辕复试，毋得自误。榜列后：郭弼、彭清栋、文永誉、钟枚、王世澂、戴克仁、王世谦、李广平、程志姚、唐忠行、邵闻泰、潘钰、张承樾、徐敬熙、穆湘瑶、储桂山、朱襄、许继光、屈如幹、吴宝地、朱履龢、林坚、林祖同、程崇铭、孙烈、黄钧、顾藩、徐文宝、王舜成、谢家山。

（载于《新闻报》1901 年 8 月 27 日第 3 版）

南洋公学译书院新译斯密亚丹《原富》，新编《蒙学课本》初、二编出书

（1901 年 8 月 29 日）

第六编 报刊所载广告、新闻

严又陵观察译，部甲上、下二册，价洋六角；部乙、部丙合订一册，价洋三角。又《蒙学课本》初编定价洋一角，二编定价洋一角五分。均售大洋，不折不扣。另新书多种，均在上海《新闻报》馆、老巡捕房对门广学会、抛球场扫叶山房、天主堂街中西书室、棋监〔盘〕街文瑞楼、望平街千顷堂、四马路江南书局、鸿宝斋、正记书庄、《苏报》馆寄售。大新街《笑林报》馆、苏州观前街开智书室、无锡崇安寺三等学堂。

（载于《新闻报》1901 年 8 月 29 日第 10 版，31 日第 6 版；9 月 2 日第 10 版，4 日第 6 版，6 日第 9 版，8 日第 6 版，10 日第 10 版，12 日第 5 版，14 日第 10 版，16 日第 4 版，18 日第 10 版，22 日第 11 版，24 日第 10 版，26 日第 6 版，28 日第 12 版，30 日第 4 版；10 月 2 日第 12 版，7 日第 5 版，8 日第 10 版，10 日第 6 版，15 日第 13 版，17 日第 5 版，19 日第 10 版，21 日第 4 版）

南洋公学覆取特班二十名

（1901 年 9 月 3 日）

彭清栋、王世澂、文永誉、邵闻泰、钟枚、李广平、程志姚、唐忠行、王世谦、郭弼、林坚、朱履龢、穆湘瑶、黄钧、潘钰、储桂山、林祖同、吴宝地、徐敬熙、张承樾。以上二十名，与前取特班二十名，准自七月二十日起至七月底止，均入南洋公学，定期八月初一日开课，幸无延误。公学告白。

（载于《新闻报》1901 年 9 月 3 日第 4 版）

南洋公学《物算》《笔算》出书告白

（1901 年 10 月 17 日）

是书即本公学前印《心算教授法》付印出售预告中之《通用算术教授法》。因前二本原名《实物计算》，故省名为《物算》，后二本则为《笔算》，浅近易知，教幼童最宜，本公学已经实验。今特付印，以公海内。每部售足洋三角五分，寄售处《新闻报》馆、千顷堂、文瑞楼，总售处徐家汇南洋公学。

（载于《新闻报》1901 年 10 月 17 日第 4 版，18 日第 5 版，19 日第 10 版，20 日第 5 版，22 日第 10 版，24 日第 5 版，26 日第 11 版，28 日第 5 版，31 日第 13 版，31 日第 13 版；11 月 1 日第 12 版，3 日第 10 版，5 日第 5 版，7 日第 4 版，10 日第 11 版，12 日第 6 版，14 日第 10 版，16 日第 5 版；12 月 2 日第 11 版，4 日第 4 版，6 日第 10 版，8 日第 12 版，10 日第 11 版，12 日第 5 版，14 日第 12 版，18 日第 11 版，20 日第 10 版，22 日第 12 版，24 日第 6 版，26 日第 11 版，28 日第 12 版，30 日第 5 版；1902 年 1 月 1 日第 10 版，3 日第 5 版，5 日第 11 版，7 日第 5 版，9 日第 11 版，11 日第 5 版）

会文堂书局经售南洋公学师范院编译、译书院新出各种书籍

（1901 年 10 月 27 日）

《蒙学课本》初编一角，二编一角半，三编续出。《心算教授法》一角二分。《笔算物算》教科书三角半。《本国中等地理教科书》五角。《外国地理书》续出。《图书范本》二角半。又《增订第三版和文汉读法》三角。《算学书目提要》二百文。《卫生学问答》三百文。《物竞论》三角。《国家学原理》□角。

（载于《新闻报》1901 年 10 月 27 日第 4 版，30 日第 6 版；11 月 2 日第 11 版，6 日第 4 版，9 日第 10 版）

南洋公学译书院译印书目 [①]
（1901 年 11 月 6 日）

　　现移英大马路泥城桥西首福源里十四号洋房，译印各书列目于后。《日本军政要略》三角。《战术学》五角。《作战粮食给养法》一角五分。《军队内务书》一角五分。《美国陆军制》一角。《日本军队给与法》一角。《陆军教育摘要》二角五分。《日本陆军学校章程汇编》七角。《日本宪兵制》一角五分。《步兵操典》三角五分。《步兵射击教范》二角五分。《野外要务令》六角。《步兵各个教练书》四角。《步兵部队教练书》二角。《支那教案论》一角五分。《万国通商史》一角五分。《原富》部甲二册六角，乙丙合一册三角。《格致读本》第一册一角。均售大洋，不折不扣。寄售处：上海老巡捕房对门广学会、扫叶山房、千顷堂、《中外日报》馆、《新闻报》馆、《苏报》馆、法界天主堂街中西书室、苏州观前街开智书室、杭州上珠宝巷图书公司。

　　（载于《新闻报》1901 年 11 月 6 日第 11 版，8 日第 10 版，10 日第 12 版，12 日第 10 版，14 日第 5 版）

---

① 标题为编者所拟。

南洋公学译书院译印书目 ①

（1901 年 11 月 16 日）

　　现移英大马路泥城桥西首福源里十四号洋房，译印各书列目于后。《日本军政要略》三角。《战术学》五角。《作战粮食给养法》一角五分。《军队内务书》一角五分。《美国陆军制》一角。《日本军队给与法》一角。《陆军教育摘要》二角五分。《日本陆军学校章程汇编》七角。《日本宪兵制》一角五分。《步兵操典》三角五分。《步兵射击教范》二角五分。《野外要务令》六角。《步兵各个教练书》四角。《步兵部队教练书》二角。《支那教案论》一角五分。《万国通商史》一角五分。《原富》部甲二册六角，乙丙合一册三角。《格致读本》第一册一角。《步兵工作教范》二角。《步兵战斗射击教练书》三角。均售大洋，不折不扣。寄售处：上海老巡捕房对门广学会、扫叶山房、千顷堂、《中外日报》馆、《新闻报》馆、《苏报》馆、法界天主堂街中西书室、苏州观前街开智书室、杭州上珠宝巷图书公司。

　　（载于《新闻报》1901 年 11 月 16 日第 11 版，18 日第 5 版，20 日第 10 版，22 日第 10 版，24 日第 10 版，26 日第 4 版，28 日第 14 版，30 日第 11 版；12 月 2 日第 11 版）

---

① 标题为编者所拟。

南洋公学译书院译印书目

（1901 年 12 月 4 日）

南洋公学译书院现移英大马路泥城桥西首福源里十四号洋房，译印各书列目于后。《日本军政要略》三角。《战术学》五角。《作战粮食给养法》一角五分。《军队内务书》一角五分。《美国陆军制》一角。《日本军队给与法》一角。《陆军教育摘要》二角五分。《日本陆军学校章程汇编》七角。《日本宪兵制》一角五分。《步兵操典》三角五分。《步兵射击教范》二角五分。《野外要务令》六角。《步兵各个教练书》四角。《步兵部队教练书》二角。《支那教案论》一角五分。《万国通商史》一角五分。《原富》部甲二册六角，乙丙合一册三角。《格致读本》第一册一角。《步兵工作教范》二角。《步兵战斗射击教练书》三角。《骑兵斥候答问》价五分。均售大洋，不折不扣。寄售处：上海四马路飞鸿阁、巡捕房对门广学会、扫叶山房、千顷堂、《中外日报》馆、《新闻报》馆、《苏报》馆、法界天主堂街中西书室、苏州观前街开智书室、杭州上珠宝巷图书公司。

（载于《新闻报》1901 年 12 月 4 日第 4 版，6 日第 10 版，8 日第 10 版，10 日第 6 版，12 日第 12 版，14 日第 5 版，16 日第 10 版，18 日第 4 版，20 日第 12 版，22 日第 6 版，24 日第 12 版，26 日第 4 版，28 日第 12 版，30 日第 12 版；1902 年 1 月 1 日第 5 版，3 日第 10 版，5 日第 6 版，7 日第 12 版，9 日第 6 版，11 日第 12 版，13 日第 5 版，15 日第 11 版，17 日第 12 版，19 日第 11 版，21 日第 6 版，

23 日第 12 版，26 日第 6 版，27 日第 10 版，29 日第 6 版，31 日第 5 版；2 月 2 日第 5 版，11 日第 5 版，13 日第 5 版，15 日第 10 版，17 日第 10 版，19 日第 6 版，21 日第 4 版，23 日第 6 版，25 日第 12 版，27 日第 6 版；3 月 1 日第 6 版，3 日第 11 版，5 日第 6 版，7 日第 11 版，9 日第 11 版，12 日第 5 版，13 日第 10 版，15 日第 11 版，17 日第 12 版，20 日第 11 版，21 日第 11 版，24 日第 13 版，26 日第 6 版，27 日第 10 版，29 日第 6 版，30 日第 6 版，31 日第 10 版；4 月 2 日第 12 版，4 日第 12 版，6 日第 6 版，9 日第 10 版，12 日第 7 版，13 日第 10 版）

南洋公学译书院所译书目

（1901 年）

《日东军政要略》（日本陆军经理学校本）、《战术学》（日本士官学校本）、《日本军队给与法》（摘日本陆军成规类聚本）、《军队内务书》（日本陆军省本）、《野外要务令》（日本陆军省本）、《作战粮食给与法》（日本陆军经理学校本）、《日本宪兵制》、《日本宪兵章程令》、《日本陆军学校章程汇编》（日本陆军省本）、《陆军教育摘要》（日本陆军省本）、《美国陆军制》、《美国本步兵操典》（日本陆军省本）、《步兵射击教范》（日本陆军省本）、《支那教案论》（英宓克著）、《万国通商史》（日本经济杂志社译，英琐米尔士本）、《步兵各个教练书》（日本军事教育会本），以上为已印本。

《步兵工作教范》（日本陆军省本）、《步兵战斗射击教练书》（日本广山学校本）、《步兵斥候论》（日本陆军教导图本）、《骑兵斥候答问》（日本陆军教导图本）、《射击学教程》（日本户山学校本）、《筑城学》（日本户山学校本）、《科学教育学讲义》（日本谷本富著）、《教育制度》（日本寺田勇吉著）、《商业实务制》（日本佐佐木信夫著）、《欧洲各国水陆商政比例通议》（法国楞康著）、《意大利独立战史》（日本涩江保著）、《美利坚独立战史》（日本松井广吉著）、《原富》（英国亚当斯密著）（部甲乙丙已印）、《英国商务提要》（英国花纳著），以上为已译未印本。

《列国史》（仿中学校课本汇集英文本编译）、《教育法程》（法国里盎著）、《政群源流考》（美国韦尔生著）、《社会统计学》（日本无文聪译著）、《英国文明史》（英国白克尔著）、《商业开化史》（日本永田健助，英国器宾本）、《商业博物志》（日本文部省本）、《经济学评论》（日本持地六三郎著）、《日本法规大全》（日本内川义章编）、《格致读本》（英国莫尔显著，第一册已印），以上为现译本。

《英国宪法史》（日本松平康国著）、《英国政治历史》（日本下山宽一郎著）、《商业工艺史》（日本文部省本）、《东洋贸易地理》（日本永野耕造著），以上为待译本。

（载于《南洋七日报》1901 年第 8 期）

南洋公学新书告白

（1902 年 3 月 9 日）

　　桃源张君蔚西编纂《本国中等地理教科书》[①]，分上、中、下三卷。是书杂取中外名人著作，撮其精要，分门别类，繁简适宜。首列地球大势，次及中国疆宇、山川、教宗、民族、农工商业、物产、铁路、电线、户口，且插入画图，朗若眉须，诚幼学之津梁、训蒙之善本也。每部售大洋五角，批发八折，另附地图一卷不日亦可出书。另出《蒙学课本》初编洋一角，二编角半。《习字范本》一角。《图书范本》一角半。《物算笔算书》三角半。《心算》角二分。另有各种新书赶为编辑，择日出书。寄售处：千顷堂、文瑞楼、普通学书室、正记书庄。外埠函购径寄徐家汇南洋公学，原班回件。

　　（载于《新闻报》1902 年 3 月 9 日第 4 版，11 日第 10 版，13 日第 6 版，15 日第 11 版，17 日第 12 版，19 日第 13 版，21 日第 6 版）

---

① 此书名又作《中等地理》《中等地理教科书》。

南洋公学译书院译印书目 ^①

（1902 年 4 月 26 日）

本院所出各书，近因纸张印装一律涨价，成本较重，因改定价目如下。仍售大洋，不折不扣，逐批另议。

《日东军政要略》四角。《战术学》八角。《美国陆军制》一角五分。《日本陆军学校章程汇编》八角。《陆军教育摘要》三角五分。《日本宪兵制》二角五分。《军队内务书》二角五分。《日本军队给与法》一角五分。《作战粮食给养法》二角五分。《野外要务令》八角。《步兵操典》五角。《步兵各个教练书》五角。《步兵部队教练书》二角五分。《步兵工作教范》二角。《步兵射击教范》三角。《步兵战斗射击教练书》四角。《骑兵斥候答问》五分。《支那教案论》二角。《万国通商史》二角。斯密亚丹《原富》部甲六角，部乙丙三角。寄售处：上海《新闻报》馆、《中外日报》馆、普通学书室、扫叶山房、中西书室、广学会。书均存案，翻刻必究。

（载于《新闻报》1902 年 4 月 26 日第 4 版，27 日第 5 版，28 日第 10 版，29 日第 5 版，30 日第 10 版；5 月 1 日第 5 版，2 日第 13 版，3 日第 5 版，4 日第 10 版，5 日第 5 版，6 日第 10 版，7 日第 5 版，9 日第 11 版，11 日第 6 版，13 日第 13 版）

---

① 标题为编者所拟。

南洋公学译书院现移里虹口吴淞路长源东里第十五号

（1902 年 5 月 17 日）

本院所在各书因纸张印装一律涨价，成本较重，改定价目如下。仍售大洋，不折不扣，趸批另议。

《日东军政要略》四角。《战术学》八角。《美国陆军制》一角五分。《日本陆军学校章程汇编》八角。《陆军教育摘要》三角五分。《日本宪兵制》二角五分。《军队内务书》二角五分。《日本军队给与法》一角五分。《作战粮食给养法》二角五分。《野外要务令》八角。《步兵操典》五角。《步兵各个教练书》五角。《步兵部队教练书》二角五分。《步兵工作教范》二角。《步兵射击教范》三角。《步兵战斗射击教练书》四角。《骑兵斥候答问》五分。《支那教案论》二角。《万国通商史》二角。斯密亚丹《原富》部甲六角，部乙丙三角。寄售处：上海《新闻报》馆、《中外日报》馆、普通学书室、扫叶山房、中西书室、广学会。书均存案，翻刻必究。

（载于《新闻报》1902 年 5 月 17 日第 12 版，19 日第 4 版，21 日第 11 版，23 日第 11 版，25 日第 12 版，28 日第 11 版，31 日第 11 版；1902 年 6 月 2 日第 6 版，7 日第 12 版，10 日第 12 版，11 日第 12 版，13 日第 9 版，15 日第 6 版，17 日第 11 版，19 日第 6 版，21 日第 9 版，23 日第 11 版，25 日第 13 版，27 日第 4 版，29 日第 11 版；7 月 2 日第 10 版，3 日第 4 版，4 日第 4 版，10 日第 12 版，12

日第 12 版，15 日第 6 版，16 日第 10 版，18 日第 11 版，20 日第 12 版，22 日第 13 版，26 日第 11 版，30 日第 11 版；8 月 1 日第 12 版，3 日第 12 版）

南洋公学《新订蒙学课本》三编告白

（1902 年 6 月 8 日）

　　是编以德育、智育、体育为纲，故事、杂说错综类列，于修身、卫身、物理、人事之要旨，采撷略备。较之二编，文法稍深，篇幅长，后附尺牍十课以示程式，每本大洋二角。《新订蒙学课本》初编洋一角，二编洋一角半。新订《习字范本》初、二、三、四编，洋二角。《物算笔算书》每四本，洋三角半。《心算教授法》，每本洋一角五分。《图书范本》初、二、三、四编，洋二角半。《中等地理教科书》三本，洋五角。尚有《中等格致课本》[①]《万国地理教科书》《亚西亚州铁路考》，约五月底均能出书。总售处上海徐家汇南洋公学。分售处望平街《新闻报》馆、《中外日报》馆、千顷堂书坊、棋盘街文瑞楼、普通学书室、扫叶山房、广学会书局、大新街玉轴山房、天主堂街中西书室、四马路古香阁各书坊。外部函购原班回件。书经立案，翻刻必究。

　　（载于《新闻报》1902 年 6 月 8 日第 4 版，12 日第 11 版，14 日第 4 版，16 日第 12 版，19 日第 4 版，20 日第 10 版）

---

① 此书名又写作《绘图中等格致课本》《中等绘图格致课本》。

南洋公学增订《本国中等地理教科书》

（1902 年 7 月 8 日）

桃源张蔚西译纂，杂取中外名人著作，撮甘精要，取便课程，久已风行四方，为学堂所必需。推原书仓猝校雠未工，兹复重加改订，误者正之，缺者补之。纸张洁白，图绘精工，尤有目者所共赏也。定价仍取大洋五角。《西比利亚铁路考附图》，洋二角。《绘图中等格致课本》一编上、下卷，洋四角。《泰西寓言》，洋五分。《蒙学课本》初编洋一角，二编洋一角五分，三编洋二角。《习字范本》四编，洋二角。《图书范本》四编，洋二角半。《物算笔算书》，洋三角五分。《泰西说部书》，洋二角。总售处南洋公学。总批发处五马路同芳居东首普新学书室。书经存案，不准私印。

（载于《新闻报》1902 年 7 月 8 日第 4 版，11 日第 11 版，14 日第 12 版，18 日第 4 版，21 日第 12 版，24 日第 12 版，28 日第 11 版，31 日第 12 版）

《西比利亚铁路考》出书

（1902 年 7 月 10 日）

　　南洋公学史学教习勒芬迩君著，由政治班合译。详述铁路道里，经游其地，亲历其境，于中俄之关系，铁路之利弊以及人民物产，均详载焉。并附以铁路图一大幅，纸张洁白，绘图精工，每本收回工料洋二角。《绘图中等格致课本》一编上、下卷二本，洋四角。《中等地理》三卷，洋五角。《泰西寓言》，洋五分。《蒙学课本》初编洋一角，二编洋一角半，三编洋二角，均已出书。《习字范本》四编，洋二角。《图画范本》四编，洋二角半。《物算笔算》四本，洋三角半。《泰西说部》，洋二角。总售处南洋公学，总经售处五马路同芳居东首普新学书室发售。翻印必究。

（载于《新闻报》1902 年 7 月 10 日第 4 版）

南洋公学新译《绘图中等格致课本》
一编上、下卷二册

（1902 年 7 月 11 日）

是书为法国色［包］尔培所著，久已风行泰西各学堂，俱奉为善本，历经增订，兹译成华文，以承教科书之乏。书分四编，先印首编《动物学论》，禽兽、鳞介、虫蚁，书解详明，分类妥帖。且分课程，复增习问，并附以精细图式，用洋纸装订二本，定价从廉，准六月初出书。二、三、四篇论植物、矿质、物理、化学、生理学，均已译就，定六月底出书。再新译《西比利亚铁路考附铁路图》，详论铁路情形及其利弊，每册定价洋二角，六月初出书。《万国地理》六月底出书。总售处南洋公学，总批发处五马路同芳居东首普新学书室。

另《蒙学课本》初编洋一角，二编洋一角五分，三编洋二角。《中等地理书》三册，洋五角。《泰西寓言》，洋五分。《习字范本》四编，洋二角。《图画范本》四编，洋二角半。《物算笔算书》四本，洋三角半。《泰西说部书》，二角。书经存案，翻（刻）必究。

（载于《新闻报》1902 年 7 月 11 日第 4 版，12 日第 5 版，13 日第 4 版，14 日第 10 版，16 日第 4 版，19 日第 4 版，22 日第 12 版，26 日第 13 版，29 日第 12 版）

南洋公学新译《中等绘图格致课本》一、二、三编

（1902 年 9 月 25 日）

　　是书由法国包尔培著，风行泰西各学堂，均为善本。兹经译成华文，以承教科书之乏。一编上、下卷《动物学》，一切麟介、羽毛之类，均罗列无遗。二编上卷《植物学》，一切花草、果木之类详列焉；下卷《地质学》，凡矿石、五金之类详列焉。三编《物理学》，一切声、光、化、电之学详论焉。每课之后附以习问，数课之后增以温习课，使读者易明易记，绘以精细图式，用洁白纸装订。每编分二卷，定价洋四角。四编现已译竣，不日出书。兹将各书价目列后。《蒙学读本》初、二、三编，洋四角半。《中等地理书》，五角。《西比利亚铁路考》，二角。《习字范本》四编，二角。《物算笔算书》，三角半。《小学读本》，五角。《图画范本》，二角半。《万国地理》上卷，三角半。《泰西寓言》，五分。《南洋公学房图》，一角半。书经存案，翻刻必究。总售处徐家汇南洋公学，总批发处五马路同芳居东首普新书室、望平街《新闻报》馆。本埠各书坊均有出售。苏州开智、知新、东来书庄，杭州梅花碑方言学社。外埠函购，原班回件。批发百部，照码八折。

　　（载于《新闻报》1902 年 9 月 25 日第 4 版，27 日第 5 版，29 日第 12 版；10 月 1 日第 6 版，3 日第 6 版，5 日第 10 版，7 日第 5 版，9 日第 5 版，11 日第 12 版，13 日第 4 版；1903 年 4 月 23 日第 4 版）

南洋公学教科书广告

（1902 年 10 月 20 日）

　　《绘图中等格致课本》，是书系泰西各学堂必要之书，销行数十百万卷，兹译成华文，分四编。现将一编、二编、三编印成出售。一编论动物学，分二卷，洋四角；二编论植物、矿石，分二卷，洋四角；三编论物理，一卷，洋四角。《西比利亚铁路考》，详论铁路道里之远近，物产、户口之盈虚，及将来之利害，由本公学教习美国勒芬尔君亲历其境，著成此书，译以华文，计一本洋二角。《万国地理学》，是书由香山黄君国英编辑，凡人民、政事、户口、物产、风土人情，均仙载无遗。先印上卷，计二百余单页，洋三角半，月底出书。《蒙学课本》初、二、三编，是书为各蒙学书之冠，初学所必读之书，风行各省，销售数万卷，分三本，洋四角。《中等地理教科书》，分三本，洋五角。《图画范本》，洋二角半。《习字范本》四编，洋二角。《绘图小学读本》，洋五角。《泰西寓言》，洋五分。《公学全图》八张，洋角半。《物算笔算书》，四本，洋三角半。《心算教授法》，洋角半。尚有各种学堂书籍，不及备载。购者请向五马路同芳居东首普新书室函购，原班回件。批发八折，百部起码。各大书坊、各报馆均有发售。书经存案，永禁私刻。

　　（载于《新闻报》1902 年 10 月 20 日第 4 版，22 日第 12 版，24 日第 5 版，26 日第 12 版，28 日第 5 版，31 日第 13 版；11 月 2 日第 5 版，4 日第 12 版，6 日第 11 版，8 日第 4 版）

本馆发兑书籍

（1903 年 1 月 3 日）

《新订蒙学课本》初编，洋一角；《新订蒙学课本》二编，洋一角五分；《新订蒙学课本》三编，洋二角。《格致课本》初编，洋四角；二编，洋四角；三编，洋四角。《小学读本》，洋五角。《习字范本》，洋二角。《拳匪始末记》，洋二角。《中等地理教科书》，洋五角。《外国地理教科书》，洋三角。《小学万国地理教科书》卷一，洋三角五分。《壬寅闱艺全集》，洋六角。《心算教授法》，洋一角五分。《西比利亚铁路考》，洋二角。《泰西寓言》，洋五分。《南洋公学全图》，洋一角五分。《欧洲历史揽要》，洋四角。《正蒙必读》，洋六角。《日本文典》，洋四角。《支那新历史》，洋一角半。《南皮张宫保政书》，码洋一元四角。《各国政艺新典》，洋五角。《史论引端》，洋一角。《四书五经议指南》，洋二角。《中国最近度支新书》，洋三角。《辛丑和约》，洋一角。《启蒙通俗报》，每期洋一角。《飞影阁大观画报》一、二、三、四期，每期钱六十。《生殖器新书》前编，洋一元。《中英启蒙字课图》，洋四角。以上各书及各种新译时务书，名目甚繁，不及备载，赐顾者请至本馆帐房购取可也。

（载于《新闻报》1903 年 1 月 3 日第 4 版，6 日第 4 版，23 日第 12 版，25 日第 6 版；2 月 2 日第 6 版，3 日第 4 版）

本馆发兑书籍

（1903 年 2 月 4 日）

《新订蒙学课本》初编，洋一角；《新订蒙学课本》二编，洋一角五分；《新订蒙学课本》三编，洋二角。《格致课本》初编，洋四角；二编，洋四角；三编，洋四角。《小学读本》，洋五角。《习字范本》，洋二角。《钱辑财政考》，洋六角。《中等地理教科书》，洋五角。《外国地理教科书》，洋三角。《小学万国地理教科书》卷一，洋三角五分。《壬寅闱艺全集》，洋六角。《心算教授法》，洋一角五分。《西比利亚铁路考》，洋二角。《泰西寓言》，洋五分。《南洋公学全图》，洋一角五分。《欧洲历史揽要》，洋四角。《日本文典》洋四角。《支那新历史》，洋一角半。《南皮张宫保政书》，码洋一元四角。《各国政艺新典》，洋五角。《史论引端》，洋一角。《四书五经议指南》，洋二角。《中国最近度支新书》，洋三角。《辛丑和约》，洋一角。《启蒙通俗报》，每期洋一角。《飞影阁大观画报》一、二、三、四期，每期钱六十。以上各书及各种新译时务书，名目甚繁，不及备载，赐顾者请至本馆帐房购取可也。

（载于《新闻报》1903 年 2 月 4 日第 4 版，5 日第 4 版，6 日第 4 版，7 日第 4 版，12 日第 6 版）

南洋公学售书广告

（1903 年 3 月 2 日）

本公学译书院所译东西文各种图籍二十余种，现在归并经理，兹将出版书籍按部定价，批发另议。外埠函购，价洋先惠，邮资自理。书经存案，翻刻必究。目录列后。

斯密亚丹《原富》甲、乙、丙、丁、戊全部，洋二元六角；零配每册四角。《英国枢政志》三角。《法学通论》二角。《世界通史》二角。《新撰大地志》二角。《支那教案论》二角。《政群源流考》三角。《格致读本》初编，一角半；《格致读本》二编，一角半。《万国通商史》二角半。《步兵斥候答问》一角。《步兵斥候论》二角半。《步兵工作教范》二角。《步兵射击教范》四角。《步兵战斗射击教练书》五角。《步兵部队教练书》二角半。《步兵各个教练书》六角。《步兵操典》六角。《野外要务令》八角。《作战粮食给养法》二角半。《日本军队给与法》二角。《军队内务书》二角半。《日本宪兵制》三角。《陆军教育摘要》四角。《日本陆军校章程汇编》一元。《美国军制》一角半。《战术学》八角。《日东军政要略》四角。

另有各种蒙学书籍统归公学发售。批发处五马路普新学、《新闻报》馆及千顷堂、广智书局、作新书局、会文堂、文明书局、启文译社、南京明达书庄及外埠各书庄，总发行所上海徐家汇南洋公学售书处启。

（载于《新闻报》1903 年 3 月 2 日第 4 版，3 日第 4 版，4 日第4 版，6 日第 4 版，8 日第 5 版，10 日第 4 版，12 日第 5 版）

《原富》全书增价启

（1903 年 3 月 5 日）

现因纸张昂贵，成本亦巨，从本日起，每部售洋二元八角；配甲部九角，乙、丙部六角，丁、戊部一元七角。兹将已出版书籍按部定价，批发另议。外埠函购，价洋先惠，邮资自理。书经存案，翻刻必究。目录列后。

《英国枢政志》三角。《法学通论》二角。《世界通史》二角。《新撰大地志》二角。《支那教案论》二角。《政群源流考》三角。《格致读本》初编，一角半；二编，角半。《万国通商史》二角半。《步兵斥候答问》一角。《步兵斥候论》二角半。《步兵工作教范》二角。《步兵射击教范》四角。《步兵战斗射击教练书》五角。《步兵操典》六角。《野外要务令》八角。《作战粮食给养法》二角半。《日本军队给与法》二角。《军队内务书》二角半。《日本宪兵制》三角。《陆军教育摘要》四角。《日本陆军校章程汇编》一元。《美国陆军制》角半。《战术学》八角。《日东军政要略》四角。《蒙学课本》初、二、三编，四角半。《西比利亚铁路考》二角。《万国地理教科书》三角半。《中等地理教科书》五角。《中等绘图格致课本》全部，一元六角。《图画范本》二角半。《习字范本》四册，三角。《物算笔算教科书》，五角。批发处《新闻报》馆、五马路普新学及各大书庄。总发行所上海徐家汇南洋公学谨白。

（载于《新闻报》1903 年 3 月 5 日第 4 版，7 日第 6 版，9 日第 11 版，11 日第 5 版，13 日第 12 版，15 日第 10 版，17 日第 5 版）

南洋公学新译《西比利亚铁路考》 《万国地理教科书》

（1903 年 3 月 18 日）

是书由史学教习美国勒芬迩君著，政治班同译，俄筑西比利亚铁路所关于中国者巨，不仅以西比利亚为中国之北，而斯路之成，欧洲与中日之交涉，若商若政，为变正繁。是书首述西比利亚地理，次史略，次铁路以及其经营、其用费、其兵商之关系，留心时事者不可不读。是书附图一幅，售大洋二角。《万国地理教科书》，是书由化学教习香山黄君国英编辑，地理一书译自和文者，必详于日本，译自英文者，必详于英国，而本国地理皆从简略。是书起亚洲而欧洲、美洲、非洲，于中国为独详，至各地之气候、物产、户口、矿产以及疆界、地势、城邑、通商口岸、宗教、风俗，概括精详，最便初学。先印上卷，约二百五单页，定价洋三角半。《绘图中等格致课本》初、二、三、四编，是书为各学堂教科善本，最便中学，每编二本四角。《蒙学课本》初、二、三、四编，四角半。《中等地理》五角。《习字范本》四编，三角。《图画范本》二角半。《泰西寓言》五分。《原富》全书，二元八角。《格致读本》初、二编，三角。余若政治、理财、武备各书，不及备载。外埠函购，价洋先惠，批发从廉。上海各书庄均有寄售。总发行所上海徐家汇南洋公学启。书经存案，翻刻必究。

（载于《新闻报》1903 年 3 月 18 日第 4 版，20 日第 4 版，22 日第 5 版，24 日第 4 版，26 日第 4 版，29 日第 5 版，31 日第 10 版）

南洋公学译稿发印告白

（1903 年 4 月 1 日）

　　本公学开办译书，历六年之久，采取东、西文各种精本，如印成之《原富》全书及各种教科书三十余种。本埠业经五马（路）普新学书室、外埠各书局经售。兹尚存译稿数十种，如理财、政治、武备及蒙学中学教科。各书译成已久，兹又重加校订，现先提出二十余种赶为付刊，约四五月均可出书。今将发印译稿列下：《经济学论》《日本近政史》《欧洲商业史》《亚东贸易地理》《英国文明史》《英国财政志》《社会统计学》《商业博物志》《商业杂务志》《商业开化学史》《商业提要》《化学教科书》《代数设问》《几何》《日本矿业条例》《日本租税法规》《欧洲各国水陆商政比例通议》《科学教育学讲义》《欧洲全史》《五洲地志》《英国会典考》，《格致读本》三编、《格致读本》四编，《射击学教程》《筑城学》《士官南务细则》《商律》《法规官制》《支那贸易地理》《法规劝业》《法规教育》《法规地方制度》。以上共计三十二种，现已次第发刊，约日出书，欲预定者，请函知总发行所上海西郊徐家汇南洋公学。

　　（载于《新闻报》1903 年 4 月 1 日第 4 版，3 日第 5 版，5 日第 5 版，7 日第 10 版，9 日第 5 版，15 日第 4 版）

上海棋盘街五马路普新学书室实用
新书及总理南洋公学诸书广告

（1903 年 4 月 6 日）

　　斯密亚丹《原富》甲、乙、丙、丁全书，二元八角。《政群源流考》三角。《支那教案论》二角。《格致读本》三角。《日本军政要略》四角。《战术学》八角。《美国陆军制》一角五分。《日本陆军学校章程汇编》一元。《陆军教育摘要》四角。《日本宪兵制》三角。《军队内务书》二角五分。《日本军队给与法》二角五分。《野外要务令》八角。《法学通论》二角。《蒙学课本》初、二、三编，四角五分。《心算教授法》一角五分。《绘图中等格致课本》初、二、三、四，每部四角。《中等地理教科书》上、中、下，五角。《物笔算教科书》五角。《西比利亚铁路考》二角。《万国地理教科书》二角五分。《习字范本》三角。《英国印花税章程》四角。《廿四史蒙学课本》四角。《四书五经策论初编》一元四角。《直行经籍纂诂》一元六角。以上定价划一，趸批另议。余书繁多，不及细载，另印仿单取阅。此布。

　　（载于《新闻报》1903 年 4 月 6 日第 4 版，8 日第 5 版，14 日第6 版）

南洋公学《原富》全书、
《万国通商史》出版广告①

（1903 年 4 月 22 日）

是书系欧西计学家斯密亚丹著，由侯官严又陵观察译述，销行久已，兹特用上等洋纸加工刷印，装订坚固，成本虽巨，每部仍收回工料洋二元八角。《万国通商史》原文系英国名家琐尔士著，叙述简明，了然于古今各国通商之大势，由日本经济杂志社复译，再由公学译员古城贞吉重译，后附地图二则，每部洋二角半。《战术学》洋八角。《日东军政要略》四角。《中等格致课本》一、二、三、四编全书，洋一元六角。《万国地理》上卷，三角半。《西比利亚铁路考》二角。《中等地理》五角。《格致读本》一、二编，洋三角。《政群源流考》洋三角。《英国枢政志》三角。余若武备、理财、政治各书，不及备载，另详书目单。上海五马路东普新学及各书庄、外埠各书庄发售。书经备案，禁止翻刻，批发从廉，上海徐家汇南洋公学。

（载于《新闻报》1903 年 4 月 22 日第 4 版，24 日第 5 版，26 日第 4 版；5 月 2 日第 4 版，4 日第 4 版）

---

① 标题之"版"原文作"板"。

南洋公学新译《绘图中等格致课本》全书出版[①]

（1903 年 4 月 23 日）

是书系法国包尔培原著，后由英国各大书院重勘英文，销行至数十万部之多，洵为教科善书。兹复由公学政治班译述，分四编，一编上、下论动物；二编上论植物，二编下论矿石；三编上、下论物理；四编上论化学，四编下论动植物生理学。每课之后附以习问，数课之后，增以温习课务，使学者易明。并绘以精细动植物格致图数百幅，洵为普通必读之书。每编二本，洋四角。全书八本，洋一元六角。《原富》全书，二元八角。《蒙学课本》初、二、三、四编，四角。《格致读本》初、二编，三角。《万国通商史》，二角半。《西比利亚铁路考》，二角。《万国地理》，三角半。《普通初级教科书》，一元。《中等地理教科书》，五角。《习字范本》，三角。《图画范本》，二角半。余若理财、武备、政治各书，均详书目单。上海五马路同芳居东首普新书室及各书庄、外埠各书庄发售，批发所徐家汇南洋公学。

（载于《新闻报》1903 年 4 月 23 日第 4 版，27 日第 5 版；5 月 1 日第 11 版，3 日第 5 版，7 日第 6 版）

---

① 标题之"版"，原文作"板"。

南洋公学新译《万国地理教科书》

（1903年5月7日）

地理书译者甚众，然而译自和文者必详于日本，译自英文者必详于英国，而于中国地理皆从简略。盖各自教其本国而略于邻国。是书起亚洲、美洲、非洲、奥［澳］洲，于中国尤独详。首论地球，次地面诸线，次气候，次矿物、植物、动物之配置，次民数及国会，次亚西亚之大概情形。至本洲之疆界、地势、河道、城邑，以及宗教、人种、风俗、政权、矿植动物、气候，简而不杂，洵为教科必要之书。每部一厚本，实洋三角半。《本国中等地理教科书》，洋五角。《西比利亚铁路考》，二角。《中等格致课本》一、二、三、四编，一元六角。《蒙学课本》初、二、三编，四角半。《心算教授法》，一角半。《小学图画范本》，二角半。《习字范本》，全三角。《泰西寓言》，五分。《物算笔算》，五角。《原富》全书，二元八角。《格致读本》初、二编，三角。《小学读本》，五角。《初等地理》，四角。《普通初级》，九角。余书不及备载，另备书目单。上海各书庄、外埠武昌文明书室、汉口江左汉记、苏州开智书室、杭州方言学社。总发行所上海徐家汇南洋公学。外埠函购，原班回件，信资自理，批发从廉。书经存案，翻刻必究。

（载于《新闻报》1903年5月7日第4版，10日第5版，11日第11版，15日第4版，17日第5版）

南洋公学《万国通商史》《战术学》《军政要略》出版 [①]

（1903 年 6 月 21 日）

《战术学》，是书为日本士官学校教学为将校者之书，采取诸家兵学，分类编辑。首论用兵要旨，次长、短兵之用，与步骑炮工诸兵战术联合诸法，后论命令报知、警戒、侦探及行军、驻军之法，终论战斗之术，末附图五十二。盖三代盛时，无不学之人，即无不知兵之人，故周召、叔虎率文武兼资。降至今日，兵与民分，士与将分，士大夫从颂高贵，侈言经济，而战斗之事专属之奸庸犷悍之流，丧帅辱国，项背相望。是书为学者必备之书，每部四本，洋八角。

《万国通商史》，是书为英人琐米尔士撰，经日本经济杂志社复译。是书所论通商篇，叙事简明，了然于古今各国通商之大势。吾人既生商战之世，岂无知当务之急者，请以是书为先河之道。每部洋二角半。

《日东军政要略》，是书为陆军学校教科书，凡二卷，分九篇，一切兵卒征募、编列、更代、教育、廪给之法，与夫官秩、营制、军用、马政，胪列明备。日本维新以后，常汲汲以修明武备为事，采取泰西各国兵制，设全国征兵法，观书中所载，条例严密精当，学校种别多至二十，此非日本所以致强之道欤？每部二本，洋四角。

---

① 标题之"版"，原文作"板"。

《原富》全书，英人理财学家斯密亚丹著，经侯官译述名家严又陵观察译，分甲、乙、丙、丁、戊八本，洋二元八角。

《西比利亚铁路考》，俄筑西比利亚铁路，所关于中国者巨，此不仅以西比利亚为中国之北邻也。而斯路之成，欧洲与中日之交涉，若商若政，为变正繁。是著首述西比利亚地理，次史略，次铁路，论其经营暨其费用，而并及其兵商之关系，附《西比利亚全图》。每部洋二角。

《政群源流考》三角。《英国枢政志》三角。《格致读本》两编三角。《中等地理教科书》五角。《心算教授法》一角半。《图画范本》二角半。《中等格致课本》一、二、三、四编，全书一元六角，零售每编四角。《万国地理教科书》三角半。《习字范本》三角。余书甚繁，不及备载，另详书目，五月出板新书数种，详明日告白。总发行所上海西门外徐家汇南洋公学，批发处上海望平街《新闻报》馆、新昌书局、千顷堂、启文社、竞化社、文明书局、商务印书馆及各大书庄、武昌文明书室、汉口江左汉记、苏州开智书室、知新书室、南京明达书庄。书经存案，翻刻必究。外埠函购，原班回件，信资自理。

（载于《新闻报》1903 年 6 月 21 日第 4 版，23 日第 5 版，25 日第 10 版，27 日第 5 版，30 日第 10 版；7 月 2 日第 6 版，5 日第 10 版）

南洋公学新书出版^①

（1903 年 7 月 4 日）

《亚东贸易地理》，此书为日本永野耕造原著，本译书院特请名手翻译，复请译述名家陈梅卿先生改校、订正。书中将亚西亚全洲商务贸易情形，及一切百物出产、历年货物消流增减，详为比较，至全洲商港地理形势、户口人数，无不备载，附考东部各国政治得失、改革兴衰，不但为农商、地理两科学必需之本，凡留心时务者决不可少之书也。分订四本，定价六角。

《商业实务志》，此书为日本佐佐木信夫原著，本译书院特请名手翻译，复加改校、订正。书中将各国商律条例、贸易章程，与夫商务上各种契券、单据及一切商务须知等件，均详为备载，逐一注明，实为留心商务者先睹为快之本也，分订四本，定价六角。

《原富》全书，分甲、乙、丙、丁、戊八本。此书为英儒斯密亚丹原著，经译述名家严又陵先生译，久已风行海内，脍炎〔炙〕人口，为计学家所必读，为场屋所必需，为政治所必考，诚理财之宝筏也。每部洋二元八角。

《万国通商史》二角半。《政群源流考》三角。《英国枢政志》三角。《启蒙图课》二本，四角。《蒙学课本》初、二、三编，四角半。《中等地理》五角。《心算教授法》一角半。《图画范本》二角半。《格

---

① 标题之"版"，原文作"板"。

致课本》卷一、卷二,二角。《中等格致课本》一、二、三、四编,一元六角。《西比利亚铁路考》二角。《万国地理教科书》三角半。《习字范本》一、二、三、四编,三角。余书甚繁,不及备载,另详书目。总发行所上海西门外徐家汇南洋公学,批发处《新闻报》馆、新昌书局、启文译社、竞化书局、文明书局、外埠各大书庄。书经存案,翻刻必究。外埠函购,原班回件,信资自理,批发另议。

（载于《新闻报》1903 年 7 月 4 日第 4 版,6 日第 4 版,10 日第 5 版,12 日第 10 版,15 日第 12 版）

南洋公学书目

（1903 年 7 月 31 日）

斯密亚丹《原富》全书，分甲、乙、丙、丁、戊，订八本。侯官严又陵先生译，风行四海，乡场必备之书。三次出版，书存无多，售二元八角。

《英国财政志》，我国于财政一道素昧推求，理财一事当务之急，是书详论英国财政，精细无遗，诚必读之书。实洋八角。

《亚东贸易地理》，贸易战争足以掌握霸权，是书详述都府港湾之位置与物产，制造之丰约、精粗，交通之便利。四本六角。

《商业实务志》，我国商务日敝，亟求整顿，此书发明商业教育，凡银行、公司办理商务之法、合同、票式、尺牍均备。洋六角。

《日本矿业条例》，中国藏富于地，恒言贫乏，由于矿业不兴，此书详论矿业条例、日本矿务，著有成效，诚必要之书。二角半。

《万国通商史》，英人琐米尔士撰，叙事简明，了然于古今各国通商之大势，吾人处商战之世，应急读是书。洋二角半。

《西比利亚铁路考》附铁路图，俄筑西比利亚铁路，所关于中国者巨，此书首地理，次史略，次铁路，论及兵商关系。洋二角。

《政群源流考》，三角。《英国枢政志》，三角。《格致读本》，洋三角。《军政要略》，洋四角。《战术学》，洋八角。《美国陆军制》，角半。《陆军学校》，洋一元。《教育摘要》，洋四角。《日本宪兵制》，三角。《军队内务》，二角半。《军队给与》，二角半。《粮食给养》，二角半。《野外要务令》，八角。《步兵操典》，洋六角。《中等格致课本》全书，一元六角。《本国中等地理教科书》，洋五角。《万国地理教科书》，洋三角半。《蒙学课本》初、二、三编，全四角半。《心算教授法》，一本洋一角五分。《小学图画范本》，洋装二角半。《习字范本》初、二、三、四编，洋三角。《南洋公学师生姓氏录》，洋一角。《绘图启蒙图课读本》，洋四角。盛刻《皇朝续经世文编》，十四元。

总售处上海西门外徐家汇南洋公学，批发处望家［平］街启文社、《新闻报》馆、竞化译社、文明书局、扫叶山房、千顷堂、开明书店、《新民丛报》支店，外埠江西开智书室、武昌文明书室、汉口江左汉记书局、杭州方言学社、绍兴特别书室、济南府山东官书局、苏州开智书室。书目繁多，不及备载，另详书目。外埠函购，原班回件，批发从廉。书经存案，翻刻必究。

（载于《新闻报》1903年7月31日第4版；8月2日第5版，5日第6版，9日第6版）

《原富》全书增价启

（1903 年 8 月 15 日）

南洋公学译书院请侯官严几道先生复翻译斯密亚丹《原富》一书，早已四海风行、脍炙人口，为乡场必不可少之书。兹因纸价日昂，印钉工贵，且印钉稽漏，存货亦少。自七月初一日起，每部实收大洋三元二角，不折不扣，批发从廉。各省考市，望即预定，外埠函购，原班回件。

本月出售新书：《英国文明史》一元二角。《亚东贸易地理》六角。《日本矿业条例》二角半。《西比利亚铁路考》二角。《政群源流考》三角。《英国枢政志》三角。《商业实务志》六角。《中等地理教科书》五角。《万国地理教科书》三角半。《格致读本》一元六角。

约若理财、政治、武备教科各书四十余种，另详书目。书经存案，翻刻必究。

（载于《新闻报》1903 年 8 月 15 日第 1 版，16 日第 4 版，17 日第 5 版，18 日第 12 版，19 日第 6 版）

《原富》全书出版

（1903 年 8 月 23 日）

南洋公学译书院印侯官严几道先生翻译，英儒斯密亚丹原著，每部洋三圆二角。三版已出，截止定票，外埠函购，均付现书。各省考市添备从速，回寄空函不复。书经存案，翻印必究。《英国文明史》现已赶订竣工，书印无多，从速购置，每部一元二角。批发所《新闻报》馆、启文译社、上海官书局，总发行所上海徐家汇南洋公学。

（载于《新闻报》1903 年 8 月 23 日第 4 版，25 日第 5 版，27 日第 11 版）

《原富》今日出版

（1903 年 9 月 16 日）

　　南洋公学严又陵先生译斯亚蜜［蜜亚］丹《原富》一书，购者甚众。为因印局订作稽迟，致妨各埠诸君雅意。现已出书，每部三元二角。上海托《新闻报》馆、启文祉［社］发售，杭州作新祉［社］、开明书店分局，总发行所徐家汇南洋公学。

　　（载于《新闻报》1903 年 9 月 16 日第 4 版，17 日第 4 版，20 日第 6 版）

杭州《原富》全书发行所

（1903 年 9 月 19 日）

　　此书因印局钉作耽误时日，致各省考市需书者函购、电催纷至沓来，苦无以应。现虽陆续出书，亟应赶寄湖北、湖南、江西、广东、南京各省，申地托《新闻报》馆、启文社经售，销路亦广。杭州一省路途较近，装运亦易，不得不略迟数日。兹由杭州青云街作新社、开明书店分局与公学订立合同，归该号先发定售凭单，以五百部为限，到七月初五、初六二日内照凭单取书，每部三元二角，不折不扣，不加寄费。至初一、初二日到书二百部，以应现购者，每部酌加寄费洋三角。此书为二场必要之书，惟所印无多，购者请从速预定，迟恐不及。杭省书业请就近向发行所购取现书及定单均可。

　　（载于《新闻报》1903 年 9 月 19 日第 4 版，20 日第 4 版，21 日第 5 版，23 日第 6 版）

南洋公学新书出版

（1903 年 10 月 18 日）

《英国文明史》，英人勃克鲁原著，经译书院倩黄斌、王建祖、关应麟同译，程一鹤校正，分甲、乙、丙、丁、戊五本。一总编史学考证之原，人事齐次之理，凡人事每受制于心理、物理，故史学与格致有密切之关系。二论天然物理于人群组织、个人品质上所施之感格力。三论心理学家考察心理之法。四论心德心慧，析心理为二，曰德曰慧，此篇发明二者之关系，于治化而较其轻重。五论宗教、文字、政府三者范移治化之力。用三号字分订五本，每部一元二角。

《张弼士侍郎商务条议》，一农工路矿宜招商承办议，二招商与垦山利议，三兴垦山利种植议，四兴垦山利矿务议，五招商与办水利议，六已垦未垦均宜筹办水利议，七招商设立贷耕公司议，八招商兴办工艺、雇募工役议，九招商兴办铁轨支路议，十招徕外埠商民议，十一权度量衡圜法宜归画一议，十二增设各省商官议。厚订一本，收回工料洋角半。

《西比利亚铁路考》，中俄事亟，留心时事者均注意于西比利亚铁路，奉此书为至宝。俄筑西比利亚铁路，所关于中国者巨，而斯路之成，欧洲与中日之交涉，若商若政，为变正繁。是著首述地理，次史略，次铁路，论其经营暨其费用而及其兵商之关系，附地图一幅，洋二角。

《英国财政志》，英人怀尔森著，凡七卷。前四卷述英国变政前之度支，以迄近时之财政，后三卷论近时国课与其岁支及各地方之赋税、债负，卷末附表，讲求财政者不可不读。是书大字二本，实八角。

《亚东贸易地理》，日本永野耕造著。一序论，二中国，三朝鲜，四英国属香港，五葡萄牙亚细亚属地，六法属印度，七暹罗，八海峡殖民地，九斐利宾群岛，十荷兰印度，十一英属波罗洲，十二英属纽几内，十三德属纽几内，十四英属锡兰岛，十五英属印度，十六波斯、阿富汗、俾路芝，十七阿刺伯自主地，十八英属阿刺伯，十九俄属亚细亚。每章之下又分子目廿余节，若地势、物产、河流、运河、气候、都会、通商口岸、制造业、商业贸易、面积及人口、宗教及教育，详细推论，可为教科善本，不论士商各学堂，均应各置一编。分四本，洋六角。

《商业实务志》，方今开明社会之著述，自政治、法律以至一艺一技之微，新刊改镌，书如山积。独至关涉商业者之书甚鲜，有志之士憾矣，况我国商业教育更不容缓者。其目次第一章绪论，二章买卖，三章各路贸易，四章银票及支票式，五货币、度量衡，六商业会议所，七所行所，八银行，九保险，十海洋运送，十一铁路，十二行栈。国家设立商部，需才甚亟，苦无善本。本公学译印问世，有心商业者不可不读。是书分四本，洋六角。

《欧洲商业史》，是书详述欧洲商业，读《亚东贸易地理》者不可不读是书。当今商务日衰，由于我国人不明商业之理，不能与欧洲争衡，是书一出，我知于中国商务大有裨益者。每部五本，洋六角。

《日本矿业条例注释》，是书原文词简义长，读者或难深晓注释之举所由来也。首总则，二试掘采掘，三矿区，四使用土地，五矿业警察，六矿工，七矿业税及矿区税，八罚则，末附则，附矿业条例施行细则，悉照日本藤本马原著译以问世。我知于矿业之进步，不无万一之裨补也。每一本，实洋二角半。

《万国通商史》，英人琐米尔士原著。商业学一科关系邦国贸易之源流沿革，然此书著述通商篇一事，简明了然于古今各国通商之大势，诚有益初学。附地图二幅，分九章，译论上古、中古之工业盛衰兴亡之理，诚必要之书。每部洋二角半。

三版《本国中等地理教科书》，桃源张相文编纂。是编杂以中外名人著作提要而成，诸凡通商诸埠出口货物，以及电线、铁道之已成未成，及户口、疆域、宗教、物产、气候、都会、制造贸易，皆详载焉。此书销行八十万余部之多，各处学堂均奉为善本，兹已印订竣工，绘以精细图式，分上、中、下三本，洋五角。

新订五版《蒙学课本》初、二、三、四编，上海朱树人编辑。初编按文典分类编次，浅而不俗，简而易明。二编则多载杂字及寻常函札与夫喻言故事。三编条理略同二编，仍以法育、智育、体育为纲，故事杂说错综类列，有修身、卫生、物理、人事之要旨，采撷略备，较之二编文法稍深、篇幅较长，然仍以浅显生动为主，不令读者听而思卧。后附尺牍十课，以示程式。销行至二十余万之多，每部洋四角半。

再版改良《中等格致课本》初、二、三、四编，是书为英人包尔培著，详论动物、植物、矿石、物理、化学及动植物、生理学。每课之后增以习问，数课之后附以温习课，分初、二、三、四编，务使读者易明易解，并绘以精细图式，为各学堂教科必备之书。前因印订稽迟，致况购者雅意，现已成书，每部一元六角，零配每编四角。所印无多，从速订购。

《原富》全书，英国理财专家斯密亚丹原著，经侯官严复几道翻译。是书欧美传习已久，吾国未之前闻，诚当今必要之书，各省学堂科学俱奉为至宝。此次乡试购者甚众，奈为印局所误，致妨应试诸君雅意。至著述之佳妙，译笔之简雅，早已四海风行、脍炙人口，为当今第一善书。凡有志理财学者，不可不备之书也。每部甲、乙、丙、丁、戊，分八本，洋三元二角。

《初等习字范本》，是编为新发明之物。曩时，于童子习字一科目，教法甚简率，今揣童子心才，考日本教授习字成法，创为楷法三十五笔及楷书新八法，与古书家所论不无异同，然纯乎自然，无所牵强，且人人能解，于初学作字甚有裨益。分一、二、三、四编，洋三角。

《格致读本》初、二编，英国莫尔显著，经李维格一琴、伍光建昭宸同译，为泰西最著名之教科善本，销行至二万部之多。至书中问答，格致浅近之义，逐条详解，显豁易明，且图绘精工，使之乐于把玩，诚启蒙之善本也。初、二编每本洋角半，余若三编、四编，即日亦可出售。

《政群源流考》三角，《英国枢政志》三角，《支那教案论》二角，《军政要略》四角，《战术学》八角，《美国陆军制》三角半，《陆军学校章程》一元，《万国地理教科书》三角半，《心算教科法》一角半，《图画花本》二角半，《泰西寓言》五分。余若政治、理财、武备、教科诸书四十余种，另详书目。上海西门外南洋公学发行所，本埠批发处望平街《新闻报》馆、启文译社、文明书局、通社、支那新书局、官书局及各大书庄，外埠江西开智广智、山东济南府官书局、武昌文明书局、天津文明、北京文明、苏州开智、汉口商务印书分馆。书经存案，翻刻必究。

（载于《新闻报》1903 年 10 月 18 日第 4 版，20 日第 6 版，22 日第 10 版）

《原富》版权

（1903 年 12 月 30 日）

奉盛宫保批，据呈湖南长沙府益元书馆方年丰，知新书局谭晓岚、谭润生及广东书贾翻印公学编译斯密亚丹《原富》一书，运沪销售，有碍板权。既已查明，应照章专案禁销，□据情分寄湖南、广东巡抚部院，转饬各该地方官，将方年丰等查传到案，吊销翻版，并取具不再戥售鱼利甘结。一面仍□时严行查办，出示禁止以重版权，并候札饬江海关道，照会领袖总领事官暨分行租界委员，一体查禁缴□。南洋公学售书处抄登。

（载于《新闻报》1903 年 12 月 30 日第 4 版，31 日第 4 版；1904年 1 月 1 日第 5 版）

南洋公学告白

（1901 年 9 月 19 日）

本公学及所属译书院所有编辑、翻译各书，前由钦差商务大臣盛丞堂咨行前江海关道蔡示禁翻印私售在案。近有罗甘圃竟敢将本公学所编《新订蒙学课本》初、二编私付石印，交某书坊袁姓代售。经本公学访悉，旋据本人邀同袁姓前来商恳免究，并愿罚登告白，缴费银三十五元，邀保具结，永不私翻、私售。本公学姑念初犯，从宽免惩，罚款示儆。嗣后无论何人，凡有将本公学及译书院编辑、翻译各书私自翻印发售者，一经查出，定即援案送官重究，幸勿自误。

再，本公学编译书籍，现闻被人翻印多种，如有人能指出实在根据，并将样本送呈，由本公学验实，即给赏银二十元正。此白。

（载于《申报》1901 年 9 月 19 日第 4 版，21 日第 11 版，22 日第 6 版，24 日第 6 版，25 日第 10 版）

南洋公学腐败之情形

（1902 年）

无何何梅生死，张菊生代之。张菊生自命为新党者也，其约束司事、监视规则，勤干无比，且叹息痛恨于监院之揽权，而时时图所以恢复之，且深恶其教习。然其人酷好专制，虽时时延见教习、学生，而訑訑[①]之声音颜色，拒人千里之外。是以监起居益肆其蒙蔽。教习、学生议去监起居，而推源以及于监院福开森，欲并去之以要张。张终以畏督办之故，不得不畏于监院。不许，要之以告退，仍不许。于是教习之主议者稍稍引去，学生亦间有去者。其时，团体未固，去者无几，事遂寝，而张终以为福开森所谓诋，不久即去。沈曾植代之。

（录自汪家熔《张元济教育思想和实践（史料辑集）》，《出版大家张元济》，第 199 页）

---

① 汪家熔原文作"訑"，现由编者据《孟子》原文改为"訑"。

南洋公学同学会聚餐会纪

（1921 年 5 月 16 日）

本埠南洋公学同学会董事会昨晚假座大东旅社开聚餐会，欢迎母校新主任张剑心、凌竹铭。该会董事十一人，昨晚到会者为沈叔逵、穆杼斋、张叔良、张贡九、胡敦复、柴福沅、王永礼七人，其余张菊生、张让三、黄任之、平海澜均因事未能列席。六时半开会，由会长沈叔逵致欢迎词，张、凌二主任均有简单之答词。张、凌二君系南洋旧同学，故宾主之间杯酒话旧，甚为欢洽。

又该会旧董事因任期已满，即于昨晚举行新董事受任礼。当推定职员如下：会长张菊生，记录书记沈叔逵，通信书记兼编辑员王永礼，会计穆杼斋，查帐张贡九。举定职员后，即讨论会务，议建筑会所问题，穆杼斋发言甚多，惟此事尚须慎重讨论，定期二十九号再行开会解决云。

（载于《申报》1921 年 5 月 16 日第 10 版）

南洋公学附属小学祝典四纪

（1921 年 6 月 14 日）

南洋附属小学开二十周纪念会迷志前报。前日为开会第三日，上午十时行正式庆祝礼，教职员、毕业生、在校学生向国旗、校旗行三鞠躬礼。主任张剑心报告开会旨趣，交通部长代表李丹屏致训词，大学校长代表孙燕翼致训词，前校长唐蔚芝代表陈剑刚致训词，前提调李一琴演说，前总理张菊生演说，马湘伯演说，补给肄业沈宝炯、韩章同、蔡承新毕业凭，款待来宾及毕业生寿面。午后二时起，外场表演。二时半起至四时，演剧。男女来宾、参观者，会场内外，环若堵墙，大有万人空巷之盛。四时半，又奉到凌鸿勋、钟锷、胡鸿猷三君自京发来之祝电。五时起，天气忽然晴朗，毕业生刘道夷驾驶飞机扶摇直上，抛掷五色彩笺精印之祝词，及唐驼之卖字广告，与南洋兄弟烟草公司之广告，纷纷如蛱蝶之飞舞天空，爆竹声隆隆大起。六时半，毕业生聚餐，约五百人。七时半起，特请中国音乐家朱仔玙奏凡凹林①、大套琵琶，听者鼓掌如雷。八时起，幻术家朱织云及英人段恩试演奇异之幻术。九时半，演商务书馆时式影片，直至十一时始散。

（载于《申报》1921 年 6 月 14 日第 10 版）

---

① 凡凹林，即小提琴 violin 之音译。

交大驱陆运动之扩大

（1922 年 6 月 5 日）

学生议决于今日起罢课

交通大学北京学校本科学生因反对陆梦熊任校长以致罢课，并派代表庄曾鼎于上月二十六日来沪报告一切，并请沪校取同样态度，一致驱陆。沪校学生会当即于二十八日晚召集大学中学生开全体大会，由庄代表历述陆梦熊长校旬日来之罪状劣迹，其后讨论甚久。最后结果，以罢课有种种困难，一时不能实行，惟议决电陆氏促其辞职。所发电文如下……

自此电发出之后，陆六月三日来电，撤沪校主任张铸之职，而代以代理副主任张贡九。其来电云："徐家汇交通大学张铸撤任，奉部核准，张廷金接充主任，希查照。并盼妥慰学生，维持校务。熊辞校长职未准，将续辞。梦熊冬印。"

张贡九得电后，即覆一电云："北京陆校长鉴：冬电敬悉。谬承知遇，聘任沪校主任，驽驱蚊负，颠坠堪虞。迩来士气嚣张，事多误会，力谋解释，希免多尤。然竭蹶驽钝，无补大局。思维再四，与其贻误于后，何如乞退于前，敬恳开去主任职务，俯乞照准，另简贤能，俾释重负。廷金。江。"

现张铸已于三日晚离校。张氏去后，学生会评议会即召集评议员及各班班长开联席会议，议决各项事件如下：

（一）前次拒陆通电发出后，至今未覆，当即发最后宣言，并推茅以新、沈昌、陈寿彝三人为起草员。

（二）电请交部恢复董事会，并用呈文。电已发出，呈文即由上三人从速起草。

（三）每级举代表一人，上、中院共八人，赴京请愿并打听消息。

（四）商请南洋同学会张菊生先生等共起维持母校。

（五）由学生会会长面请张铸维持现状，如不成，向张代理副主任说明，请其维持。

（六）五日教职员会议，派会长旁听。

（七）定明晚（四日）七时开全体大会，讨论代表赴京事。

（八）定办法二种:（甲）通电请恢复董会，选举校长，倘不成、派代表力争并罢课；（乙）即行罢课，派代表赴部力争。

昨晚（四日）该校全体大会，议决今日（五日）起罢课，今日上午九时再开全体大会，赴京代表今日即起程。

（载于《申报》1922 年 6 月 5 日第 13 版）

南洋大学昨日两盛典纪：
毕业典礼、铜像开幕典礼

（1923 年 7 月 1 日）

　　本埠南洋大学本届毕业典礼，曾柬请各界莅临观礼。昨日下午二时行礼，首由校长陈杜衡君致训词。次由部派代表任传榜君读训词，略谓：服务社会必以学识、经验二者为主，毕业各生于学识可谓已窥门径，嗣后望能留心实验，将来蔚为大器，替国宣劳，有厚望焉。旋由黄任之君演说，关于学潮一事，比学校为医院，办事人为医生，职在尽心力调护病人，学生如病人，义在服从医士，然医生如学力不足，则病人亦不能缄默，故"诚"之一字，实可为免去学潮之要旨。并谓学生应于请医生时慎重，既请定医生，即应信仰其才力，服从其指挥，而人有谓学生为学校主体，殊无根据云。福开森博士原为铜像开幕而来，亦略有演说，申明黄先生所说，略谓学校主体，半为学生而半为先生，二者必相成始可。而中国学潮之所以屡起，实以学校甚少，不能选择，如病人之不能择医，故有希望改良学校之意，实则学生尽可建议校事，而一经校中规定，即应服从，否则无从办事云。次由张菊生君演说，谓对大学毕业生有所供献。我国改行新教育瞬已三十年，而目今政治情形有进步否？谓新教育不好甚难，然谓其好，结果又如此，其故安在？余以为其弊在过重物质而忽精神。故养尊处优，流于贪墨，愿诸君取新文化之精华，而不弃旧教育之长处，能于物质、精神两俱研求，我国前途或有希望，亦所以使新教育之成绩昭然于社会也云云。交涉员代表亦有演说，谓南洋大学精神甚好，而大学毕业生又将为社会模范，故今日典礼甚为重要云。前校长唐文治君由其公子庆诒代表，到会作英文演说，着重三点：（一）合作精神；（二）建设精神；（三）创始精神。其演说第三点最见精彩，谓我国学者皆丛集通都大邑，不愿深入内地，作创始事业，实则创业最为可贵云。其余尚有数人演说，即由校长给凭，复唱校歌、奏军乐而散。

毕业礼既毕，即举行盛宣怀与何嗣焜铜像开幕礼。首由沈庆鸿君报告，谓同学诸子念盛宫保杏荪先生之德，倡议为铸铜像，推庆鸿主其事，庆鸿于择匠、选材甚费周折，历二年始成。原计今春即行开幕，嗣以事辍，故迟至目今云。福开森先生撰盛公传，用中、英两文，谓知盛公最稔，公之勋名事业甚多，而创立本校实为最远大无涯，今铜像成，公将不朽矣。原文甚多，不多备载。次由任传榜君演说，谓盛公于中国交通实为创始之人，我国人之交通利益，几莫非受公之赐，望诸君睹此像而奋然兴起，创立各事，为国家福，为民众利云。军乐顿作，幕起炮鸣，行礼而散。

（载于《申报》1923 年 7 月 1 日第 14 版）

南洋公学同学会之新董事

（1923 年 12 月 20 日）

南洋公学同学会上海总会，向设董事部，计董事十一人，每月开会一次，处理会中一切事务。现因董事任期已满，早经该会发出选票，请海内外各同学更选。前日该会假座西门省教育会开会，检视选票，推定董事十一人。闻已发出通知书，敦请各董事就职矣。兹探录新董事名单如左："最多数"黄任之先生、沈叔逵先生、穆抒斋先生、胡敦复先生、张叔良先生、张菊生先生、王寅清先生、张松亭先生、凌竹铭先生、林康侯先生、平海澜先生，"次多数"周厚坤先生、陆达权先生、邵仲辉先生。

（载于《申报》1923 年 12 月 20 日第 14 版）

南洋公学同学会年会之盛况

（1924 年 3 月 5 日）

改订章程

日前午刻，南洋公学同学会在宁波同乡会举行年会，到会者有章宗元、吴稚晖、黄任之、胡仁源、张清澄、林康侯、陆达权、胡敦复、邵仲辉、赵炳生、沈叔逵、张师石、林植斋、施伯安、吴玉麟、盛聘如、胡明复、张教安、周增奎、莘卫中、李昌祚、潘铭新、王寅清、徐佩璜、裘维裕、周明诚、张叔良，及该校校长陈芳斋等一百十三人报名出席，而未到者十八人，为该会成立以来未有之盛会。由章宗元主席，张叔良纪录。聚餐毕，张叔良报告会务，略谓（一）母校董事会，虽经同学会迭次力争，迄未成立，现在教育部颁发大学规程，国立大学均设董事会，则母校董事会在当然设立之例，应请现任校长协同学会进行，俾早成立；（二）葛君在胶济路被害，曾由同学会发电多通，请当局严重办理，该局办理情形印有通告，寄来多份，已分发在座诸位同学；（三）同学会章程十余年未曾修改，于办事上颇不便利，今日由董事会提出修改；（四）建筑会所之议发动已久，迄未定有办法，本年必须进行；（五）母校有三十年之历史，今日所请三位同学演说，代表三个时代；（六）本届年会请客三人，即张菊生先生、李一琴先生，及在座之陈校长，张先生族中有事不能来，因新章有永久会费一条，已将会费交来，为纳永久会费之第一人，足为本会第一次改定新章之纪念。同学陈君明寿谓，李先生患病亦不能来。张君报告毕，由该校现任校长陈芳斋报告母校近况，陈君略谓，校中事业正逐步扩充，而向部领费不能如期，颇感困难，现在进行三大建筑款尚不敷，请同学帮助。次由吴稚晖、徐佩璜、裘维裕相继演说。吴君为该校最老同学，所说均该校往史，庄谐杂陈，合座粲然者。再徐君谓，上海商品舶来者为多，数年之内本国商品尚不能与外品抗衡，要在国人提倡，并须政府以税法为保护，将来方有希望。裘君新由欧洲归来，所述欧洲现况甚详，大致谓欧洲大陆之生计、交通、道德以及其他事业，均远逊于大战之前。演说毕，提议修改章程，当时发言讨论者甚多，每遇条文上之争持，经吴君稚晖发言即解，推重老同学。有足纪者，新章十三章三十五条，由主席逐条交会通过。其与旧章不同之处：（一）改董事为理事；（二）毕业生每班举议董一人；（三）设立基金监；（四）常年会费二元，永久会费一次纳三十元。永久会费作为基金，非经大会通过，不得支用。新章即日实行。所有新理事尽本年举出，未曾举出以前，同学会职务仍由旧董事担任，旧董事改称为理事。及章程通过已逾六时，遂唱校歌、摄影而散。该会此次开会历六小时之久，精神始终如一，甚为难得云。

（载于《申报》1924 年 3 月 5 日第 14 版）

南洋同学会征求会员

（1924 年 6 月 1 日）

　　上海南洋公学同学会昨致各会员函云："敬启者，本会自成立以来，尚无固定会所，昔年得盛公杏荪之资助，方得赁屋一椽，为同学集会之地。盛公捐馆，经费支绌，所租会所，无法维持。近年会务日繁，会员日众，尤觉有自建会所之必要。但会所之建设，需款浩繁，值兹社会经济紧张之时，捐募难期集事。本年上海举行年会，曾提出议案，修改会章，将会员会费分为永久与普通两种。凡一次缴纳三十元者，即为永久会员。此项会费储□建筑会所之用，并推举基金监，以任保管之责。如此□会员方面，一次缴纳之后，即省年年付费之烦，且为数无多，轻而易举；在本会方面，则集腋成裘，建设会所指日可待。兹特拟定征求会员办法十条，并推定征求队长，本外埠各十人，以六月一号起，至七月十一号止，为征求期限。执事爱校爱会不后于人，务乞加入于永久会员之列，并就相熟之同学广为介绍，以期众志成城，无任企盼。专此奉达，即颂大安。上海南洋公学同学会谨启。"

　　征求会员办法：

　　（一）以民国十三年六月一日起，至七月三十一日为征求期；（二）由临时理事会推定本、外埠同学组织征求会员队，本、外埠各十队；（三）每队各设队长一人，由临时理事会推定之，副队长无定额，由队长延请之；（四）征求范围：以本会章程第四条甲项及第十九条为标准；（五）征求会员所出印刷品，由临时理事会印就发给各队：① 本会会章，② 征求会员公启，③ 会务报告，④ 同学近况调查表，⑤ 征求队所用临时收据；（六）各队及个人征求成绩最优之前队及前名，除由本会赠给纪念品外，并将其照片刊入纪念册内；（七）本届征求结束后，由本会刊印纪念册，将应征各会员之近况及通信处分别列入，并附载本会会章，凡应征为永久会员者，将其照片刊入纪念册，纪念册印就后，由本会分赠各会员；（八）征求队收到会员会费，先以本会所印临时收据填交会员；（九）征求队所收会费，在本埠者每十日汇交本会会计，在外埠者每三十日汇交本会会计，由本会会计分别发给正式收据，本会会计林君康侯，通信处在上海四马路五号中国汇业银行；（十）各队所收永久会员会费，由本会照会章第二十一条办理。

征求会员队队长名单：

（外埠）王君宜，北京财政部；周企虞，北京内务部；包培之，北京交通部；胡文甫，北京东单三条二十五号；周庆舫，天津津浦铁路总局；陆步青，南京省立第一中学校；孙家声，武昌省立商业学校；赵运文，长沙湘雅医学校；李泽民，萍乡安源镇萍乡矿务局；应溥泉，杭州法政专门学校。

（本埠）康通一，上海望平街申报馆；凌竹铭，上海海格路交通部南洋大学；陆达权，上海龙华松沪护军使署；沈叔逵，上海海格路交通部南洋大学附属小学；林鞠惟，上海沪宁铁路总局；林康侯，上海四马路五号中华汇业银行；徐新六，上海江西路浙江兴业银行；潘铭新，上海圆明园路慎昌洋行；张延祥，上海仁记路二十一号久胜洋行；唐谋伯，上海南京路十一号中华懋业银行。

闻张菊生、陈杜衡、章仲和、曾筠圃、张叔良诸君，在该会开始征求会员之前，已缴费为永久会员。该会征求会所用印刷品，本可早日发出，惟因其中有一种为印刷人所误，故须至明日方能发出。

（载于《申报》1924 年 6 月 1 日第 14 版）

南洋公学同学会年会纪

（1925 年 3 月 17 日）

　　前日午刻，南洋公学同学会在大东旅社聚餐，举行年会。到会同学有一百数十人，推章伯初为主席。先至天韵楼摄影毕，举行聚餐。餐后由主席报告开会。次基金监兼会计林康侯报告，共收永久会员会费一百十三人，每人三十元，共洋三千三百九十元。又存息三十七元八角五分，两共计洋三千四百十七元八角五分。此款为本会基金，存中华汇业银行，由本基金监督保管，不作别用。又收常年会费洋五百七十六元，连同其他各项收入，共计收洋八百七十二元五角六分。支出项共计支出洋七百零八元三角正，收付相抵，净存洋一百六十四元二角六分正。次查帐员凌竹铭报告，以上各帐查对无讹。次黄任之报告会务。次福开森、张菊生致词。是日女宾到者有福开森夫人及诸同学眷属，颇极一时之盛。至三时半，始由主席宣布散会。

（载于《申报》1925 年 3 月 17 日第 11 版）

南洋、暨南二校同学会近讯（摘录）

（1925 年 5 月 3 日）

南洋公学同学会选举理事，于四月三十日下午五时在二马路西藏路口平乐里九十八号该会会所开票，计得票最多数凌竹铭、沈叔逵、黄任之、胡敦复、张叔良、张松亭、吴稚晖、章伯初、张菊生、王寅清、张云搏诸君十一人会选为理事。次多数为林康侯、张贡九、张延祥、周朋西、顾心一、徐君陶、平海澜、吴玉麟、李振吾诸君云。

（摘录自《申报》1925 年 5 月 3 日第 12 版）

南洋大学募捐工业馆（摘录）

（1926 年 6 月 22 日）

第六编　报刊所载广告、新闻

南洋大学同学会理事会议决发起募捐建筑工业馆，庆祝母校三十周纪念已志本报。该会现已推定唐文治、王清穆、叶恭绰、张元济、福开森、王宠惠、蔡元培、陆梦熊、黄炎培、虞和德、章宗元等十一人列名发起，并推黄炎培君代表，向北京同学会接洽，一致进行。上海方面定下月初旬举行大规模之募捐运动，该校成绩素著，声誉日隆，想社会各界对于此举必乐寄同情而予以伙助。

（载于《申报》1926 年 6 月 22 日第 13 版）

南洋大学三十年来之概况（摘录）

（1926 年 10 月 4 日）

上海交通部南洋大学设立已三十年，成绩卓著。将自本月九日起，开三十年纪念大会三日，兹将该校三十年来之概况报告录下：

▲略史

瀛海大通，神州多故，甲午以还，国势益弱。朝野上下怵于强邻之压迫，思力图富强以振之，时势所趋，竞尚新学。清光绪二十二年（西历一八九六年），招商、电报二局总办盛杏荪先生宣怀乃奏请政府，设南洋公学于上海，年由招商、电报二局拨银十万两作常年经费。二十三年春，假徐家汇民房开办，奏派何梅生先生嗣焜为总理。设师范院，学生以举人、廪贡明白时务者为多。秋，设外院，派师范生轮流教之。二十四年，购地百余亩建筑校舍，设中院，即由外院生选拔充之。嗣后外院生递升中院，外院遂裁撤。是年冬，派学生六人留学日本。二十六年，添建上院，并设译书院于虹口。二十七年春，何梅生先生积劳成疾卒，张菊生先生元济继任为总理。当时风气未开，招生不易，乃设附属小学，为招生之预备，又设特班为应经济特科之预备，主其事者蔡孑民先生元培也。秋，添设政治专科，由师范生及中院之高级生选入之。是年冬，张菊生先生辞职，劳玉初乃宣、沈子培曾植、汪芝房凤藻三先生相继为总理。二十九年春，师范院、特班均裁撤。刘葆良树屏、张筱圃鹤龄、张让三美翊三先生相继为总理。是为南洋公学时代，计七年。

（摘录自《申报》1926 年 10 月 4 日第 12 版）

唐张两前校长联名致吴市长公开信

（1948 年 6 月 21 日）

　　上海大、中学校一部分学生于六月五日在外滩举行"反扶日游行"，本校同学未出校门参加，详情已志上期本刊。事后吴市长函请程校长查询有关此项游行之七点，由学生自治会逐一答复。吴市长认为不能满意，再提质问八点，限期重作答复，如答复仍认不满意，即令警局传询。本校前校长唐文治、张元济两氏于此极为关怀，特联名致吴市长公开信。

（录自《交大周刊》1948 年第 28、29 期第 1 版）

附 录

（一）张元济与交通大学大事记

- **1896 年（光绪二十二年）**

  10 月 31 日（九月二十五日） 盛宣怀向光绪皇帝递呈《条陈自强大计折》并附《请设学堂片》，陈述陈兵、理财、育才三大政，提出创办南洋公学的设想。

  12 月 6 日（十一月初二日） 根据诸大臣"悉心核议，逐条具奏"，光绪皇帝"详加披阅"，批准盛宣怀设立学堂。

  盛宣怀就任南洋公学督办。

  是年 何嗣焜就任南洋公学首任总理（即校长）。

- **1897 年（光绪二十三年）**

  9 月 13 日（八月十七日） 张元济致信汪康年，谓："盛杏荪所开之公学堂究竟何若？能觅示其章程否？"这是张元济一生思想、经历和事业与南洋公学、交通大学密不可分的第一份文字记载。

  11 月（十月） 何嗣焜奉盛宣怀之命，与时任南京汇文书院院长的美国美以美会传教士福开森签订了 4 年的合同，聘其为监院，为学校第一个外籍教习。

- **1898 年（光绪二十四年）**

  6 月 12 日（四月二十四日） 盛宣怀附奏《南洋公学附设译书院片》。

  6 月 22 日（五月初四日） 盛宣怀通过日本驻沪总领事官小田切

万寿之助的推荐，聘请日本陆军大尉细田谦藏为南洋公学译书院翻译兵书顾问，与之签订了为期一年的聘用合同。

7月7日（五月十九日） 光绪帝朱批盛宣怀四月二十四日附奏："着照所拟办理，钦此。"

10月8日（八月二十三日） 张元济因参与戊戌变法活动，失败后，清廷予以"革职，永不叙用"处分。

10月中旬（九月初） 张元济被革职后，李鸿章派于式枚前来慰问，问以后如何打算。张答打算去上海。几天后，于又来，告知李已招呼盛宣怀，替张找工作。

11月5日（九月二十二日） 公学添聘日本陆军大尉稻村新六为译书院翻译兵书顾问，合同一年，月薪洋150元。

11月上旬（九月下旬） 张元济抵沪。

◆ **1899年（光绪二十五年）**

3月29日（二月十八日） 张元济准备应聘入南洋公学译书院任职，写信告诉严复自己将进公学译书院，打算印行严复1892年译就的英国人宓克的《支那教案论》，并请严复作序。又在信中别纸列出若干翻译业务问题，请教严复，并请严推荐合适的翻译人才。

4月初（二月下旬） 盛宣怀通过何嗣焜，聘张元济为译书院总校兼代办院事，张元济接受聘请。时译书院设在上海虹口谦吉里。

4月3日（二月二十三日） 盛宣怀邀宴。张元济即日复信谢辞，并曰："日前何梅翁传述尊谕，欲令元济襄办公学译书事，雅意至为感佩……现正就梅翁询商一切，稍得头绪，再当趋前面求训示。"

4月5日（二月二十五日） 严复复信张元济，就所询译书诸事详细解答，又推荐其学生伍光建等为译者。

4月28日（三月十九日） 张元济致信何嗣焜，论译书院工作，提到拟译日本《法规提要》。

5月19日（四月初十日） 张元济致信盛宣怀，送上译书院章程四十册。

6月20日（五月十三日） 何嗣焜致信郑孝胥，谓："张菊生勤敏，经此摧折，或者可成正果。"

7月23日（六月十六日） 张元济向盛宣怀呈报译书院工作情况：已译出《日本军政要略》《战术学》《军队内务》《作战粮食给养法》《军队给养法》《陆军学校章程汇编》《宪兵条例汇编》《军队教育方针》等兵书8种，拟翻译兵书23种。请登报明示，并咨明湖广督部堂查照，以免重复。以上8种书由细田谦藏、稻村新六、孟森、杨志洵、郑孝柽等译校。

9月1日（七月二十七日） 张元济就译书院日本译员稻村新六合同即将到期事致函盛宣怀，建议续签合同，请盛确定展限年数。

10月12日、13日（九月初八、初九日） 严复叠接张元济两信。盛宣怀已接受张元济提议，许以二千两购《原富》译稿。

是年 译书院委托商务印书馆印行所译书籍。张元济称"沪上印书，自以商务印书馆为最"，但亦有不足之处，如办理不免迟滞。公学派郑孝柽专校印稿，并随时督催后有所改进。

是年 ［英］宓克著、严复译《支那教案论》由南洋公学译书院出版发行。

• 1900年（光绪二十六年）

1月末（光绪二十五年末） 张元济撰《南洋公学译书院己亥年总报告册》，向盛宣怀汇报己亥三月任职以来的工作，详细开列当年印成出版书籍10种书名、译者、印数及销售、存书情形。三至十二月经费支出共七千九百余两，实余存二千两。

3月2日（二月初二日） 严复致张元济书，说《原富》可于5月译毕。"全文尽译之后，尚有序文、目录、例言及作者本传"，并"拟加年表"，对"翻音不译义之字，须依来教作一备检"。信中还称，《原富》各部书稿都寄送著名的桐城派学者吴汝纶斟酌，吴认为严复译文用笔精悍，定能长久盛行。又提出版税事："此稿既经公学二千金购印，则成书后自为公学之产，销售利益应悉公学得之。但念译者颇费苦心，不知他日出售，能否于书价之中坐抽几分，以为著书者永远之利益。"后张元济答应了他的要求，同意"以售值十成之二见分"。

4月29日（四月初一日） 张元济致盛宣怀信，汇报译书情况。盛嘱译英国商律，但因译才难得，"商诸梅翁，亦谓此事目下无从措手。必不得已，只可仍以东文书籍为之权舆。"

5月18日（四月二十日） 张元济致盛宣怀信，送呈新书两种。

6月14日（五月十八日） 张元济代盛宣怀拟致各省督抚函稿，推介南洋公学译书院译成书目。

6月23日（五月二十七日） 张元济致盛宣怀信，附呈新译成《步兵射击教范》一部，并分赠各督抚书十二份。

7月12日（六月十六日） 盛宣怀至张寓，吊唁张母谢太夫人。

7月14日（六月十八日） 张元济致盛宣怀信，纵论东南互保事。

11月11日（九月二十日） 盛宣怀托驻外使臣罗丰禄购得英国商律全书，命伍光建翻译，预计两年可成。伍以"不胜任"为辞，将书退回张元济。是日，张致盛信，将原书交还。

12月 《原富》甲部由译书院出版发行。是月27日，《新闻报》在广告栏载："南洋公学译书院新译斯密亚丹《原富》。欧洲二百年前理财政策多与中国相似，自此书出，英国首先采用，遂立今日富强之基。今中国患贫久矣，和议既定，必以整理财政为先。本公学……译成是书以备参考。……全书共分五部，现在先印甲部，约得十二万言，即日出书。"后陆续刊印。

是年末 公学译书院迁至提篮桥。

是年 何嗣焜、张元济酌定，按每部《原富》3角5分给严复版税。

是年 南洋公学聘伍光建为编外译员。

· **1901 年（光绪二十七年）**

3 月 1 日（正月十一日） 公学总理何嗣焜伏案拟稿时，突发脑出血逝世。

3 月 16 日（正月二十六日） 郑孝胥和劳乃宣同车前往南洋公学，与福开森会面。下午 2 点，盛宣怀偕费念慈、庄仲咸来校。饭毕，盛离去，张元济邀他们参观上院、中院。

3 月 20 日（二月初一日） 南洋公学附属高等小学堂正式开学。原办学计划、经费及课本等由何嗣焜拟定，何突然病故，诸事尚未就绪，于是张元济呈文盛宣怀开办附属小学诸事，并亲拟试办章程及经费预算表报请核示。吴稚晖任小学代理堂长。

3 月 27 日（二月初八日） 因北洋头等学堂停办，原由该学堂派往日本游学的张奎、金邦平、周祖培膏火无着。经三人恳请，盛饬令将 1900 年 6 月至 1901 年 2 月共 10 个月的膏火银 180 两暂由公学挪备，交熟识商号汇至他们就读的日华学堂，嗣后再由北洋学堂归缴。31 日，盛又批示：暂缓垫付膏火，先请张元济迅速给日本的钱监督去信，询问这些学生的功课程度、拮据与否，待有回信后再行照办。公学遵嘱，经去信了解，张、金两生学费均由驻日使馆拨付，而周的学费为公学所出。据此，盛于 5 月 2 日批复，张、金按月径向驻日使馆呈领月费，周的月费则在公学如数挪备，汇寄钱监督转交。

是月 张元济就任南洋公学代总理。其间，张多住宿校内，常进厨房检查三餐伙食，且与教职员同桌而食，时而找学生谈话，晚间经常举灯四处巡视。他鼓励学生读《劝学篇》《盛世危言》等新书，将原课程中规定学生读的《史记》《汉书》《资治通鉴》《御批通鉴辑览》等除去，教学生读严复译著《原富》。

4 月 13 日（二月二十五日） 张元济就开办特班事呈文盛宣怀，提出特设一班以培养"有志西学者"，并呈报章程十条。

4月19日（三月初一日） 盛宣怀批复张元济呈文，准予开办。

4月23日（三月初五日） 沈曾植自扬州抵沪，"晤张菊生，言孝章有以梅生席相待意"。

4月28日（三月初十日） 义和团运动结束后，浙江三忠徐用仪、许景澄、袁昶死难，三忠灵柩南下经过上海时，吴稚晖提议南洋公学全体师生随行执绋。张元济开始以耽误学业为由劝阻，吴稚晖说，学生志有必往，否则"罢课"。张元济遂同意全体师生道旁公祭。

是月 吴稚晖主张由教习及学生治校，与张元济意见不合。"其后余（按，张元济）请吴君赴日本留学，学费全由公学供给。吴君欣然就道。"

5月7日（三月十九日） 蔡元培昨由绍兴来上海，今日访张元济，并同赴澄衷学堂访刘树屏。在澄衷学堂授课一个月后，刘介绍蔡进南洋公学，被张元济聘为特班总教习。

5月12日（三月二十四日） 郑孝胥将《原富》进献给张之洞。

5月14日（三月二十六日） 张元济向盛宣怀呈送试办小学章程及经费预算表。

5月18日（四月初一日） 公学接奉盛宣怀关于开办附属小学的批文：所拟章程十条均尚妥协，悉准照拟试办。常年需用经费银两，准即在于公学款内如数支给，学生所需课本应从速编译。

本月 严复所译《原富》乙、丙部，先后由南洋公学译书院出版发行。

本月 公学举行特班招生考试，前后两次，报名应试者数十人。考试分初试和复试两场，包括笔试和口试。初试在南洋公学，复试在盛宅。笔试均考国文。复试题为"明夏良胜《中庸衍义》书后"及"请建陪都议"。与试者大都不知第一题的出处，由督试员检示《四库全书提要》，才勉强完卷。福开森在笔试考场监考。张元济主持了口试，他问黄炎培："你信宗教没有？信哪种宗教？"黄答："我什么宗教都没有信。"张说:"好。"后黄被录取。6月,进行第二次考试。前后共录取了42名学生,其中有黄炎培、李叔同、邵力子、谢无量、胡仁源、朱履和、贝寿同、殷洪亮、项骧、洪允祥、陆梦熊、王世澂、穆湘瑶、彭清鹏等,均为一时之秀。如李叔同以"李广平"的名字应试,结果笔试得40分,口试得35分,以总分75分、第12名被录取。

6月10日(四月二十四日) 张元济致盛宣怀信,转告留美学生严锦荣来函,陈述有关美国教育事。

是月 张元济与北洋大学堂总办王修植商定,并经盛宣怀批准,委托来华游历的美国加州大学华文总教习傅兰雅,将寄入南洋公学的北洋大学堂未及留洋的毕业生和头等学堂学生王宠惠、王宠佑、张煜全、胡栋朝、陆耀廷、吴桂灵、严锦荣及该学堂英文教习陈锦涛等8人带往美国留学。所需经费由该学堂拨存公学之款支给,每年以规元一万两为限,分两次交傅兰雅收管。

是月 张元济向盛宣怀提出辞呈,盛未允。

7月23日(六月初八日) 盛宣怀札饬张元济,将南洋公学译书院近来所译各书各捡两部,径送南洋大臣、政务处。公学即将已译书籍每种两部咨送政务处甄采,其中兵政书12种,教案、商务书各1种,此外,尚有兵政8种、理财1种、商务2种、国政2种、学校3种、税法1种,均已译成,正陆续付印。

7月29日(六月十四日) 盛宣怀上奏《呈进南洋公学新译各书并拟推广翻辑折》,并将公学译书院已译成的13种书装箱送军机处。8月25日光绪皇帝朱批:"知道了,着就推广翻辑,书留览。钦此。"

是月 张元济坚辞总理一职,专任译书院职。劳乃宣继任总理。

8月14日(七月一日) 公学查得江南书局出售翻印的《原富》和《蒙学课本》一、二编,请上海县速派人查明实情,严厉惩办。

8月25日(七月十二日) 东文学堂开办……张元济兼该学堂主

任，聘译书院细田谦藏、稻村新六为教习。拟两年为一期，培养留日学生和日文翻译。后因公学隶属改变，经费紧缩，东文学堂停办。

是月 张元济与郑孝柽一起为严复所译《原富》编订中西年表及地名、人名、物义诸表，载于该书第一册，计8页，便于学者考订参酌。

是月 盛宣怀向清廷奏呈《请调沈曾植费念慈委用片》，请求调用他们参与译书院的事务。8月25日光绪帝朱批："着照所请，该衙门知道。钦此。"

9月13日（八月初一日） 南洋公学特班开学，延见教习，蔡元培到校。

9月18日（八月初六日） 严复致张元济书，请将所允《原富》版税事给予凭据，"以免以后人事变迁时多出一番唇舌"，又建议版权年限最长为20年，后10年可分一成利。

10月5日（八月二十三日） 张元济致书盛宣怀，提倡广设学堂，云："中国号称四万万人，其受教育者度不过四十万人，是才得千分之一耳。且此四十万人者，亦不过能背诵四书五经，能写几句八股八韵而已，于今世界所应知之事茫然无所知也。"呼吁设学堂"要者在使人能稍稍明白"，一改"大厦将倾，群梦未醒，病者垂毙，方药杂投"的弊端。

10月13日（九月初二日） 张元济陪同缪荃孙、熊希龄等参观南洋公学。

是年秋 《原富》和《蒙学课本》遭人私印，张元济查出后请沈曾植移送县惩办。沈拟一公文致上海县，未果。

11月6日（九月二十六日） 南洋公学译书院迁至英大马路泥城桥西首福源里十四号洋房。

11月7日（九月二十七日） 醇亲王载沣赴德回国，途经上海，来南洋公学视察，张元济、蔡元培、费念慈、赵从蕃等出面接待，学生列队在路旁迎送，行三跪九叩大礼，向钦差打千。学校专门设午宴招待，座中作陪者 30 余人，有地方官员和公学洋教习等。张元济、蔡元培遵盛宣怀嘱，采购新书及南洋公学译书院出版书籍共六十五封，呈送醇亲王。

11 月 11 日（十月初一日） 沈曾植代盛宣怀拟请调奏片，请给咨在籍翰林院编修费念慈、刑部郎中沈曾植回署商同办理翻译事宜。

11 月（十月） 沈曾植正式就任南洋公学总理。

秋冬间 张元济与沈曾植纵谈朝廷变法之诏，认为"我国变法不能无所师，求师莫若日本。法律之学，探本穷原，非一朝夕之事，欲亟得师，莫若多译东文书，先条件而后理论。"沈极赞同，于是有翻译《日本法规大全》的想法。因国内无人能胜任此事，张求助于驻日本使馆赞使兼留学生监督夏偕复，在日本组织留学生翻译此书。

- **1902 年（光绪二十八年）**

1 月 14 日（光绪二十七年十二月初五日） 盛宣怀批准公学总理一职改称总办，并兼任汉文总教习，管理译书院及东文学堂。

是月 盛宣怀上《南洋公学推广翻辑政书折》。

2 月（正月） 公学总办沈曾植调外务部任职，汪凤藻任代总办。

3 月 6 日（正月二十七日） 蔡元培至南洋公学译书院，晤张元济、汤寿潜、徐珂。

3 月初（正月下旬） 张元济在《教育世界》上发表《答友人问学堂事书》。提出"兴学宗旨"两条：一"勿存培植人才之见"，二"勿标讲求西学之名"；"最要办法"两条：一"勿以洋文为常课"，二"勿以外人主持学事"；提出当前学堂存在通病宜谋改良者三则："滥读四书五经""沿用洋人课本"及"留学生驻堂（按，指学堂供给膳宿）"。

3 月 12 日（二月初三日） 盛宣怀照会汪凤藻总办，因沈曾植奉外务部奏调回京，费念慈因事赴苏州，额支各款比较从前诸多糜费，自本月起，所有译书一切事宜仍应责成张主事元济专心管理。

3 月 17 日（二月初八日） 驻德国大臣吕海寰受盛宣怀之托，购得 31 本有关"各国商部制度章程及商律全书、商学章程"，共花费银 327 马克 80 分，已装箱寄出。汪凤藻通知张元济查收。

3 月 25 日（二月十六日） 盛宣怀照会公学，译书院今后所印各书，仍各检两部呈送政务处。

4 月 25 日（三月十八日） 郑孝胥午前自汉口到沪，饭后即到译书院访张元济，再访盛宣怀。

5 月 7 日（三月三十日） 盛宣怀责成张元济专管译书院账目，制订撙节办法，务绝虚糜。张即与汪凤藻会商，核定每月减支 250 两（原支 700 两），其中 40 两为自请减薪，开单呈报盛览。还就《原富》一书是否铸版印刷，翻译《日本法规大全》等事作了请示，并重申了版权问题。其时，译书院已成书 34 种，印行者 21 种，共约印价 2 330 余两。历年收回售价约 1 480 余两，现存者估值 1 170 余两。

5 月 9 日（四月初二日） 盛宣怀照会汪凤藻，要求张元济将译书院每月支出控制在 400 两以内，辞退生手，另从东文学堂挑选数人，精心翻译、核对《日本法规大全》；《原富》一书先铸版，同时查照制造局成案，札饬道县，严禁翻印。

5 月 17 日（四月初十日） 南洋公学译书院迁至虹口吴淞路长源东里十五号。

6 月 13 日（五月初八日） 盛宣怀照会公学，将已译东西各国政治书籍，各检一部托便员带至江宁课吏馆备用。

8 月 1 日（六月二十八日） 盛宣怀致信汪凤藻，派雷奋、杨荫杭、杨廷栋三人到译书院从事翻译工作，请汪嘱咐他们认真编译，莫负所期。

8 月 19 日（七月十六日） 汪凤藻发文告知张元济，请张验明雷奋等三人中日文学水平，酌定每月薪水。

8 月 21 日（七月十八日） 汪凤藻奉盛宣怀之命，指示张元济将译书院所译东西文书籍各检一部汇送公学，转呈盛委解江南省高等学堂查收使用。

8 月 30 日（七月二十七日） 京师大学堂上海译书分局为开办情形向大学堂呈文："光绪二十八年三月二十六日奉督办南洋公学商务大臣盛面谕……京师大学堂现于上海设立译书分局，拟与南洋公学译书院合办……遵于四月初一日先行开办。"

10 月 18 日（九月十七日） 盛宣怀向清廷奏呈《南洋公学历年办理情形折》，其中关于译书院者，谓"其附属公学者，曰译书院，专译东西国政治、教育诸书，以应时需及课本之用"。

11 月 16 日（十月十七日）《原富》全书出版，分甲、乙、丙、丁、戊 5 部 8 册，校印精美，铸版费约 1 000 两银，最后一册末页还专门印有"光绪二十八年十月南洋公学译书院第一次全书出版，书经存案，翻刻必究"之声明。扉页上刊登了译书院已出书籍的目录，计有 56 种。本书原名《国民财富的性质和原因的研究》，出版于 1776年，是亚当·斯密最负盛名的著作，在经济思想史上有广泛而深远的影响。此中译本推出后，在中国学术界亦产生了巨大影响。

11 月 17 日（十月十八日） 张元济拜访郑孝胥，谈南洋公学事。

♦ **1903 年（光绪二十九年）**

1 月末（光绪二十八年十二月末） 张元济辞南洋公学职。

2 月初（光绪二十九年正月初） 张元济应夏瑞芳邀，入商务印书馆，创立并主持商务印书馆编译所。

2 月 译书院移交公学归并办理，专设售书处，按照商场惯例打折批发销售。库存中除兵书、教科书外，尚余《原富》甲乙丙部 600多部，丁戊部 800 多部。此书定价 2 元 8 角，打 7.5—8 折发售，售量骤增。后加印 1 000 部。

是年春 盛宣怀任命公学提调张美翊任代总办。

是年春 严复欲赎回《原富》版权，未蒙盛宣怀允许。经斟酌，公学同意增加余利，每部以 5 角计送，自农历七月起。

6 月 21 日（五月二十六日） 江南分巡苏松太兵备道袁树勋应公学所请，出示布告，将公学所出或已译将出的 54 种书目录公布于众，谕令禁止翻印，一经查出，将严惩不贷。

8 月 29 日（七月初七日） 商务印书馆租版加印 3 000 部《原富》。

是年冬 张鹤龄就任南洋公学总办。张美翊仍任提调。

是年冬 张元济好友徐珂之子徐新六卒业于杭州养正学校，张介绍其投考南洋公学中院。

· 1904 年（光绪三十年）

1 月 18 日（光绪二十九年十二月初二日） 张美翊致信盛宣怀，对张元济付给严复《原富》版税事表示不满，认为分成过多。

12 月 23 日（十一月十七日） 张元济致信盛宣怀，代陈南洋公学留美学生严锦荣信，并约见盛。

12 月 25 日（十一月十九日） 盛宣怀接见张元济，命张代拟严锦荣延期留学禀词及咨札两稿，建议张将译书院旧译《日本法规大全》交商务印书馆续印出版。

12 月 29 日（十一月二十三日） 张美翊致信张元济，谓《日本法规大全》由商务印书馆出版后，南洋公学应酌分余利，并仍应署南洋公学译书院名。

· 1905 年（光绪三十一年）

1 月 21 日（光绪三十年十二月十六日） 张元济与张美翊晤面。

· 1906 年（光绪三十二年）

4 月（三月） 张元济奉调入京，先在学部，后调入外务部，共任职二月余即告假回沪。其间，先后两次向学部堂官推荐留学欧美学生，其中有南洋公学教习、毕业生吴治俭等多人。

· 1907 年（光绪三十三年）

3 月（二月）《日本法规大全》由商务印书馆出版。盛宣怀、张元济等撰序。

- **1912 年（民国元年）**

9 月　南洋大学教员张士一编，邝富灼、张元济校订《英华会话合璧》由商务印书馆出版。

- **1917 年（民国六年）**

4 月　《南洋公学二十周纪念图书馆募捐启》发布，发起人为交通部、教育部负责人，教育界著名人士及学校历任校长、著名学者等 22 人。

- **1921 年（民国十年）**

5 月 15 日　南洋公学同学会董事会于大东旅社聚会，欢迎母校新主任张剑心、凌鸿勋。董事会共 11 人，到会 7 人，原会长沈叔逵致欢迎词。同时举行新董事受任礼，新一届职员为：会长张元济、记录书记沈叔逵、通信书记兼编辑员王永礼、会计穆杼斋、查账张廷金。

- **1922 年（民国十一年）**

1 月 3 日　叶恭绰、张铸就沪校募捐"三大建筑"经费事，联名致函周廷弼、虞和德、高恩洪、盛恩颐、张元济、黄炎培等社会名流，望其同意在募捐启上列名。

2 月 25 日　收到商务印书馆为沪校建筑捐款洋 300 元。张铸复函致谢。

- **1923 年（民国十二年）**

6 月 30 日　南洋大学举行毕业典礼，会上先后由陈杜衡校长、部派代表任传榜、黄炎培、福开森、张元济和唐文治的代表唐庆诒等演讲……毕业典礼后，还举行盛宣怀与何嗣焜铜像揭幕礼。

- **1925 年（民国十四年）**

3 月 15 日　南洋公学同学会假大东旅社召开年会，到会 100 余人，章宗元为主席。午餐后开会，先由会计林康侯、查账委员凌鸿勋报告财务，后由黄炎培报告会务，福开森、张元济等致词。

4 月 30 日 南洋公学同学会举行临时理事会。根据收到的函寄选票，选出新理事凌鸿勋、沈叔逵、黄炎培、胡敦复、张叔良、张松亭、吴稚晖、章宗元、张元济、王寅清、张云博等 11 人，公推张元济为名誉会长，选举章宗元为会长，柴福沅为编辑员。

5 月 23 日 商务印书馆致函学校，为学校建筑再募捐洋 150 元。

◆ **1926 年（民国十五年）**

6 月 22 日 南洋大学同学会议定发起募捐工业馆活动，11 个发起人为唐文治、王清穆、叶恭绰、张元济、福开森、王宠惠、蔡元培、陆梦熊、黄炎培、虞和德、章宗元。

◆ **1927 年（民国十六年）**

11 月 7 日 商务印书馆征询事务长熊遂关于《原富》版权事宜。熊当即签订版权赠予凭证一纸，同意无偿转让版权，只要求待出版后赠送严译名著丛书 50 部。《原富》系南洋公学时期译书院出版发行，共 22 册，版权一直归学校所有。

◆ **1931 年（民国二十年）**

6 月 25 日 商务印书馆根据协议，将严复译著丛刊 50 部送至学校。

◆ **1932 年（民国二十一年）**

2 月 16 日 黎照寰校长致信张元济，对商务印书馆上海总厂及东方图书馆被日本侵略军战火所毁表示慰问。

3 月 图书馆着手整理南洋公学译书院时期出版的图书原稿，其中包括严复翻译的《原富》手稿（现存西安交通大学档案馆）。

◆ **1936 年（民国二十五年）**

是年 为祝贺张元济七十寿辰，蔡元培、胡适、王云五联名发起征文，编成《张菊生先生七十生日纪念论文集》，由商务印书馆出版。论文共 22 篇，其中交通大学前校长蔡元培不仅任发起人，还撰写了《汪龙庄先生致汤文端七札之记录与说明》；交通大学前校长叶恭绰撰文《历代藏经考略》；交通大学经济学教授马寅初撰文《走私之背景及对抗方策》；南洋公学校友黄炎培撰文《廿五史篇目表》；南洋公学校友马衡撰文《关于鉴别书画的问题》；曾在南洋公学译书院任职的孟森撰文《己未词科录外录》。

- **1937 年（民国二十六年）**

3 月 30 日 张元济致交通大学校长黎照寰信，赠《张菊生先生七十生日纪念论文集》一册。

- **1938 年（民国二十七年）**

8 月 24 日 南洋公学毕业生、我国近代银行家徐新六于香港赴重庆途中，乘坐的飞机被日本军机击落遇难。

8 月 30 日 张元济与虞和德、何德奎、李铭联名刊登《为徐新六先生募集纪念金启事》。

- **1939 年（民国二十八年）**

10 月 张元济为任南洋公学代总理时学生徐维震（按，徐维震 1904 年 7 月毕业于南洋公学中院）之子徐贤怀所著《美国不动产抵押放款之研究》作序。

- **1947 年（民国三十六年）**

6 月 3 日 唐文治、张元济、陈叔通等 10 人联名致函政府当局，反对军警殴打、逮捕交大等学生，要求释放被捕学生。

- **1948 年（民国三十七年）**

6 月 21 日 前校长唐文治、张元济发表致吴国桢市长公开信，针对其要学生自治会答复有关参加"反美扶日游行"一事提出的质问，和"答复不满意时，即令警局传讯"的威胁，指出"学生以纯洁爱国之心，欲借游行为表示"，请"勿再传讯"。

- **1949 年（民国三十八年）**

1 月 1 日 张元济为《交大生活》题词："使先知觉后知，使先觉觉后觉。"

　　4 月 8 日　学校举行 53 周年校庆。上午 9 时半，首先在体育馆举行纪念典礼。会议主席王之卓校长报告了交大 53 年校史，特别是战后 4 年的历史。指出"现在是困难的增加，安定的威胁扩大，但我们在求生存中看到新的希望"。接着校友会理事长茅以升致辞，前校长张元济、著名物理学家吴有训作了热情讲话。……校庆期间，《交大周刊》发行校庆特刊，分别刊登唐文治、张元济、茅以升、赵曾珏、唐振绪、王之卓、周同庆、曹鹤荪等人文章，以及黎照寰"庆时深念母校创造之辛苦与建设之困难，平时勿忘母校成立之宗旨与施教之使命"的题词，还介绍了各院系科概况。

◆ **1957 年**

　　是年　张元济在病榻与孙婿李瑞骅合影。李瑞骅，1946 年毕业于交通大学土木工程系，为我国著名钢结构建筑专家。

（二）张元济与交通大学相关研究举要

（按姓氏笔画排列）

一、著作

王英编著:《一代名人张元济》,济南出版社 1992 年版。

王宗光主编,欧七斤本卷编著:《上海交通大学史》(第 1 卷),上海交通大学出版社 2011 年版。

王绍曾:《近代出版家张元济》,商务印书馆 1995 年版。

［新西兰］叶宋曼瑛:《从翰林到出版家——张元济的生平与事业》,张人凤、邹振环译,商务印书馆(香港)1992 年版。

吴方:《仁智的山水——张元济传》,上海文艺出版社 1994 年版。

张人凤:《我的祖父张元济》,南开大学出版社 2020 年版。

张人凤:《张元济研究文集》,上海辞书出版社 2007 年版。

张人凤:《张元济研究文集·续编》,上海辞书出版社 2019 年版。

张元济研究会、张元济图书馆编:《张元济研究论文集》,中国文史出版社 2009 年版。

张国华主编:《出版大家张元济:张元济研究论文集》,学林出版社 2006 年版。

张学继:《嗜书、藏书、出书的一生——张元济传》,团结出版社 2018 年版。

张荣华:《张元济评传》,百花洲文艺出版社 2015 年版。

张树年:《我的父亲张元济》,百花文艺出版社 2006 年版。

张树年《张元济往事》,东方出版社 2015 年版。

陈建明:《智民之梦——张元济传》,四川人民出版社 1995 年版。

周武:《张元济:书卷人生》,上海教育出版社 1999 年版。

柳和城：《书里书外：张元济与现代中国出版》，上海交通大学出版社 2017 年版。

柳和城：《张元济传》，南京大学出版社 1996 年版。

董进泉、陈梦熊：《现代出版楷模张元济》，时代文艺出版社 1994 年版。

二、研究论文

马达：《论张元济对中国近现代出版业的贡献》，《中华文化论坛》2007 年第 4 期。

王建辉：《思想启蒙与学术摆渡：对出版家张元济角色定位的新认识》，《中华读书报》2023 年 1 月 18 日。

衣彩天：《我国大学出版发轫期初探》，《北京印刷学院学报》2019 年第 3 期。

汤霞、宋以丰：《晚清时期民间出版人的翻译版权意识——以廉泉与张元济为例》，《广州大学学报（社会科学版）》2016 年第 11 期。

孙慧敏：《翰林从商——张元济的资源与实践（1892—1926）》，《思与言》2005 年第 3 期。

阴漠萌：《严译〈原富〉赞助人研究》，《中国出版史研究》2022 年第 4 期。

张人凤：《戊戌到辛亥期间的张元济》，《史林》2001 年第 2 期。

张人凤：《张元济初入出版界前后若干史实的补充与再考》，《中国出版史研究》2016 年第 1 期。

张人凤：《试论张元济的中西文化观》，《中国出版史研究》2017 年第 4 期。

张人凤：《夏瑞芳张元济合作交谊考》，《中国出版史研究》2022 年第 3 期。

张天蔚：《张元济启示录》，《出版发行研究》2013 年第 4 期。

张雪洁：《张元济投身商务印书馆的思想历程探究》，《出版广角》2012 年第 5 期。

陆晓芳：《晚清翻译的实学性——南洋公学译书院外籍汉译考论》，《东岳论丛》2014 年第 12 期。

陈先元：《中国大学出版溯源——纪念南洋公学译书院 100 周年》，《中国出版》1999 年第 9 期。

陈先元：《张元济与南洋公学译书院》，《中华读书报》2004 年 5 月 29 日。

陈江：《面向世界 振新吾国——张元济先生前期的出版活动》，《出版工作》

1987 年第 7、9 期。

陈潇、张玉瑛:《张元济与南洋公学》,《兰台世界》2010 年第 15 期。

欧梦越:《张元济及商务印书馆:严复〈原富〉等译著的出版赞助人》,《编辑学刊》2020 年第 1 期。

周武:《张元济与近代文化》,《史林》1996 年第 3 期。

周武:《现代出版史上的张元济时代（一）》,《档案春秋》2017 年第 10 期。

柳和城:《张元济的一封轶札——兼谈南洋公学译书院"归并"说》,《出版史料》2005 年第 3 期。

祖洪波:《张元济在中国近代版权史上的角色与地位》,《河南图书馆学刊》2012 年第 6 期。

夏东元:《求新探新与不自觉地突破保守倾向——纪念盛宣怀创建南洋公学译书院 100 周年》,《上海交通大学学报（社会科学版）》1999 年第 1 期。

顾悦:《张元济与〈新译日本法规大全〉的编译出版》,《出版与印刷》2022 年第 1 期。

唐欣玉:《"得尺得寸,为旱年一溉之计"——南洋公学译书院的翻译出版活动》,《重庆工商大学学报（社会科学版）》2012 年第 4 期。

盛承懋:《引领新思想、新文化的"译书院"》,《盛宣怀与近代中国高等教育》,武汉大学出版社 2021 年版。

黎志萍:《大学翻译出版之溯源——从翻译出版的角度析南洋公学译书院的译书活动》,《出版发行研究》2018 年第 7 期。

霍有光:《南洋公学译书院及其译印图书》,《西安交通大学学报（社会科学版）》1999 年第 4 期。

冀丽萍:《张元济与近代第一家大学出版机构》,《中华读书报》2002 年 5 月 15 日。

编 后 记

　　《张元济与交通大学史料汇编》初稿基本完成，此刻正是为本书写几句"编后语"的时候了。张元济先生在南洋公学创立之初，有四年担任译书院负责人的经历，其间短期担任过代总理（代理校长）。上海交通大学校史研究工作对这位校史人物十分重视。早在20世纪80年代，徐汇校区校史陈列室就有张元济像，尊他为第二任校长。之后，校史专著和纪念文集出版，都有不少篇幅介绍张元济和南洋公学译书院，闵行校区新落成的校史博物馆还陈列了他使用过的实物和译书院刊印的《原富》等图书。与此同时，近年来正式出版的第一手历史资料不断增多，如《上海图书馆藏张元济往来信札》就收集了不少张元济致南洋公学创办人盛宣怀的信件，和严复为南洋公学译书院出版其译作《原富》致张元济的信件。于是我们便设想趁此机会，在已有《张元济全集》等资料集的基础上，再做一次努力，深入发掘张元济与南洋公学、交通大学的档案史料，形成一本专题史料集，以利于资料的集中完整传承和研究的深化。经过一段时间的努力，确实取得了不少收获，比如从上海交通大学、西安交通大学档案馆中查到张元济任职期间的往来文牍，其中好几件以前仅见过片段，而今获睹全貌，同时还借此勘正了以往某些公开出版物中的讹误。我们又在《申报》《新闻报》数据库中发现一些南洋公学译书院的广告，包括新书书目和院址迁移信息等。这样，全书的内容不仅在文字数量上有所扩充，而且取得了品质上的提升。

张元济先生在南洋公学工作时间不长，只是他生平和事业中的一个片段，但现在收集到的档案史料，可以反映出这段经历是他人生中一个很重要的阶段。首先，南洋公学是他从清政府官员走入民间的第一站，他看到了当时中国教育的落后状况，铸就了他普及教育、启迪民智，并以"吾辈当以扶助教育为己任"作为商务印书馆出版宗旨的思想基础。其次，在译书院的几年工作，使他积累了一整套翻译、编辑、审校、付印、推广的实践经验。可以说，南洋公学译书院既是我国高等学校自办翻译机构及出版社的嚆矢，也是近代中国这位出版大家成长的摇篮。另外，我们还看到张元济一生对南洋公学、交通大学有着深厚的感情。他虽早在 1903 年 1 月离职去商务印书馆创立编译所，但此后半个世纪里，多次参加学校庆典活动，参与校友会工作，为学校建设发起募捐，20 世纪 40 年代末，关心和支持交大学生爱国运动等。他与当年的不少同事、毕业生几十年间保持着交往，当他九十华诞之期，好几位年届耄耋的交大人士为他挥毫赋诗，十分难能可贵。

本书编辑过程中，始终得到上海交通大学文博档案管理中心的指导和资助，得到该中心档案馆、校史研究室（党史研究室）、校史博物馆和上海交通大学出版社的支持和帮助。西安交通大学档案馆、上海图书馆盛宣怀档案中心等单位在档案史料上予以大力支持。上海交通大学档案文博管理中心副主任欧七斤研究馆员为本书撰写前言，为本书增色。在此一并致谢。

张人凤　何菲

2024 年 3 月于沪上